在苏步青数学教育奖颁奖
典礼上与李大潜院士合影

与教育部"国培计划"名
师领航工程首席导师史宁
中教授合影

东北师范大学硕士研究生
兼职导师颁证现场

福建省杰出人民教师颁奖现场

和林亚南老师2010年一起评上厦门市拔尖人才，2018年又同获"福建省杰出人民教师"称号

"最美教师"现场学生献花

"送教下乡"的课堂上

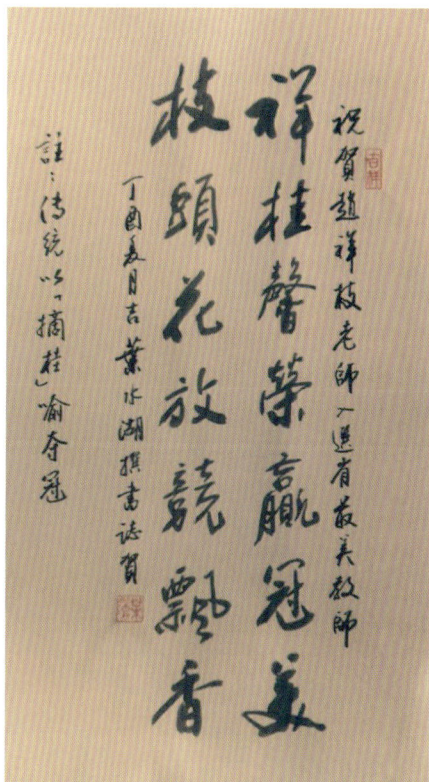

厦门教育界前辈叶水湖先生赠言

倾听学生

和学生在探讨中

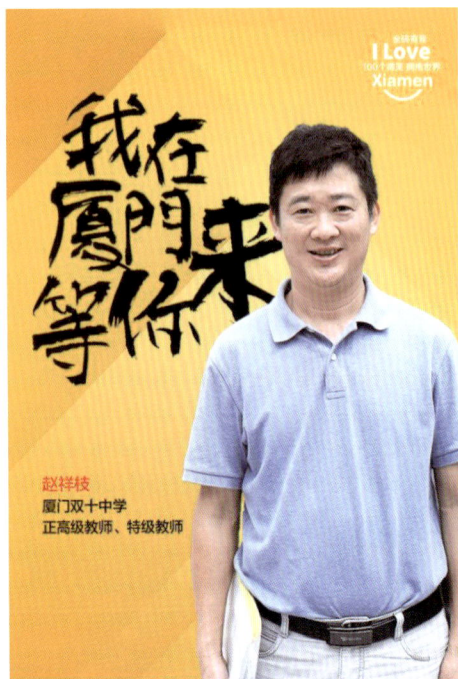
"金砖"有我：100个微笑拥抱世界

2018年雨中厦门马拉松

福

福廷省厦门双十中学
百年校庆文丛
Xiamen Shuangshi Middle School of Fujian
Centennial Celebration Series

福建省厦门双十中学百年校庆文丛编委会

总主编：陈文强

编　委：苏伯群　陈红珍　蔡芝禾　李海北
　　　　黄　强　罗俊明　许序修

活力数学　奔跑人生

赵祥枝◎著

厦门大学出版社　国家一级出版社
XIAMEN UNIVERSITY PRESS　全国百佳图书出版单位

图书在版编目(CIP)数据

活力数学 奔跑人生/赵祥枝著.—厦门:厦门大学出版社,2019.9
(福建省厦门双十中学百年校庆文丛/陈文强总主编)
ISBN 978-7-5615-7612-0

Ⅰ.①活… Ⅱ.①赵… Ⅲ.①中学数学课—教学研究Ⅳ.①G633.602

中国版本图书馆 CIP 数据核字(2019)第 202033 号

出 版 人	郑文礼
策 划	蒋东明
责任编辑	睢 蔚
封面设计	夏 林
技术编辑	许克华

出版发行 厦门大学出版社

社 址	厦门市软件园二期望海路 39 号
邮政编码	361008
总 机	0592-2181111 0592-2181406(传真)
营销中心	0592-2184458 0592-2181365
网 址	http://www.xmupress.com
邮 箱	xmup@xmupress.com
印 刷	厦门集大印刷厂

开本	720 mm×1 000 mm 1/16
印张	18.25
字数	308 千字
插页	3
版次	2019 年 9 月第 1 版
印次	2019 年 9 月第 1 次印刷
定价	60.00 元

本书如有印装质量问题请直接寄承印厂调换

厦门大学出版社
微信二维码

厦门大学出版社
微博二维码

总　序

福建省厦门双十中学校长　陈文强

　　福建省厦门双十中学创办于 1919 年 10 月。为纪念辛亥革命,学校以"双十"命名。建校百年来,历代双十人秉承"爱国、为民"的精神,坚定"立德树人"的教育理想,从私立学校到公办学校、省素质教育先进校,再到全国首届文明校园,厦门双十中学在继往开来中不断完善学校办学理念,实现学校有特色、有内涵发展,学校办学实力、综合竞争力全面提升,成为闻名全国,享誉海内外的名校。

　　2009 年,在建校 90 周年之际,学校除出版初高中各科衔接教材外,还特别推出了《教育文化创新与学校特色发展》《杏坛深处——福建省厦门双十中学老领导、老教师访谈录》《叙学谭往》,以及学者型专家型教师等系列丛书,影响极佳,广受赞誉,为 90 周年校庆献上一份厚礼。近 10 年来,学校又陆续推出社会主义核心价值观培育、核心素养与学校变革、校长领导力与学校软实力、怎样读书等科研成果,产生积极的社会影响。《社会主义核心价值体系中学生读本》受到省教育厅和中宣部的肯定,被列为核心价值观进教材、进课堂、进头脑的示范读本;《怎样读书》还被评为 2013 年全国图书馆必备的百本好书之一。这些,都从一个侧面展现了双十人科研兴校、内涵发展方面的不懈努力,也是学校文化不断丰富、综合实力不断提高的有力呈现,更是双十人总结经验、不懈探索、锐意创新、追求卓越的充分体现。

在百年校庆之际,学校又将近年来涌现出的一大批教研成果,经认真遴选、完善,推荐出版了12部图书,我们将此作为百年校庆文丛隆重推出。这些成果均为学校的优势学科、特色项目、综合实践等方面的理论和实践研究成果,作者既有省市杰出教师、最美教师、专家型教师、学科带头人、特级教师,也有在近年崭露头角的新秀,他们在各自的学科教学和研究领域中都有新的建树,备受瞩目,在一定程度上展现了双十人"追求极善,勇为最先"的风采。

教学相长,教研并举,硬实力与软实力兼优是双十的优良传统。我们一贯重视教师的专业成长和职业发展,始终坚持"教学研创"一体,鼓励教师多读书、多研究、多交流、多切磋,及时总结、完善、凝炼成行之有效的经验,在形成独特的教学特色、风格的同时,又兼具深厚的学理素养和鲜明的学术品格,坚持爱国为民,坚持立德树人,更好地为学生成长和国家建设服务。这是每个双十人都希望的,也是全体师生的共同心愿。

是为序!

前　言

做好一件事需要动力。

2018年5月,我入选了教育部"国培计划"首期"名师领航工程"。培养基地东北师范大学要求我们12位学员撰写教育自传。我为了"怎么写"和"写什么"纠结了好一阵子,在一次跑步时(我习惯于在慢跑时思考问题)突然来了灵感:我何不以王阳明先生的"立志、勤学、改过、责善"来对照自己,回顾自己走过的路和做过的一些事呢?于是,利用高考结束后的20来天,我写了2万多字,可以交差了。可是,在完成任务的过程中,写着写着,我越来越觉得,虽然自己的业绩不是特别突出,但还是有一些东西可以和大家分享的。比如,自己的学习成长轨迹,促进成长的那几次难得的机遇,20多年班主任工作的心得体会,30多年的一线教学的积淀以及自己对教育、教学的理解,等等。当时我萌发出一个念头,等我退休后有时间了,我一定把这些都写出来。一个多月后,给了我广阔平台的厦门双十中学又给了我一个极好的机遇,即学校要推出百年校庆文丛。为感恩双十的厚爱,我决定提前实施计划。所以,便有了本书的上篇——"我的教育追求"。

本书的下篇"我的教学主张"——"活力数学"的提出最初也始于外动力。

2011年8月我入选福建省首届名师培养工程(中学数学共9人),教育厅要求每位培养人都得提出自己的教学主张,并围绕教学主张系统地开展研究。当时大家都感觉这项工作难度不小,但作为一个硬性任务,再难也必须做,同时也感觉之前这方面的思考确实不多,借此机会促使自己进行总结反思,做得好的话对提升自己定有帮助。

我乐观外向,喜欢交流,喜欢思考,平时的课余生活喜欢运动,尤其是长跑,是个马拉松爱好者,拥有厦门马拉松永久号码。人们看我总是充满活力,好像有使不完的劲,都夸我心态好,我也总是脸上带着微笑。这些个性特点在我的课堂上也有较好的体现。

经过一段时间的认真思考,在导师及同行的指点下,基于数学教学的本质和个人个性特征及教学风格,也针对当前数学课堂教学思维现状等因素,我提出了自己的教学主张:活力数学——指向思维能力发展的数学课堂。

活力数学不刻意追求课堂上表面的热闹,而是致力于营造和谐润泽的教学氛围,引领学生探索数学的奥秘,用心去体验和感受数学的美,通过数学特有的美妙的思维激发学习数学的兴趣,从而更好地引发学生积极思维(思考),发展和完善思维品质。也就是说,活力数学的核心是思维的活化,激发学生学习数学的兴趣与挖掘学习潜能是活力数学的关键,发展学生的数学思维能力和培养学生良好的数学思维品质是活力数学的中心任务。为更有效地提高学生数学思维能力水平,活力数学提出了思维教学原则,并视反思力、学习数学的兴趣、问题意识为活力数学的主要动力源泉。

活力数学提倡灵活的教与学方式,主张在和谐润泽的教学氛围中,通过扎实有效的教学互动,促使学生真正参与教学,充分彰显思维活力,关注课堂动态生成,鼓励思维创新,让课堂充满智慧与灵动,使数学课堂成为师生共同成长的生命课堂。

我在长期培养数学优秀生的实践中悟出了"活力数学"的价值,认为数学优秀生的成长不是为了教他们更多的学科知识,而是让他们有更高层次的思维训练机会,从而更有效地提升思维能力水平;同时也认为,活力数学是促使数学学困生"脱贫"的转化器,是学生喜欢数学、热爱数学的推力器。

本书从构思到出版,得到了厦门双十中学和厦门大学出版社的大力支持,同时也得到了领导、同仁、老师、学生、家人及朋友的鼎力相助,感激之情在此难以一一表达,但我时刻铭记在心!

由于时间仓促,以及自己蹩脚的文字水平,所以书中一定存在许多表达不到位或错误的地方,敬请批评指正!

赵祥枝

2019 年 9 月

目　录

上篇　我的教育追求

一、立志勤学　改过责善——以阳明先生训示对照 …………………… 3

1　立志 ……………………………………………………… 4

2　勤学 ……………………………………………………… 7

3　改过 ……………………………………………………… 20

4　责善 ……………………………………………………… 22

二、教育是心与心的呼应 …………………………………………… 44

1　老师对我　我对学生 …………………………………… 44

2　教育需要真诚的爱 ……………………………………… 46

3　教育需要智慧的爱 ……………………………………… 49

4　几点感悟 ………………………………………………… 55

5　结语 ……………………………………………………… 61

三、教师的学习与成长 ……………………………………………… 79

1　侧过身来向同行学习 …………………………………… 80

2　俯下身来向学生学习 …………………………………… 83

3　转过身来向自己学习 …………………………………… 85

4　静下心来读书学习 ……………………………………… 88

5　通过网络学习 …………………………………………… 90

6　研究状态下学习 ………………………………………… 91

7　教学比赛学习 ……………………………………… 93

四、一次教育实践及启发 ……………………………… 108

五、活力数学,奔跑人生 ……………………………… 125

下篇　我的教学主张

一、活力数学的核心理念 ……………………………… 147

　1　思维力是智力的核心 ……………………………… 147

　2　数学思维能力的发展是数学教学的根本目标 …… 150

　3　思维的发展是培育数学核心素养之着力点 ……… 153

　4　活力数学秉持的教学原则 ………………………… 157

二、活力数学的课堂特征 ……………………………… 166

　1　润泽的课堂 ………………………………………… 166

　2　参与程度高 ………………………………………… 167

　3　思维的挑战 ………………………………………… 168

　4　教学方式活 ………………………………………… 170

　5　有效的互动 ………………………………………… 172

　6　生成与创新 ………………………………………… 173

　7　智慧与灵动 ………………………………………… 176

　8　师生共成长 ………………………………………… 178

三、活力数学的动力源泉 ……………………………… 193

　1　数学的学习兴趣 …………………………………… 193

　2　数学问题意识 ……………………………………… 197

　3　反思的力量 ………………………………………… 203

四、活力数学倡导的教学方式 ………………………… 208

　1　数学探究性学习 …………………………………… 208

　2　对话教学 …………………………………………… 217

　3　协同学习 …………………………………………… 229

五、活力数学的课例研究 ·· 241

1　数列复习 ····································· 241

2　空间几何体的结构特征 ······················· 247

3　直线的倾斜角和斜率 ························· 258

4　抛物线的一个特有性质及其应用探究 ············· 265

5　基于课堂教学的数学探究性学习的实践与认识 ······· 270

6　看透问题的本质,提升问题解决的境界

　　——圆锥曲线极线的一个性质及应用 ·············· 277

我的教育追求

一、立志勤学　改过责善

——以阳明先生训示对照

2018年5月6日,在教育部首期"名师领航工程"开班第一课上,我学到王阳明先生的《教条示龙场诸生》一文。从那以后,"立志、勤学、改过、责善"就萦绕在我的脑子里。

《教条示龙场诸生》是明代著名思想家王守仁在贵阳龙场时对其追随者的训示,也是他对自己一生的要求:

其一,立志。志不立,天下无可成之事。虽百工技艺,未有不本于志者。今学者旷废隳惰,玩岁愒时,而百无所成,皆由于志之未立耳。故立志而圣则圣矣,立志而贤则贤矣。志不立,如无舵之舟、无衔之马,飘荡奔逸,终亦何所底乎?

其二,勤学。凡学之不勤,必其志之尚未笃也。从吾游者,不以聪慧警捷为高,而以勤确谦抑为上。

其三,改过。夫过者,自大贤所不免,然不害其卒为大贤者,为其能改也。故不贵于无过,而贵于能改过。

其四,责善。责善,朋友之道!然须忠告而善道之。悉其忠爱,致其婉曲,使彼闻之而可从,绎之而可改,有所感而无所怒,乃为善耳。若先暴白其过恶,痛毁极诋,使无所容,彼将发其愧耻愤恨之心,虽欲降以相从,而势有所不能,是激之而使为恶矣。故凡讦人之短,攻发人之阴私,以沽直者,皆不可以言责善。虽然,我以是而施于人,不可也。人以是而加诸我,凡攻我之失者,皆我师也,安可以不乐受而心感之乎?

下面我以"立志、勤学、改过、责善"对照,谈谈自己的成长历程。

1　立志

我出生在农村。小时候,我根本不知道以后要做什么,即使上学了,对山村外面的世界也一无所知。能听到的只是广播里"农业学大寨"、"工业学大庆"的新闻,能见到的只是上衣口袋插着钢笔的公社干部。后来,村里来了穿着整齐的知青,他们身上那城里人的气质及文化气息,让人羡慕不已。

我们村百来户人家中有一户王姓人家有"米证"(非农业人口,口粮由公社粮站供应),他家条件算好些,我们挺羡慕的。其实,王家是外来人口,户主王老师在邻村当教师,孩子们在我们村读书。村里还有一人在县广播站当职工,他也有"米证"。除此之外,村里人包括广播站职工家属都是需要下田种地的农民。

我有两个哥哥两个妹妹,全家只有我父亲一个劳动力。尽管父亲赚到的工分是村里最高的,但是"一把锄头"养活八口人很艰难,因此家里经济不好。

我们知道父母的艰辛,平时都会力所能及地帮家里干些事。后来,我大哥读完三年级就为村里放牛,二哥读小学后不久就去公社林场劳动了。

我不怕累不怕苦,但有两项最怕:一怕中暑,二怕过敏。父母也觉得我不是干农活的料,恰好我在三兄弟中读书比较上心,以及占据"老三"的优势,得到了可以继续上学的机会。

在村里读完小学,校长阮绍书等几位老师合计一下,为我们十几个同学办了个附设初中班(老师还是原来小学的老师,一人教几个科目,英语无法开设,这个初中班两年后就停办了)。我上了一年初中班后就转到城里的学校——宁德地区民族中学就读,见识也逐渐多了起来。

老师们都很关爱我,我也一直很敬佩我的老师。是不是我特别热爱教师这职业呢?其实也说不上。当时我潜意识里更喜欢从政"当官"。因为我父亲一直是村干部,家里也常常有公社干部下乡搭伙,耳濡目染,培养了我一些"当官"的"潜质",所以,我从小到大一直是班长或学生会主席。我当"班官"尽心尽力,深受老师们的信任和同学们的支持,成为同学心目中的"头",到现在我的同学依然亲切地称我"老班长",我也很享用这个称呼。

可高考填报志愿的时候,我却义无反顾地选择了福建师范大学数学系。原因是我的辨色能力有缺陷——色弱,那时候色弱的理科生似乎只能选报师大数学系。

选择师范大学意味着"当官"的机会少了许多。但如果早一年或晚一年毕业,我可能就有机会留校或者到组织部门工作,可我必须回到原籍福安,原因是1987年福安县属于贫困县(1989年撤县建市),而我是定向生。我们年级辅导员杨老师毕业酒会后真心地对我说:祥枝啊,谁叫你是定向生!数学系领导很关心我,特地给福安市教育局领导写了封推荐信。

1987年8月我走上工作岗位,立志做一个好老师。

福安一中领导、老师有心栽培我,给了我很多机会,并委以重任,使我在业务上有较快的发展。我也努力地做一个好老师。在当时职称职数很少的情况下,我于1995年被评为一级教师,1999年破格晋升为高级教师。

这里特别叙述一下我获得特级教师荣誉的经历:

1998年的一天,福安一中副校长李迅老师在教学楼前遇到我,对我说:小赵,今年特级教师评选的文件来了,你好像够条件。或许是一句玩笑话(也可能他是在激励我),他知道我当时还不是高级教师。然而,这句"玩笑话"成了我努力的目标。

2002年,我已经具备特级教师评选条件,不过刚到厦门双十中学工作不到一年,我认为在新的单位还没有什么成绩,以后有机会。2006年,我自己感觉条件比较成熟,在厦门基础教育界也有了一定的知名度,可是没想到评审条件中将市级综合先进调整为10年内,而我最邻近的一项荣誉"福建省优秀青年教师"的证书日期是1995年12月,当时我心里头有点郁闷,但也觉得没多大关系,继续努力吧。2007年起学校为我创造了很多机会,使我获得了不少荣誉称号——"厦门市首届杰出人民教师"(2007年9月)、"福建省优秀教师"(2007年9月)、"厦门市拔尖人才"(2010年)等,其他条件我也进一步充实,信心满满地准备下一次机会的来临。还是没想到,2010年的评选条件又有了变化:地市级先进从10年内恢复到任教以来,却又补充一个农村支教经历的条件。我毕业分配到福安一中,而后就加入双十中学,一直在城镇。经历了这两次打击,我坦然了,不就是再等四年吗?接下来的一学年我就申请到农村学校支教,上午在翔安区新店中学上课,下午回双十中学上竞赛辅导课。2014年的特级教师评选,再没有条件限制我了,我也就顺利评上了。有人开玩笑说,特级教师评选条件的变化好像是特意在考验我。

现在回想起来,早评有早评的好处,晚评也有晚评的好处。虽然我不是每天都在想着"特级教师"这个荣誉,但这一直是我的一个"念想"。"得之坦然,失之淡然,争其必然,顺其自然",这是我在这十多年里的心态,我为此付出了艰辛和努力,为自己的成长加了许多砝码,让自己成为一位更好的老师。

在这过程中,遇上了首届"福建省中小学名师培养工程"(2011—2014),我得到了提升自己的又一次机会。2015年12月确认为"福建省首届教学名师"后,2016年又赶上了正高级教师评审并顺利通过,成为我校第一位正高级教师,2018年又被评为"福建省杰出人民教师"。

我获得了这么多荣誉,并且评上了正高级职称,许多人认为我已经爬到了"顶峰",可以坐下来歇一歇了。而对我来说,好老师的标准"没有最好,只有更好",我提醒自己:我不能亵渎"正高""特级"的荣誉,所以我一如既往地努力工作,始终如一地用心做教育!

2018年1月18日,学校办公室李名济老师打电话给我,建议我报"教育部首期名师领航工程"。我说推荐其他老师吧,李老师说:只有你符合条件(特级教师或正高级教师及成果),学校领导也希望你报名,为学校争荣誉。看了文件后,我知道这任务重,要求高(每年集中学习两个月,要有自己的教育主张、有论著和一组论文,有课题等)。

在"报还是不报"的矛盾中我还是填了表,在自己不太渴望("上与不上"都无所谓)的情况下入选了。

福建省入围的4位教师中1位是小学校长,2位是小学副校长,我是唯一一位中学教师,而且我敢较有把握地说,我是这100来位学员中为数极少的不带"长"的一线教师。

许多人疑惑:"你现在没有行政职务?"

是的,我没有担任学校任何行政职务。1987年大学毕业到福安一中,1995年开始当段长,1998年担任学校教科室负责人。2001年调到厦门时,福安市委不放行,并且给了许诺:如果能够留下,可以提要求。来到双十中学后,学校领导暗示我是不是考虑兼任管理工作,我也谢绝了。之后还有其他机会我也没有去争取。如果我很想当"官",工作调动时福安市委让我提条件时我可能就当上了,但是那不是我的风格,我觉得顺其自然为好!现在,我感觉做个纯粹的老师真好。

2017年我被评为福建省首届"最美教师",我的获奖感言是:感谢30年前的选择,让我成为一名教师。这么多年,我一步一个脚印地走来,未曾厌倦,未曾放弃,只因为一个简单的信念——一辈子做个有活力的好老师!

2 勤学

我从不认为自己智商高。在村里读小学时,虽然我的成绩在小伙伴中位于前列,但是到了中学和大学,如果按上中下三层划分,我的成绩只位于中偏上。我总觉得许多同学都比我聪明,他们知识面广,理解力强,学习投入的时间比我少,成绩却不比我差,甚至比我好。即便一些同学成绩不如我,但我还是发现他们的智商比我高。工作后,我依然认为许多同事比我优秀,特别是双十中学这个优秀的群体。或许是"笨鸟"的自我定位,让自己努力"先飞",我用自己的勤奋和毅力,努力地"追求极善,勇为最先"。

我的母亲一直认为我当老师比做农民更累:农民虽然辛苦,但是下雨不出工,晚上可以早睡觉,不是农忙的时候就比较闲,可我每天早出晚归,回家后还得继续工作到深夜。工作以后,不管是不是班主任或年段长,我基本上都是第一个到学校上班的老师(我有一个习惯——尽量改完作业后才去上课)。我一天的时间一般这样安排:白天上两节课、改作业、备课(包括学生要完成作业的解答),学科竞赛课安排在下午后两节(除周一班会课外)及周末至少一天,晚上是备竞赛的课及自己读书充电时间。日复一日、年复一年,我几乎没有节假日。尤其是2011—2012年我到农村中学支教后,上午在新店中学上课,下午在双十中学上竞赛课,更是天天连轴转。

我参加工作的第八个年头(1995年),学校把一副重担交给了我,让我担任高一的段长。在当时,这可是福安一中史上最年轻的段长(而且也是那一届里除了计算机老师及音乐老师外最年轻的教师),这让我感到肩上担子的分量,也很感激领导对我的信任。我每天早上6点到学生宿舍配合生管叫醒学生,一直工作到学生晚自习结束后(到高三,晚自习要上到11点左右)才回到家里。我不单是段长,还兼任数学教研组副组长、年级数学备课组组长(那时候年级6个班,3位数学教师,另2位刚从初中部来到高中部)、数学竞赛指导老师(1997年全国高中数学联赛本年级的学生获省赛区前十名有2人,其中1人入选省队,还有1位是第十一名,前50名有近10个)等工作。年级老师通力合作,开展了许多富有创意的活动,如高一暑期开展求实夏令营,组织年级100多名城里的学生到偏远的山区晓阳镇开展以"三同"为主题的求实夏令营,学

7

生们受到了深刻的教育。这一届,我向学校建议只设一个文科班(往年都是两个班),让真正喜欢文科的同学来组成这个精品班。在老师们的共同努力下,1998届创下了福安一中办学史上又一辉煌,现在有一大批学生在不同的领域取得突出的成绩,许多学生已经成为行业尖子。

下面谈谈我在培养学科优秀生方面的经历。

我从1993年开始,就与指导学生参加学科竞赛结下不解之缘。迄今为止,我直接指导的学生有20多人次获国家级奖项,50多人次在全国高中数学联赛中获得省赛区一等奖,150多人次获省赛区二、三等奖。这些在福建省还没被超越过。

而成绩的取得,靠的全是勤恳拼搏。

我不是专业的竞赛教练,正常的教育教学任务丝毫没有减少。每周超过15节课的竞赛辅导课,而最耗时间和精力的是奥赛课程材料的组织及消化,一个问题思考几个小时是经常的事,有时困扰了几天都不一定有结果。

有人会猜测,学校的竞赛课课酬及奖金应该很高吧。其实,很长一段时间里,双十中学一节竞赛课补贴25元(近期调为30元);至于奖金,双十中学也是很少的,以前一个项目只算最高等次一人,后来做了调整。

有人认为,那一定是我对做这事感兴趣。前面我已说,上学时,我数学科成绩在班级绝不是最好的,只能算第一梯队的后几个,也没参加过数学竞赛。顺便爆料,中学时代我最强的科目是政治。大多数人认为,政治课主要靠背,我是靠记、靠理解,比如解答题,该从几方面作答,写出纲要,然后阐述。我思想上能与党中央保持一致,思想偏激的人政治成绩一般不高。

说实在话,这样的大强度教学确实非常辛苦,但让我坚持下来的是"责任"二字。学校信任我,把这批优秀的学生交给我,我要替他们的前途着想,不能浪费他们的青春。

担当责任需要勇气和毅力。这方面我有潜质。

我说一个自己的小故事。应该是在1971年,当年我只有七八岁。一天傍晚,我和小伙伴赵小安到村尾的"油坊"玩,回来路过堂伯家的菜地,菜地里有一堵废弃的旧墙(两张八仙桌桌面那么大,估计十来平方米),贪玩的我们去挖墙根的石头。一阵子后,我跑到另一侧去看看情况,小安还在埋头挖,我发现墙体有点倾斜,就大声喊:"墙可能会倒,快点跑。"随即"轰"的一声,墙倒下了。我没看到赵小安,叫了几声没回应,我意识到他可能被压在墙下面了。

虽然我怕得全身发抖,但很快意识到要去找大人。我马上跑到路边,看到小河对岸有几个年轻人在聊天,我就朝着他们哭着喊道:快! 小安被墙压了……一群年轻人马上跑过来,用锄头把墙给分解了,抱出小安。还好他醒过来了。

这事想起来很后怕,如果我没跑到另一侧去看,那我俩就一起被压了,就没有后来的我和赵小安了;如果我因为害怕,跑回家躲起来,那后果不堪设想。

想起这事,我也常常为自己感到一点点的小自豪:因为幼小的我没有选择躲避,而本能地去想办法解决问题。现在的我依然一样,常常警诫自己要有责任心,要有担当!

做教育不可能一蹴而就、立竿见影,也不是直线前进,一帆风顺的。

做教育是一种慢的艺术,它的发展要有一个过程,这个过程是缓慢的,它需要积淀,需要内涵,需要靠时间积累才能达到切实的效果。

30 年来,我一直奋战在教育第一线,凭的是坚强的毅力,只要我认定的事情,绝不半途而废,这一点得益于我的长跑。

我从中学开始练习长跑,高中毕业那年的校运会,我包揽了 1500 m、3000 m、5000 m 的冠军,大学时还是系田径队主力。到目前为止,我参加了 15 届厦门国际马拉松比赛,在我完成第十个厦门全程马拉松后获得了一个永久号码。这是一份很少人能得到的荣誉,这也是我意志力的证明。

图 1-1　部分"厦马"纪念奖牌

　　除了自己跑，我还经常带领学生一起跑，在长跑中与学生进行交流。所以，操场、公园、环岛路成了我的第二课堂。也正因如此，我的一些学生戏称自己的数学是体育老师教的，因为"数学老师里他的体育最好，体育老师里他的数学最好"。

　　麻将我看不懂，斗地主也不会，家里的电视我也几乎不看。其实，曾经的我还是有一些文艺细胞的。受我小叔叔及一位知青大哥的影响，小时候我也偷偷自学了笛子、口琴、二胡（我叔叔也没特意教我，纯粹是耳濡目染）；中学时，班里教唱歌的任务大都落在我头上（我是班长，不兼文艺委员）；大学时，小提琴、吉他也弄几下，毕业时笛子吹得还可以。工作后的第一个教师节晚会上，我还独奏了《骏马奔驰保边疆》；2000年国家级骨干教师培训的结业晚会上，我独唱的《鼓浪屿之波》让大家印象深刻；我还有一项绝活：鼻子吹口琴。到了厦门以后，这些都废了。

图1-2　1987年元旦

　　我唯一保留的爱好是跑步，只要不出差，我都尽量在下午5:30左右去跑上十来公里。假期有时会多跑些，目的是增强体质，培养毅力，解除疲乏。由于长期伏案工作，腰椎、颈椎问题已经折磨我好几年了，曾经发展到睡地板，用啤酒瓶当枕头。一次在和一个推拿医生探讨病情的时候，他建议我跑步时挺胸抬头，我试了一段时间以后，效果果真不错。我的背本来就有点驼，以前我跑步都是低头哈腰的，姿势难看，现在颈椎痛的烦恼得到了有效缓解，驼背也好转了。

在慢跑中我养成了"思考"的习惯,如反思一天主要的几项工作,构思第二天课堂的结构及几个关键点(引入、重难点、创新点)的突破,有时在构思文章中的论点论据,甚至斟酌一句话的表达。比如在完成这个"自传"的过程中,我利用跑步的时间回顾自己的成长生涯及其中一些值得回味的事情。许多好友奉劝我不宜这样,要注意安全!请放心,我大都在学校操场及我家附近湿地公园里的专用跑道跑步。我跑步的习惯是先慢后快,慢跑(配速在5分30秒内)时可以思考问题,加速起来就没办法思考了。现在常有亲友奉劝我,上了年纪不宜跑步,对膝关节不好。对此,我说,马拉松跑道上有好多70多岁的老先生跑得比我还快呢!他们无话可说了。因为跑步已成了我生活中不可缺少的一部分,我不太可能立刻停止,除非跑不动了。

长跑磨炼了我坚强的毅力,除此之外,还给已过知天命的我带来了活力。我常常鼓励学生、同事、朋友跑步,有人一直说没时间,我想和大家分享一句话:总有一个比你忙的人在锻炼。

除了跑步和处理家里必要的事情外,我不会轻易让时间无端流走。有时周末我起床晚了些,心里都会有些遗憾,但当天我一定更加珍惜时间。我有一个习惯,中午一定要躺下休息一会儿(一般20分钟左右,年轻时10分钟就可以了);50岁前,晚上不敢在十二点半前上床睡觉。我还有一个坏习惯,也可以说是有点不近人情的毛病,如亲戚朋友来家里,除了必要的接待外,我常常会借口有事情需要做而不陪聊(他们都能理解)。长期以来,我谢绝学生家长来访,对必要的家访,我会和同事一起去,半天可以访3~4家,效率很高。

"凡学之不勤,必其志之尚未笃也。从吾游者,不以聪慧警捷为高,而以勤确谦抑为上。"这句话说到我心里去了,我一直是这么做的。我也教育学生,丢了钱可以找回来或再挣回来,时间丢了,永远都没办法再找回来。

现在,也有一个遗憾,就是微信也浪费了我一些时间,没有微信好像很难生存。不过,我一直在努力减少被微信占用的时间(我很少发朋友圈,朋友圈的新闻、文章我绝大部分只看标题,遇到好文章我才会去点开)。

在学习和工作上,我觉得自己还是比较努力的,我的人生经历也应验了"越勤奋就越幸运"这句名言。从教以来,因为勤奋,我获得一系列机遇和荣誉。

机遇1 参与"福建省'目标-掌握'教改试验"与研究(1988—1991)

大学毕业第二年(1988年)福安一中就给了我一个机会,让我参与"福建省'目标-掌握'教改试验"与研究。

图 1-3　"福建省'目标-掌握'教改试验"与研究人员合影

　　福建省的教改在全国开展得比较早。由省普教室理科主任王永老师发起,王老师和福建师大余文森老师一起主持的"福建省'目标-掌握'教改试验"在国内有一定的影响力。

　　在自己基本上没有教学经验的情况下,我跟着"目标"走了3年。这期间,王、余两位老师对我的影响很大,除手把手教我们做教改试验,还着重引导和培养我们学习了相关的教育教学理论,如苏霍姆林斯基、布鲁姆、布鲁纳、奥苏贝尔、杜威、加涅以及国内顾明远、林崇德、叶澜等著名学者的论著,收获很大。我也获得了"推动福建省数学教研工作作出贡献"荣誉证书。在教改试验总结中,我由衷地感悟:跟着"目标"走,这3年减少了我至少10年的探索。

　　这期间及接下来的几年,我在教育教学上取得不错的成绩:

　　从1991年起几乎年年任教高三毕业班(或高三补习班)。

　　1993年被评为"宁德地区中学优秀青年教师",1995年12月被评为"福建省优秀青年教师"。

　　1995年9月—1998年7月任年段长,尊重规律,敢于创新,和谐奋进,取得了福安一中办学史上又一个辉煌。

　　2000年2月被评为"福安市优秀青年专业技术人才"。

　　代表作《小团体协同性学习的实践与认识》获省一等奖,并获中国教育学会数学专业委员会第七届年会(1995年12月)论文评选二等奖,是福建省当年该项目获得的最高奖之一,发表于《中学数学教学》(1996.2)。

1995 年晋升为中学一级教师,1999 年 4 月破格晋升为中学高级教师。那时评职称的难度很大,许多老师退休时还是中学一级教师,甚至是中学二级教师。有同学替我查证过,福建师大数学系 1983 级的同学里我是第一个评上中学高级教师的,也是第一个晋升为正高级教师的。

机遇 2　中小学骨干教师国家级培训(2000.10—2001.12)

2000 年 10 月,正当我业务上似乎进入"高原期"时期,我有幸作为福建省 5 名数学教师之一,被选派去北师大参加中小学骨干教师国家级培训。更让人兴奋的是,我们有机会走进在数学界让人仰慕的钟善基、王昆扬、刘绍学、张英伯、孙维刚、张思明等先生的课堂,聆听名师们的教诲。

在学习过程中,我深切地感到自己学识上的肤浅,我认为,所谓的"高原期"是假象,学习是走出"高原期"的最好方法。

在这 3 个月的集中学习期,除完成正常的课程外,其余时间我或跑书店、图书馆,或听教授们的讲座(学校几乎每天都有讲座)等,我认为自己当初的状态可以用如饥似渴来形容,感觉到自己的视野还很狭窄,有太多的东西需要学习。

图 1-4　参加中小学骨干教师国家级培训(北师大数学系楼前,2000 年 12 月)

我把培训的感受和收获写成两篇文章《我们需要营养》和《瘦了更结实》,刊发在北师大刊物《木铎金声》上。

培训结束后,我感觉浑身是劲。

机遇 3　融入双十中学(2001 年至今)

2001 年 9 月,我加入了双十中学这个优秀的群体。新的平台,新的动力,开始攀登新的高峰。

我到双十中学的第二年,双十中学复办科技班,从那时开始我一直承担实验班的教学任务(其中 2010 年前还是班主任),亲历了双十中学的辉煌。例如 2005 届我班(当时年段共有 6 个理科班,其中 1 个是科技班)学生在 2003 年的福建省夏令营选拔赛上包揽了厦门市的前 12 名,在省高一夏令营的比赛中 6 人进入省前 10 名;在 2004 年数理化生竞赛中包揽了全省第一名,数学联赛我校拿了 11 个一等奖(当年福建省共评 31 个一等奖),最后这个班 19 人考上北大、清华,2 个同学并列厦门市状元……

双十中学的"勤毅信诚"的文化深深地影响着我,"追求极善,勇为最先"的精神鼓舞着我不断前进。

图 1-5　融入双十中学后的第一届师生合影

机遇 4　福建省学科带头人培养学习(2004.7—2006.8)

2004 年 7 月起,我参加了福建省中小学学科带头人培养学习。在第一期集中培训闭幕式上,我代表数学班全体学员发言,题目是"三次机遇,三次提升",重点汇报本次学习的体会和感受。有两句话我自己印象最深:"老实人不吃亏","培训是最好的福利"。

三年的学习,我最大的收获是开始有意识且较为规范地做课题研究。我的课题是"数学'过程教学'探索研究",成果"数学'过程教学'的认识与探索"

获全国一等奖(中央教育科学研究所,2006.5)。

这期间,主要著作和论文有:《百题大过关》(上下册,合著)由华东师大出版社出版(2005年出版、2006年修订再版);担任《三维设计》(光明日报出版社)等5本教学用书主编及编者;参与编写《顶尖数学——新课程》《双十考霸》《双十学案》《3＋X科目设置与改革用书》等10多本教学用书;

图1-6　在福建省学科带头人开班仪式上发言

《方程 $x_1+x_2+\cdots+x_k=n$ 的整数解的组数及其应用》等6篇论文在CN级刊物上发表。

这三年我还完成了福建师大教育学原理专业进修研究生课程学习,从专业及理论上进一步提升自己。

注:2008年10月我被评为福建省中小学中青年学科教学带头人。

机遇5　双十中学专家型学者型教师学习(2006—2008)

为促进教师队伍素质的提升,培养专家型学者型教师,2006年双十中学选派10位教师到北师大教育学院培养学习,北师大组成强大的导师团队(张斌贤、石中英、朱旭东、李家永、马健生、张东娇等10位教授)对我们10位教师进行针对性培养指导,时间三年,每年两次面授。

与2000年中小学骨干教师国家级培训相比,那时数学学科的内容比重较大,而这次侧重教育理论水平的提升,并对自己的未来发展做好规划。

在此之前,我的目光主要聚焦在学生身上,而教育发展的实质是实现包括教师在内的人的全面而充分的发展,平庸的教师是不可能培养出优秀的学生的。所以,教师的发展问题显得十分重要,可以认为,教师的发展是教育发展的关键环节。

近几年,我在关注学生发展的同时也思考教师的专业发展问题,特别是这次北师大的学习,在导师们的指点下,我更坚定进一步深入思考该问题的决心,并把教师专业发展作为我未来的教育研究重点方向之一。

我当时给自己拟定的初步研究方向为优秀教师的特质研究。意在通过总结反思自己和研究其他教师的优秀特质进一步提升自己,并作为这次学习的一个成果提交,遗憾的是只完成结构设想及一些素材的收集和一些零散的思考,没有以论著的形式呈现。未及时完成的原因是当时教学任务十分繁重,但最主要原因是自己感觉到要出一本教育教学类专著水平还不够,还需继续不断地充实提升。所以,我的思考没有因培训学习时间到期而停止,持续的"慢思"和学习的积淀使我更有激情地参与了福建省名师培养学习,并为顺利认定为"福建省首批中小学教学名师"添加了砝码。

在培养期内,除了倾听 10 位教授、博导精彩的讲座报告外,我们还有一个难得的收获是有机会和这些受人敬仰的学术精英们面对面、零距离地交流沟通。从那时起我发现,大学教授是那么的平易近人,我得出一个结论:神是很亲切的。

培养期间及接下来的一两年内获得的主要荣誉有:福建省优秀教师(2007.9)、首届厦门市杰出教师(2007.9)、厦门市第六批拔尖人才(2010.5)。

机遇 6 福建省首批中小学名师培养(2011.8—2014.12,中学数学 9 人)

这是福建省到目前为止,对教师进行专业提升层次最高的培养项目。这三年的福建省中小学名师培养,我认为收获主要有两个方面:

一是强大导师组的引领。

"工程委员会"聘请省内外专业素养和理论水平都令人佩服和仰视的名师、名专家为导师,如陈日亮、王永、李必成、章建跃、鲍建生、谢晋超、任勇等,这对学员的发展影响是巨大的。

二是压重任。

除了完成必要的学习以外,分量较重的任务主要有两项:核心期刊论文和教学主张。

当时学员们都觉得培养期内在核心期刊上至少发表 1 篇论文这项任务难以完成。我们知道,在核心期刊发表论文不是看投稿频数,关键看文章质量。可供我们选择的只有《数学通报》和《中学数学教学参考》(2011—2014 年是核心期刊)这两个期刊,而且《数学通报》每期发表中学数学教师的文章只有十来篇,所以我们只好结合自己的专长和期刊文章发表的"偏好"去努力,去尝试。

在 2012 年 8 月的武夷山集中培训会上,工程专家委员会要求我们每位学员都要有自己的教学主张。一开始就把我们吓住了,我们有经验、有想法,不敢提"主张"啊。可这又是一项硬任务,我们只好绞尽脑汁,苦思冥想。经过一段时间的思考,在导师的指点下,基于数学学科特征、数学教学的本质和个人个性特征及教学风格,也针对当前数学课堂教学思维含量低的因素,我提出了自己的教学主张：活力数学——指向思维能力发展的数学课堂。

图 1-7　福建省名师培养工程学习

在总结的时候，我猛然发现参加福建省中小学名师培养工程学习的三年是自己业务提升方面最有成就感的时期。

三年中本人完成了 2013 届教学工作，任教班级的学生基本上都考上了理想的国内外一流大学（其中 10 多人考上北京大学和清华大学，多位优秀生被境外大学录取），所任的学科做出了突出贡献（2013 年高考理科数学 140 分以上双十中学就达 14 人，其中半数以上在我任教的班级，遥遥领先于省内其他兄弟学校）；指导的学生参加数学学科竞赛，10 多人获得省级及以上奖项，其中苏肇祺同学获得第 28 届全国中学生数学奥林匹克金牌并入选国家集训队；接着，我任教于 2013 级（2016 届），一年后多人在数学联赛中获得省级奖，其中成逸然同学入选省队；2015 年多面开花，张雨荷获中国女子数学奥林匹克金牌，陈瑞捷等同学组队获得了中国东南地区数学奥林匹克团体冠军。2015 年全国高中数学联赛中，多人获得省级奖项，其中叶子逸、陈宇凡、张雨荷入选省队，均获得了第 31 届中国数学奥林匹克银牌。

在教育科研方面，围绕教学主张（活力数学）开展课题研究并取得了显著成果。主持了福建省中小学名师培养工程专项研究课题"以思维能力为导向的数学探究性学习研究"（编号 MSZ11013，2014 年 4 月结题），成果在中文核心期刊《中学数学教学参考》上发表；主持厦门市"十二五"规划课题"高中数学思维教学有效性研究"(编号 1225,2014 年 3 月结题),成果荣获由中国教育学会《中国教育学刊》举办的"中国教育实践与研究论坛"征文评比大奖赛一等奖。

在这三年里,本人在论文撰写和发表方面定位更高,并有了新的突破。2013 年和 2014 年有近 10 篇教学研究论文在 CN 刊物发表或获奖,其中《看透问题的本质,提升问题解决的境界》(2013.4)、《引导学生主动探究,促进数学思维发展》(2014.5)、《"神舟"飞船飞行轨道近地点和远地点的理解和探究》(2013.8)等在国内基础教育类顶尖期刊(中文核心期刊)《数学通报》和《中学数学教学参考》上发表;同时还参加了由福建省特级教师协会策划的《福建省高考模拟试卷夺金卷》的编写(本人担任 2012 年卷和 2013 年卷的主编),较高质量地完成了编写任务。

这期间,我还被聘为福建省基础教育首批培训专家、福建省教育学院高中数学名师工作室指导组成员、厦门市名师讲师团成员、厦门市青年教师工作坊指导教师、双十中学优秀青年教师培养工程导师等。在此期间,我一直关心青年教师的成长,指导培养一批优秀青年教师,帮助他们在业务上迅速成长,他们当中的不少人已经是全省乃至全国知名的优秀教师;积极参与省教育厅主办的"援疆支教名师讲师团""名师送培下乡"等活动,共开设了几十场全国、省、市级观摩课、示范课和教育教学讲座;2011—2012 学年还申请到农村学校支教,起到了示范辐射作用。

有了这些积淀,我于 2014 年 9 月被顺利评为福建省特级教师,2015 年 3 月被评为厦门市第八批拔尖人才,2016 年 9 月通过了正高级教师评审,2017 年 9 月被评为福建省首届"最美教师",2018 年 9 月被评为福建省杰出人民教师。最让我兴奋的是,2018 年获第 12 届"苏步青数学教育奖"(中学数学教育教学最高奖,简称"苏奖")一等奖(全国 5 位),这是继 1999 年还在双十中学任职的任勇老师获"苏奖"后厦门教师第二位评上该奖,而且也是一等奖。

机遇 7　教育部首期"名师领航工程"学习(2018.5—2021.5)

"名师领航工程"是教育部国培计划中的一个项目,是目前基础教育领域层次最高的教师培养项目。

2018 年 5 月 7 日北京启动仪式及接下来的培训学习,警醒自己要倍加珍惜这次难得提升自己的机会。

2018 年 7 月 1 日,我来到了东北师范大学(简称"东师")参加培养基地第一阶段学习,我被东师的气氛所感染。当我看到一些已过退休年龄的导师们

图 1-8　在教育部首期"名师领航工程"培训班上发言

还高负荷地教学与研究,被他们的精神强烈地感染了,我决心在三年培养期间认真学习,虚心求教,刻苦钻研,不负厚望。我还提醒自己,即便退休了,也不要停下来,要像导师们那样,为教育继续奉献自己。

毫无疑问,层次越高的培养学习压给学员的任务也越重!

教育部文件这么表述:实施"领航工程",帮助参训教师进一步凝练教育思想、提升教育教学创新能力,着力培养造就一批具有鲜明教育思想和教学模式、能够引领基础教育改革发展的教育家型卓越教师。东北师大培养基地十分重视"名师领航工程",在培养方案里着重提出,根据学员的发展需求和期待,打造个性化的导师团,设计富有特色的培养方案;通过修读课程、专业研究、实践操作等学习环节,全面捕捉和彰显每位学员的教育理念和价值取向、教学风格和教学艺术,逐渐凝练学员的教育思想,提炼学员个性化的教学特质,为未来辐射和引领地方教育奠定坚实的基础。

学习才刚刚开始,至少一本论著、一组论文、一个工作室、一个有价值的课题在等着我去做……

在每次培训学习中,我虽然不一定是最出色的,但一定是最勤奋、最努力的一位。

肯定有人会问,好像所有的好事你都遇上了。是啊,我确实就这么幸运。

其实,我事先哪里会知道我会有这么多好机遇。我只是凭着自己的执着的信念认真学习,努力工作,幸运就砸中了我。不过,大家也知道,如今的机遇比以前多得多,希望同行们把好时代的脉搏,用心去争取,去创造!

再说说"荣誉"。有人半开玩笑地说:赵祥枝,在教师荣誉方面你是大满贯。是啊,我获得的荣誉真的有点多,这首先得感激领导和老师们对我的厚爱。同时,我也会冷静地问自己,是不是拿太多荣誉了? 是不是因为自己获得的荣誉而使同事们失去机会? 如果是这样,那我是会很不安的。

不过,我会正确地读懂自己,时时提醒自己:双十中学这个优秀群体中每一个老师都值得自己学习。

学无止境,教无止境。我一定不会松懈的。

3 改过

"夫过者,自大贤所不免,然不害其卒为大贤者,为其能改也。故不贵于无过,而贵于能改过。"

阳明先生认为,过错,大贤大能之人也有,无人可以免除,然而他们仍是大贤大能之人,就因为他们知错能改。所以说,我们不应以不犯错误为贵,而应以善于改正错误为贵。

每个人都有自己的优点和不足,有的人只看到自己的优点,而缺点自己是看不到的,或者被自己隐藏起来了。只看到自己优点的人大都自视过高,自己感觉特别好,他的事业到了一定层次以后就很难再上一个高度;看不到自己缺点的人,也就看不到自己的潜能,找不到自己努力的方向。只有正确认识自己,才有属于自己的发展空间。

我最大的优点是能读懂自己,即我知道自己"几斤几两"。我不会看不起自己也不会高估自己。前文已经提到,我一直不认为自己智商高,我只认为自己比较勤奋。获得那么多荣誉,不代表自己的水平高,我只认可自己比较用心工作和学习。

读懂自己就是正确客观地认识自己,认识自己的优点和潜能,也要知道别人的优点和自己的不足。比如,我的马拉松最好成绩是 4 小时 8 分钟,亲友们表扬我说很厉害了,在没有大强度训练的情况下我对此成绩确实感到挺满意的。但是,我也一定会告诉大家和我自己,不少年纪 70 多岁的跑在我前面,我还看到一位腿有疾病的勇士跑得比我快,所以我没资格骄傲。每一次的奔跑,我都告诉自己,拼搏是一种精神,谦虚是一种态度,在拼搏中要保持谦虚,在谦虚中努力拼搏。

读懂自己的关键是反思。我们常常要求学生要做好反思,其实,教师的教学也离不开反思,只有进行深刻的反思,才能唤醒教师的自我意识,才能把潜意识的活动纳入有意识活动的轨道,才能充分地发挥先进的教育教学理念对教师行为的指导作用,才能激发出理性的力量,调整、改造自己的内隐理论。

一些教师虽已意识到自己某些方面的不足,但没有勇气去改造自己、提升自己。所以,教师深刻的反思和反思后的行动需要勇气。

我能意识到自己的优点还有:

一是我有责任心。既然承担了就不会退缩,我会尽自己最大的努力去做,争取做到更好。

二是我有坚强的意志力。再苦再累,只要认定的事且方向正确,我会尽心尽力做好。

三是我坦诚。对学生、对同事、对亲友我都真诚相待,我可以容纳别人,我善于发现他人的优点,对他人的不足之处我也能包容,我能站在他人的角度思考。

四是我善于学习。他人的优点也许是我的不足,我就学;他人的缺点,我也得看看我有没有。

我的缺点也有许多,如不够细心、不够耐心,落实工作做得不够好,对一些不是很重要的事情有时还会凭感觉、想当然。

从教之初,在"抓落实"方面我就做得不太好。如我一直要求学生做学习笔记,备错题本,能配合的学生感觉收获很大,但总有几个学生认为,这问题已经理解了,没必要花时间再写出来,以至于考前复习时效率低。现在我经常逐个检查,督促那些应付了事的同学。再如,批改学生作业,现在我会更加注重从作业中发现学生学习上存在的问题并尽快解决,面上的问题会统一重点强调,挖掘原因,让学生认识到问题发生的根源;点上的问题,个别找学生落实;对于应付作业的就要单独和他谈话了。作业改多了,就会由字认人,常常通过字迹读出学生负面情绪并及时探求根源,加以疏导。

"立行立改"是"贵于能改过"的重要因素,而"落实到位"是"追求极善"的重要体现,也是我来到双十中学这 18 年来最深刻的感受。

我还有个短板就是不善于表现自己,但我善于与人沟通,所以,我的课堂几乎看不到我激情洋溢的演讲,更多的是与学生充分的沟通交流。记得在

2000年的一天,兄弟县一中的分管教学的副校长(特级教师)带了他学校的一批老师到我校(福安一中)交流,他听了我的课后一句话点醒了我:小赵,你上课就像和学生在聊天。对呀,这也许就是我的教学风格。此后,我有意识地寻求理论支撑,并逐步加以完善。几十年的数学教学及理论学习,使我越来越深刻地认识到数学教学的根本目标是学生数学思维的发展,数学思维问题是数学教学的核心问题。所以,关于思维教学有效性一直是我思考的问题,围绕"思维发展",以平等、关爱、信任、谦恭、倾听为基本条件,以反思、互动、协同合作为主要特征的对话教学成了我永恒的课题。

有些事情做得不好可以重新再来一次,而有的事情只有一次机会,没做好也无法挽回了,以下几件事让我留下遗憾。

对学生的关心我还算比较有耐心,而对家人就显得很不够,特别是在孩子的教育方面,我就没办法做到像对学生一样。我很少辅导孩子学习,孩子表现不好的时候也很少和他沟通讲道理,有时还会用暴力解决。

对家人,我有点自私(或大男子主义),到厦门后,我更是埋头工作,对爱人找工作的事情不上心,还觉得她最好全力支持我,我把几乎所有的家务都推给她。

父亲晚年生病住院,我在病床前陪他的时间总共不超过几个小时,临终时刻我也不在他身边。母亲现在身体也不好,她喜欢待在老家(她不来厦门),我也只是偶尔回去看看,有心无力(说到底就是不够上心)。

其实,许多人工作与家庭都一起兼顾得很好,我承认自己做得不好。近期有所改观,做些力所能及的家务。比如,下班路上会顺手买点菜;跑完步被汗浸透的短裤、背心、袜子等自己基本上能及时清洗;有时下班早,就进厨房给爱人打个下手;有时运动也拉她一起去……

我认为,只有深刻地读懂自己,才能发展自己,提升自己。

4 责善

"责善"这个词不太好理解,我原先想只说"立志、勤学、改过",后来觉得不妥,再细读阳明先生表述,觉得"责善"意义非凡。

"责善,朋友之道!然须忠告而善道之。悉其忠爱,致其婉曲,使彼闻之而可从,绎之而可改,有所感而无所怒,乃为善耳。若先暴白其过恶,痛毁极诋,使无所容，彼将发其愧耻愤恨之心，虽欲降以相从，而势有所不能，是激之而使为恶矣。故凡讦人之短，攻发人之阴私，以沽直者，皆不可以言责善。虽然，我以是而施于人，不可也。人以是而加诸我，凡攻我之失者，皆我师也，安可以不乐受而心感之乎？"

阳明先生认为，所谓责善，就是互相监督、提醒，从而让对方的品格臻于美好，它是朋友之间不可多得的美好品质，须真诚告诫并循循善诱讲给朋友听。尽心尽力体现你对他的关心爱护，采用委婉温柔的表达方式，使朋友听到它就能够接受，深思出道理后就能够改过，对我有感激却没有恼怒，才是最好的方法啊。如果首先揭发朋友过错和缺点，极力斥责他的过错，令他无地自容，他会羞愧难当并记恨在心，即使他口已服心却不服，只是因形势所迫而暂时服从，这是刺激他继续做坏事。

对"责善"有了一定的理解之后，我就想到党员民主生活会上开展的批评与自我批评。这是我们党的优良传统和作风，但也要注意批评的方式方法，实事求是，坚持原则。

真正"批评"氛围较浓的应该是家庭这个团体，有的夫妻一方或双方比较直接，言语不加修饰甚至用过激的语言来"责"对方，导致家里常常争吵，直至分道扬镳，这是"有责无善"的结果；一些家庭，夫妻像朋友，关系和谐，批评对方也是"责中有善"。在我家，我爱人很辛苦，有时也稍有怨言，也会发些牢骚，但是我们从不讲重话、狠话，不"痛毁极诋"，偶尔斗嘴也是两三句话后就自动停止，过后我们都会觉得这不好，心里都会有"后悔"之意。

我做人的原则一贯是诚朴，无论是对亲友，还是同事、学生，我都是推诚相见。我能感受到的是，大家也还我以真诚。

宁老师比我早几年到双十中学，他知识渊博，幽默风趣，是一位很有才的老师。但因为工作忙以及在不同类型的学校调动过三次等缘故，把评职称的事给耽误了。眼看再过两三年就要退休了，他仍是中级职称。加上目前评高级教师的要求较高，需要准备的材料又多，于是，他便不想去做最后的努力。我了解到情况后，多次主动和他沟通，先是一阵劝说，告诉他不仅是工资提高了，更重要的是自己的业务水平得到认定，在自己的教学生涯里不留下这个遗憾；再鼓励他去努力，随后是实际的行动：和他一起做课题，一起讨论论文，推荐他开设市级讲座、公开课（反响非常好）。在这过程中，开始时他还比较拖拉，如论文构想出来后没有抓紧时间及时成文，为此我也善意地"批评"了他。我看了他的论文初稿后觉得很有价值，当即赞扬他，表示许多观点对我很有启发,应该向他学习,然后再和他讨论文章的一些细节等。在必须向市教育局人事部门送申报材料的当天上午 10 点左右,我刚好到学校人事室,当我了解到宁老师的材料可能还不太完善时,立刻打电话"不客气"地把他从火车站"抓回来",并且认真地"责"了他,要他把相应材料补齐,不可马虎(那天他准备回母校开同学会,而且他还有节目);在几个来回的"责善"后,宁老师终于顺利地通过了高级职称的评审。

2017 年我入选了福建省首届"最美教师",记者来学校做事迹采写,宁老师和记者谈起了评职称的经过时显得有些激动:"当时,我真不知赵老师为什么要那么帮我,他跟我只是同事关系,非亲非故,对我也不图任何回报。现在,我和我的家人,都视他为恩人。"

是的,我帮助了他,督促他得到他应该得到的高级职称。感谢的话偶尔说一句无妨,说"恩人"这话有点过头了。事后宁老师多次要来答谢我,都被我谢绝了,我认真地告诉他:"如果我因为这事收了你的礼品,那就玷污了我们的感情! 同事间、朋友间相互关心、相互促进是很正常的,何况,我也从您那儿学到很多东西,您无形中也帮助过我,所以请不要把这事记在心上。"2018 年,曾教过新概念英语,懂法律,对国学有研究,骑赛车上班的可爱的宁爷爷(学生对他的称呼)光荣退休了!

以下谈谈我是如何对待学生的。

我对学生从不偏心,成绩好与不好都一视同仁。由于性格等因素,我很喜欢小孩,在我的眼里每个学生(即使是个别捣蛋鬼)都是可爱的。虽然每天我都微笑地面对学生,但这不等于我迁就、放任学生。其实,在学习上我对学生一直是严格要求,要求做到勤于思考、精益求精。有时我也会针对某一情况狠狠地"批"他们,特别是对那些成绩优秀的学生。学生们也能接受我的批评,甚至还喜欢得到我对他们的批评。所以,常常有学生找我说:老师,我最近有点懈怠,你狠狠地骂我吧。我"骂"学生时会关注学生心理,不训斥,不恶意打击,不触犯底线(自尊心、人格),而总是分析根源,委婉批评,狠狠地激发斗志。我现在认识到,这就是阳明先生所说的责善:"悉其忠爱,致其婉曲,使彼闻之而可从,绎之而可改,有所感而无所怒。"

从 2001 年至今,我在双十中学总共教过三年普通班(这三个班都是高三时接手的)。2018 届,我任教的高三年级六班一些方面的表现不太理想。新学期开学不久,班主任对班级进行了整顿,把一个平时话比较多的小文同学调到后排。看到小文情绪有点不对,晚自习的时候我就找他谈心,我问他为什么心神不定时,他就把段长找他谈话、班主任调整座位等一系列事情一股脑儿向我倾诉。我认真地听,等他说得差不多的时候,我问他为什么段长、班主任要调整他的座位,他说:"他们看我不顺眼。"我就问:"你自己有没有意识到自己做得不好的地方?"他想了想说:"有……"接着我们做了很好的沟通,他把很多心里话告诉了我,我还是采用"肯定—剖析—激励"的惯用法,他也意识到了老师在关注他,也理解了老师的良苦用心,愉快地回到座位。第二天上午数学课后,他从上衣口袋里掏出一泡茶叶塞给我。我当即觉得小文这孩子太有意思了,还真是个小孩。我对他说:谢谢你,我办公室有茶叶,你自己留着喝吧,加油!

早年我也发现个别老师批评学生没把握好尺度,不注意言辞,甚至会让学生无地自容。就像阳明先生所说的"先暴白其过恶,痛毁极诋,使无所容",我在佩服这老师优秀、敏捷的口才时也担心:学生能接受吗? 学生受得了吗?

是啊,现在的教师不好当啊,不经意间的一句话、一个行为会让学生刻骨铭心。我的观点是,对学生还是要严格要求,该批评的还是要批评,但要关注学生心理,讲究艺术。

对同事的"责善",我更会注意针对对象,注意场合,把握分寸,讲究艺术。前提是取得对方的信任,本着关心爱护的初衷;不宜像对学生那样过于主动,一定要思考再三。

2018年4月初,同事小陈老师的爱人生二胎,他请陪护假15天,这是法定假期(以前没有)。问题是离高考不到两个月的时间,而其他老师自己的课程又重,代课压力大,时间长还可能会引起学生不满情绪,势必对备考造成影响。其实,这些问题小陈老师也意识到了,请假的那几天他也常常跑回学校处理教学中一些问题(他是备课组组长)。我慎重考虑后决定和他探讨这件事情,建议他如果家里能放得下,还是克服困难提前回来上课,他和爱人商量后就提前上班了(小陈平时和我沟通比较多,对我也比较信任,所以我才敢坦诚地和他谈这个问题)。

作为一个不带"长"的普通教师,只出于关心爱护年轻人的本能,如果认为此事与我无关而不闻不问,我反而觉得自己不厚道,不真诚。

再如,在2018年特级教师申报的教学考核名单里,我发现厦门市中小学数学教师总共15人申报,其中中学只有5人,比例悬殊。当时就感到这很不对劲,是不是中学数学教师评特级、正高级教师的愿望不够积极? 其实,我认识的好多位同行工作十分出色,对厦门市数学教育教学做出了突出的贡献,在省内也有较大的知名度,可他们有的好像对评特级或正高级教师不太感兴趣(或没明显地表现出来),有的就缺某个硬条件……我应该激发他们斗志,鼓励他们努力争取。

还有许多年轻教师常常和我探讨教学上的事情,我都会毫无保留地给予他们帮助。本学期(2018 年 3 月底),一位教师准备参加福建省青年数学教师优秀课比赛,他找我希望给予指导,我认真看了他的上课录像后,在肯定优点(语言、教态、气质等)的同时也善意地指出:比赛课尤其凸显出你对教材文本独到的理解,要体现出你的创新;而后和他探讨一些问题的处理及一些必须关注的细节,最后他发挥出色,获得省一等奖。

这些年,类似这样的情况还很多,比如担任青年教师培养工程导师、名师工作室指导教师、各级技能大赛指导教师等,我都会本着关心爱护,不吝啬地指出优点,不含糊地指出不足,探讨改进方案措施,使他们获得提升。当然,在这过程中,我也从年轻人身上学到很多东西……

类似这样由我发出的"责善"事例还可以列出许多,而随着年龄的增长,由他人指向我的"责善"却变得少而珍贵。人无完人,学无止境,为克服教学生涯中的不足,我不断自觉开发来自亲友、同行、学生和来自书本、来自自我反思的"责善"。

立志是坚定方向、勇为最先,勤学是坚实基础、追求极善,改过是修养德行、提升自身,责善是自我反思、互相提高,我以为这是心学精华在我的教育教学生涯的最好呈现。我会铭记、领悟并践行,牢记"做个好老师"的志向,保持初心,每天都像第一天那样对待工作,让自己保持着第一次站上讲台的那种新鲜感,享受其间的乐趣,这样人生才会更精彩,才会更幸福。

附文 1

图 1-9　"最美教师"巡回报告

大家好！今天,我要和大家分享的题目是:

一辈子做个有活力的好老师

自 30 年前走上讲台的那一刻,我的脑海里就一直有这样的信念:教师面对的每一个学生都是一条鲜活的生命,教育是呵护生命成长的事业。要让学生的成长充满生命的活力,教师首先应是一个充满活力的人,只有将活力融入自己的生活和工作,才能培养出更有活力的学生。

几年前,我参与拍摄了一部由双十中学学生自编自导的音乐微电影,剧中有个片段,记录了我和主人公林小川同学的交往故事。在一次跑步中,我认识了林小川,我俩一起跑步,聊了一会儿。他觉得我很有意思,跟他说话的方式像朋友,不过我们都没问对方的信息。之后的一天,他在教学楼的走廊上看到一群学生围着我问问题。他很吃惊,等其他学生走了以后,急忙问我:"老师,您不是教体育的吗?"我微笑地告诉他:我是数学老师,但也喜欢长跑,已坚持了 30 多年。

我从中学开始练习长跑,2001 年到厦门后,基本上每年都参加厦门国际马拉松。至今,我已完成 10 个厦门"全马",并拥有了个人终身号码。所以,我的学生都戏称自己的数学是体育老师教的。许多学生经常约我一起跑步,有时我也会有意图地约一些学生跑,在跑步过程中我们像朋友一样进行坦诚的、无拘束的交流与沟通,跑步成了我教育和启发学生的一种很好的方式。

　　长跑融入了我的生活，是我热爱生活、热爱生命的一种表达。它赋予了我生命的活力，也让我向学生传导了生命的活力。

　　把这种对生命活力的追求带入课堂，我提出了"活力数学"的教学主张。无论是常规数学课，还是奥赛指导课，我都会用心地把课上得生动有趣，通过多种方式激发学生的兴趣，鼓励学生勤于思考、大胆交流。在课堂中，我最享受的事情是观察学生思考，倾听他们对数学的理解，欣赏他们的思维碰撞。看到学生在数学世界里遨游，我就由衷地快乐。

　　就在第14届中国女子数学奥林匹克竞赛中，我指导的学生张雨荷获得金牌，实现了我省在这个赛事金牌上的零的突破。可是，你们知道吗？在进入高中之前，这个聪明的小女生的数学成绩一直不太好，还不喜欢写数学作业。进入双十后，因为喜欢我的上课方式，她一点一点地克服了对数学的畏惧，找回了信心。记得有一次，雨荷问了我一道关于圆锥曲线的提高题，我觉得这问题很有价值，可以和更多的同学分享，于是，鼓励她每天给同学们出一道具有一定思维挑战性的题目，大家一起讨论。这让我们班的数学学习更加活力四射了。老师和同学的信任让她觉得自己很受重视，她十分得意，也很受鼓舞。之后，雨荷都会认真地读书、找题、思考。慢慢地，她对数学的兴趣和理解都提高了，并表现出很强的数学学习潜能。获奖之后，她妈妈给我发来短信，说最开心的不是孩子获得金牌，而是我让她女儿喜欢上数学。

　　在我教过的学生中，从畏惧数学变成喜欢数学的不只雨荷，还有许许多多。平时，常常可以看到一些学生站在我授课班级的窗外旁听，或者等着问我问题。他们对学好数学的渴望，让我很感动，也让我有一种成就感。

　　当然，学生的表现也让我十分欣慰。这些年来，我担任班主任或任教的班级在高考中均取得优异成绩，仅考入北大清华的学生就有近百人。在奥数指导方面，我直接指导的学生有20多人次获国家级奖，50多人次在全国高中数学联赛中获得福建省赛区一等奖，150多人次获赛区二、三等奖。这些成绩在省内目前还没被超越过，我想，这或许就是活力数学的魅力吧！

　　我一直认为，要让自己的教学保有活力，教师就要坚持教学研究，将活力注入教研。

　　课余，我除了运动，就是阅读，探究问题，思考怎样更好地促进学生思维的发展，可以说，我满脑子都是数学问题和教学上的事。所以，我的梦里常常是教学的场景，甚至有时还在梦里解题。2000年，我有幸作为福建省5名数学教师之一，被选派去北师大参加国家级骨干教师培训。在那里，我拼命地买书、读书,到了如饥似渴的程度。休息日,别人大都抓紧机会到北京各处景点游玩;而我却习惯性地泡在图书馆中读书、写作。近几年,我撰写了2本专著,编写了15本教学用书,个人总编写量超过300万字,主持或参与了多项国家、省、市级课题,发表了多篇核心期刊论文。这一切的努力,都是为了让我(自己)的教学更有活力。

然而,一个人的力量总是有限的。如何让更多的学生获得有活力的成长?我想,这需要一群有活力的教师,需要一个有活力的团队。

双十中学一直有着良好的传帮带传统,当年我初入双十时,校领导和同事在工作和生活上都给予我许多帮助。如今,我在教育教学上积累了一些经验,有了一些感悟,也会毫无保留地传授给年轻教师,主动帮助那些需要帮助的同事。这也是我能为建设一个有活力的团队所做的一点贡献。

许波,是和我结对子的一个年轻教师。2014年,他参加了第7届全国高中青年数学教师录像课比赛。当时,福建省3位老师参赛,2个自选课题,1个专家指定课题,省里把难度最大的指定课题"空间几何体的结构"给了许波。这个课是立体几何的开篇第一节课,概念多,容量大,重点和难点也多,通常教师都采用讲授或自学指导的教学方式,效果不是很理想。如何突破,如何让教学更有活力,成为摆在许波面前的难题。作为他的指导老师,我不是把自己的教学设想告诉他,让他模仿,而是尊重他的想法,与他不断讨论,在思维碰撞中激发他的创造力。通过一次次的探讨和研磨,最终,他构建了"从生活入手,以活动为主,促进学生主动参与"的数学活动课模式,获得了全国一等奖,赢得了专家的高度赞赏。除了这个比赛外,我还指导许波参加了省市教师教学技能大赛及其他教学比赛,都获得了可喜的成绩;在学科竞赛指导方面,他的成果也十分突出。

当然,与我结对子(或以其他方式指导培养)的年轻教师还有许多,如白福宗、王成焱、余永平等,他们大都在教育教学上崭露头角,成为学科骨干。他们中有人说我在双十虽然不是"官",但在他们眼里,我是他们的精神导师。这么高的赞誉,我受之有愧。其实,在指导这些年轻教师的过程中,我也有很大的收获。在这个团队里,大家亦师亦友,互相促进,共同成长,这也就是活力教研的主旨所在吧!

这些年,看到这么多的年轻老师扎扎实实地成长,从一个个新教师成长为一批富有活力的教学骨干,我的内心由衷地欣慰和自豪。我坚信,有这样一群充满活力的教师,学生的成长也将变得更有活力。

感谢 30 年前的选择,让我成为一名教师。这么多年,我一步一个脚印地走来,未曾厌倦,未曾放弃,只因为一个简单的信念:一辈子做个有活力的好老师! 不忘初心,方得始终。未来,我将继续以此信念激励自己,和一群有活力的教师一起,共同呵护学生的生命成长!

我的汇报至此。谢谢!

（本文是作者获福建省首届"最美教师"后在省内做的巡回报告）

附文 2

他就是这样的好老师，让人想起就温暖
——厦门双十中学赵祥枝老师印象

谢冰滨

　　数学特级教师，正高级教师，省首批中小学教学名师，省首批基础教育教师培训专家，中国数学奥林匹克高级教练……

　　如果只看这些响当当的荣誉和头衔，许多人会认为赵祥枝是一位理性无趣、刻板严厉、难以亲近的老师。

　　然而，在学生、家长、同事、领导眼里，他却是这样一位老师：真诚感性，开朗有活力，平易近人……人人都说他好，想起他就感到温暖。

"数学老师里他的体育最好，体育老师里他的数学最好"

　　在双十中学的学校网页上，有一部名为 *Fighting* 的音乐微电影，讲述了一个叫林小川的学生在双十中学求学的真实经历。

　　电影中有一个情节是，在一次跑步中，林小川跑不动了，气喘吁吁地想要坐在操场上休息。这时，一个也在跑步的老师正好路过他身边，停下来询问他的情况。随后，俩人便边聊着天，边一起跑步。林小川觉得，"这位体育老师真有意思，跟自己说话的方式像朋友，很想再跟他见面"，但两人都没有互问姓名和班级。

　　在之后的某一天，林小川竟在一个班级的走廊上看到，一群学生围着这位"体育老师"问问题。林小川有些吃惊，等其他学生走后，急忙上前问道："老师，您不是教体育的吗？"老师告诉他，自己是教数学的，但也喜欢长跑，并已坚持了 30 多年。

　　是的，这位"体育老师"就是赵祥枝！

　　赵祥枝从高中开始练习长跑，大学时是系田径队主力。之前在福安一中工作时，课余和周末他常环绕县城长跑。2001 年调入厦门后，则常到附近公园或环岛路等处长跑，并坚持每年都参加厦门国际马拉松比赛。目前，他已完成 10 年厦门马拉松全程长跑，并获得了个人终身号码。

　　除了自己跑外，赵祥枝还经常带学生跑，并在长跑中与学生交流谈心。操场、公园、环岛路，俨然成了他教育学生的第二课堂。也正因如此，赵老师的学生都戏称自己的数学是体育老师教的："数学老师里他的体育最好，体育老师里他的数学最好！"

图 1-10 运动后与学生交流

长跑磨炼了赵祥枝的毅力,除此之外,还给已过知天命年龄的他带来了活力。在他身上,我们看到的不是"老教师"的老沉与暮气,而是意气风发。同时,这种活力还表现在他的课堂上。

无论是常规班级的数学课,还是奥赛学生的指导课,他的课堂氛围总是那么和谐、热烈。除了自身讲课生动有趣外,他还善于激发学生的学习兴趣,鼓励学生自由思考、大胆交流,学生有任何自己的思路和见解都可以站起来或到讲台上表达、交流。赵祥枝说:"我很欣赏学生认真思考时的表情······真的,观察学生思考是一件特别享受的事情。"这,就是赵祥枝"活力数学"教学主张下的课堂。

张雨荷,双十中学2016届高中毕业生,赵祥枝教了她三年的数学。张雨荷的妈妈回忆说:"初中时,女儿的数学一直不太好,比较懒,不喜欢写作业和思考。"进入双十后,因为赵老师有趣的上课方式和循循善诱的引导,张雨荷一点点地克服了对数学的畏惧,拾回了信心,并渐渐喜欢上了数学,甚至还通过选拔进入了奥数兴趣班,获了国家级金牌。

在赵祥枝教过的学生中,从畏惧数学变成喜欢数学的人有许多,张雨荷只是其中之一。"说实话,把学生的数学教好并不难,但是,能像老赵一样,让学生喜欢数学,在课堂上活跃、活泼起来,而不觉得枯燥,那真的很难!"数学组的同事张瑞炳这样评价赵祥枝的课堂教学。

更有意思的是，如果其他班的学生因上体育课或活动课提早下课，总能看到一些人趴在赵老师授课班级的窗户上旁听，或者等着问他问题。这就是赵祥枝的教学魅力吧！当然，在这样的魅力作用下，赵祥枝的教学成绩也是十分突出的，甚至可以说是惊人的：

他担任班主任或任教的班级在高考中均取得优异成绩，其中仅向北大、清华两校就输送了近百人。他参与指导的学生有 2 人获得国际金牌；直接指导的学生有 20 多人次获国家级奖，50 多人次在全国高中数学联赛中获得省赛区一等奖，150 多人次获省赛区二、三等奖，在其他一些省级数学竞赛中也有上百人次获奖。其中，苏肇祺同学获得 2013 年全国中学生数学奥林匹克金牌；叶子逸等 3 位同学获得 2015 年全国中学生数学奥林匹克银牌；张雨荷同学获得 2015 年中国女子数学奥林匹克金牌；在 2015 年中国东南地区数学奥林匹克中力夺团体冠军，改变了福建省参加这项赛事的历史。

"一双眼睛看不住几十个学生，而一颗爱心却可以拴住几十颗心"

在所任教的班级，赵祥枝有许多外号，如"枝枝""祥子""赵爸""赵霸""照相机"……这些外号，不是学生对赵祥枝的嘲笑、愚弄，恰恰相反，它们是学生与他关系亲密、打成一片的体现。

"带好学生是教师的本能、义务，是良心所在。每一个学生，对于我来说，都很重要。"自 30 年前走上讲台起，赵祥枝的脑海里就一直存有这样一个朴素的教育观。"一双眼睛看不住几十个学生，而一颗爱心却可以拴住几十颗心。所以，我会用自己真诚的心，平等、一视同仁地对待每一个学生。"

赵祥枝是这么认为的，也是这么坚持做的。

上课时，他会细致观察每个学生的表情，顾及他们的接受程度、思考水平；批改作业时，他会认真记下每个学生的问题所在，然后找时间点拨；晚自习时，他会一排排、一个个地观察学生，看看学生是否有什么心事、不良情绪等，然后找他们谈心；他甚至还有个特别的技能，可以通过笔迹识别学生，至于叫出每个学生的姓名，那就更不用说了。

学生的学习状况、思想变化、健康情况、生活处境，无一不是赵祥枝关心的，即便他不是班主任。赵祥枝的观察不动声色，关怀细致入微，许多学生一开始都会惊讶：赵老师居然记得自己这道题错了；赵老师竟然问自己的感冒怎样了；赵老师竟然主动找自己谈心；赵老师竟然帮自己争取助学金；赵老师竟然请自己到他家吃饭……学生陈楷玥说："赵爸有太多暖心的事了，每个人都可以说出好几件！"

庞博,一个年轻的女班主任,从去年开始第一次与赵祥枝搭班。庞博说:"之前,赵老师给我的印象是一个业务能力超强的传奇人物。与他搭班之后,我才发现他是十足的'暖男'。"在庞博的班上,有一位学生因为学业压力过大,有些自闭倾向,不与任何人说话交流,有时上课还会发出怪异的声音。庞博发现后,及时找他沟通,但几次下来,都撬不开他的嘴。家长也极力配合,带他去看心理医生,也无功而返。面对如此棘手的问题,庞博有些不知所措。过了些日子,庞博发现该生的精神状态竟然有所好转,甚至能与个别同学说话了。随后,庞博了解到,原来赵老师经常跑到这个学生的宿舍找他谈话,甚至拉他一起去跑步,是赵老师敲开了这个学生的心扉。庞博十分感动,内心对赵祥枝所做的一切充满了感激:"他真是难得的好帮手!"

赵祥枝就是如此细心,如此关爱一届又一届的学生。即便学生毕业了,他们的发展、他们的生活,仍是赵祥枝的目光所系。

课余和周末,除了运动,赵祥枝就是看书、钻研教学问题、思考怎么与学生沟通,满脑子都是学生的事。他说,"梦里常常是学生和班级场景","一走到教室,精神就来了"。

如此真诚、一心一意、不图回报地为学生付出,赵祥枝怎能不赢得学生和家长铭记与感恩呢?

学生家长陈静玲谈及一次家长会的情形。在介绍完班级的一些情况后,班主任说:"下面,有请数学科的赵祥枝老师给大家讲两句。"话音刚落,赵祥枝还没踏进教室,家长们就鼓起了热烈的掌声,把还站在讲台上的班主任吓了一跳。陈静玲笑着说:"连班主任,我们家长也没给那样的掌声,因为我们太爱赵老师了。能遇到这样的好老师,真是我们家长和孩子的福气!"

每逢教师节、春节、中秋节等节日,赵祥枝都格外地忙,忙着回复学生和家长给他发来的问候和祝福——有太多太多的学生和家长给他发信息,而每一条信息,他都会认真回复。在信息不那么发达的年代,他则会收到无数来自学生和家长的明信片。一届届学生毕业离校,但到了寒暑假又一拨拨地回来看望赵老师;赵老师出差到外地,在当地学习、工作的学生一旦知道,必定邀上往日同窗前往探望。

"他是我们的精神领袖,有他在,我们就很放心"

六点半,是双十中学寄宿生的起床时间,也是赵祥枝到校的时间。每天清晨,赵祥枝或骑自行车或慢跑上班,基本是最早到校的老师,校门口的保安也因此与他十分熟络。

　　早到校的习惯,赵祥枝坚持了20多年。为什么他能对工作持续保有这样的热情?赵祥枝说:"只要我认定的事,我就会抱着极大的热情,持之以恒,尽自己的能力做到最好。"他认定自己一辈子就是要当一名好老师!

　　2000年,赵祥枝有幸被选派去北师大,参加国家级骨干教师培训。在那里,他拼命地买书、读书,真正到了如饥似渴的程度。休息日,别人都抓紧机会到北京各处景点游玩;而他,却雷打不动地泡在图书馆中读书、写作。

　　如此敬业、勤奋、认真,在教学和教研上取得成绩便是一种天道酬勤的结果。2本专著,15本教学用书,总编写量超过300万字;多项国家、省、市课题,多篇核心期刊论文。这些,都是赵祥枝在别人"睡梦的时间"里完成的。而特级教师、正高级教师、省教学名师、市首届杰出人民教师、市拔尖人才等一系列荣誉和头衔,则是顺其自然的结果。

图1-11　国家级骨干教师培训学习(2000.10)

　　在许多人看来,赵祥枝早已功成名就,可以不用那么拼命了。所以,有人劝他"教而优则仕",建议他走上领导岗位。这样的机会并不是没有——校内的上升机会自不必说;北师大厦门海沧附属学校的一位校长在离任时,极力向北师大推荐他接任。说实话,对于这些机会,赵祥枝不是没有心动过,然而,认真考虑过之后,赵祥枝还是选择继续做个纯粹的老师。

　　"他在双十没当过'官',但在我们眼里,他是我们的精神领袖。"数学组的许波如此说道,"他很谦卑,很无私,很负责任,很有担当,给我们满满的正能量。有他在,我们就很放心!"

　　且不说赵祥枝在备课教研活动中的毫无保留,也不说他对备课组组长、年轻竞赛教练的无私指导,单就其在同事评职称等个人问题上急人所急,就让人有高山仰止之感。

　　与赵祥枝同组的数学老师里,有一位临近退休、与他并无深交的宁姓老师。这位老师,其实非常优秀,但因为工作忙,在不同类型的学校调动过三次等缘故,把评职称的事给耽误了。眼看再过两三年就要退休了,他仍是中级职称。加上评高级的要求较高，需要准备的材料又多，于是，宁老师便不想去做最后的努力。赵祥枝了解到情况后，心里一直惦记着。赵祥枝先是一阵劝说鼓励，随后是实际行动：带宁老师做课题，给宁老师争取开课、开讲座的机会，反复指导宁老师写论文，甚至主动请语文组的同事帮宁老师进行论文语言润色。在赵老师的细致帮助下，经过一年多的努力，宁老师终于顺利地通过了高级职称的评审。"当时，我真不知赵老师为什么要那么帮我，他跟我非亲非故，对我也不图任何回报。现在，我，甚至我的家人，都视他为恩人。"宁老师回忆起那段时间，仍旧十分感动。

近些年，学校从传帮带的需求考虑，让赵老师卸下了班主任的工作，但他的教学和竞赛指导工作量仍然不小。对此，赵祥枝毫无怨言。教务处主任李海北说："赵老师最让人佩服的地方，在于能摆平心态，放下身段，俯身做工作。他并不因自己是资历深的'老教师'，也不因自己所拥有的'光环'，而推诿工作。我们给他安排工作不会有特别的顾虑，带竞赛、代课、支教、监考、下晚自习……他从不拒绝我们，绝对配合，更不会提任何要求和条件。"

有这样的老师在，学校领导自然也是放心的。"认真负责，热心无私，淡泊名利，没有任何架子……"在采访即将结束时，双十中学副校长姚育青一口气用了一大串的溢美之词来对赵祥枝做总结评价。"他身上的正气，对生活、工作的热情，以及整个人的精神状态，特别能感染人。与他在一起，人都会不自觉地积极向上起来。毫不夸张地讲，赵老师已成为双十的一种文化，引领着整所学校的育人氛围。所以，我们也看到，像赵祥枝这样热爱工作、热爱学生的老师越来越多了。这是令我们这些管理者无比欣慰的事！"

做一个合格的老师也许不会太难，难的是像赵祥枝一样一辈子专心做个纯粹的好老师。年轻教师许波说，赵老师是他一辈子努力的目标。这何尝不是其他老师应努力的目标呢？

（本文作者谢冰滨系《福建教育》杂志社记者）

附文3

我的父亲

　　我的家乡福安市,位于福建东北部,丘陵占了九成的面积,锻造了独有的乡土文化。我出生的地方是潭头镇柘头村,四面环山,风林交错。全村大约200户人家,人口不足千人。现如今,青壮年大都外迁,在全国各地漂泊打拼,若不是过年(春节),平时的村里已经没了往日的热闹与人气。

　　我们村周边有多个自然村,那一片区村民提及柘头村,总有一句闻名的土话(谚语)——甘蔗无尾柘头;我父亲在世时,他是家乡远近闻名的人物(知名人士),一位慈心却又凝重有威的老村支书。

　　说家乡独有的乡土村俗文化,是因为丘陵山川阻挡了村民与外界的往来通联。父辈这一代人,一般出生于民国战乱时期,历经建国、饥荒、"文革"、改革开放,大多数的村民都是靠着一把锄头养活全家,父亲自然也不例外。他在这个村落出生成长,当家掌管,乃至离去,恰好也是一个时代社会变迁下的小缩影。父亲刚强果敢担当的性格,同样也影响着我的一生。

一

　　我们一家八口,奶奶与父母之外,我有两个哥哥、两个妹妹,大哥结婚生子后,一家人四世同堂,尽管经济比较拮据,但也十分热闹。

　　父亲没上过学,他是在村集体工作中自我学习,练就了一口不标准的普通话(本地话含量比较多),识得了一些常用的字,学会了口算、打算盘。文化水平虽然比不上那些读书人,但仅凭着这些浅薄的学识和敢想实干、勇于担当的精神,操劳着一个家,乃至一个小山村。

　　父亲的"大嗓门"也是远近闻名的。村民提起他,都说你那阿爸,气头上来时,眼珠子一瞪,村里不安分的人真会怕。作为他的子女,父亲的家教非常严,邻里之间,我们兄弟姐妹绝对不会和别家的小孩吵架、打架,不会无端惹事,更不敢沾染赌博等恶习。多年来,这一家风一直自然延续到我们的子女孙子辈。当然,面对后来陆续出生的孙子女,我父亲就像换了个人,十分慈祥,宠爱有加。

　　也是因为父亲对我们这一辈严厉的家教,我们兄弟姐妹在家里也很少吵闹。他总是有干不完的活,一年到头没有一天是闲着的,晴天有晴天的活,雨天有雨天的事。每天总是早出晚归,所以我们家的午、晚饭时间大多比村里人晚,每到吃饭的时候,兄弟姐妹都很安静。我母亲常常叮嘱我们在家里或者在外作客吃饭,双手要夹着两腋,不要左右开弓,碍着别人,一定要把饭碗里的饭吃得干干净净。

因为生活十分简朴,常常地瓜米就着土菜就是一顿饭,村里绝大多数人家也是这个状况。我们那一带有个顺口溜说:年三天节三顿,中秋重阳合一顿。意思是只有在过年节的时候才会吃好一点。其实,我们家除了过春节,其余节日也不怎么讲究。所以,过年是孩子们最期盼的,除夕晚上,兄妹们把母亲准备的新衣服放在枕边美美地睡觉了,而父亲依然在忙着,记忆里他都得大年初一早晨洗脚换上干净的衣服鞋子,然后给我们兄妹每人几毛钱的压岁钱。

一代人有一代人父爱的表达方式,父亲对孩子们的爱总是收敛在心底。言语上少有表达,哪怕与我们多做一些交流,但会在行事与关怀中让你感受到。我们做了错事他会严厉训责(印象中父亲却从来没有动手打过我),子女做对了事、取得了成绩,他也不会当面表扬,但可以从他赞许的眼神中读出。跟子夏说的一样,"望之俨然,即之也温,听其言也厉。"

因为家庭穷苦,无力供养几个子女同时上学,大哥读到三年级就辍学了,十三岁就帮着去生产大队放牛挣工分,风餐露宿之间,落下了脚疾。二哥小学也没毕业,十四五岁时,母亲托人照顾,把他安排到了邻近太蓬村的林场做工,各自也慢慢分担了家里的生计。我母亲上山采茶,大哥二哥挣得了工分,父亲的担子(压力)得到了缓解。

二

柘头村地处于南方福建山峦之中,在气候未曾变暖之时,冬日里偶尔还会下雪,远山上还会有白茫茫的积雪景色。村口店门边的老人们习惯穿着厚厚的粗布衣,膝下放着烘手的木炭小炉。虽然生活俭朴困难,但乡亲们之间相处十分和睦。

柘头村有两条小溪蜿蜒穿过(村边还有一条,溪水在村口汇合),村民房子都落建于溪水两侧,溪水清澈见底,村民习惯在溪水里洗菜洗衣。夏天到了,孩子们喜欢在溪里游泳摸鱼。小溪虽养育了一山村人,但是村民往来过河总是不便,一般都是踩着安放在水里,一部分高出水面的石头(垫脚石)过河。若水漫过垫脚石,村民就要脱了鞋,扎起裤脚,甚至背着孩子,蹚着石头过。也有不小心坠入河中,吓得失魂落魄的。水位高或发洪水的时候只好望河兴叹了。

20世纪60年代,村民在村口建起一座木廊桥;70年代末期父亲带着村民在村头造了一座更为坚固的水泥桥,解决了一村人过河的难题。相比之下,村里的孩子更喜欢那座廊桥。廊桥是一种有屋檐的桥,有可遮阳避雨、供人休憩的风雨亭,廊檐保护了木材建造的桥梁免受日照雨淋的蚀。这种廊木古桥现在闽东北、浙东南村落里留下来的都成为保护古迹,因为蜿蜒独特的造型,又被称作蜈蚣桥。

我们从小都喜欢在廊桥上游耍玩闹,美丽的廊桥也成为我这一生至暗之地。记得十一二岁的某一天下午突然下起了雨,我和村里的几个孩子跑到桥上避雨,顺便就地取材玩起了跷跷板,我一挑三,对方三个孩子一坐上去,我还没反应过来的时候就从桥上摔到了数米之下的河床。那时又偏逢枯水期,我的额头砸在一块坚石上,顿时血流如注,右手骨折,左腿膝盖部位裂开了个大口子,伤势非常严重。几个年轻人和知青大哥闻讯赶来抱着我跑向村医疗站,简单包扎后他们用担架抢着山路抬往公社卫生院。父亲那时候正在邻村做事,村民赶去传讯,个把小时后父亲追上了我的担架,这是我生平第一次见到一生刚强的父亲落泪了……说来也幸运,我落地处恰微微凹陷且有一些积水,若摔得偏些,边上全是坚石,后果就不敢想象了。那次历险,在我额头上留下的那道"人"字形疤痕,当作印记,伴我一生,也警醒我做事要稳,不冒风险。

图1-12　柘头村口廊桥

如今的我踏出山村在外求学授教已经数十年,回村的次数也不多,一些景致早已今非昔比。村中的小溪河面被封了一半,盖起了红砖房,房前屋后被村民的布鞋草鞋踩得油光发亮的板石镶嵌的路也铺上了水泥。2018年3月,村民在廊桥敬奉观音,因疏于看护,烛火燃开,大火蔓延越烧越旺,一座近60年桥龄的廊桥被烧为灰烬。通过微信群看到火光吞噬中的古桥照片,在外的人无不扼腕叹息。

每次回到村中散步,往日的画面总浮现在眼前。70年代中期,大概是毛泽东去世、华国锋主持中央工作之时,父亲就带着一村人搞生产,春天种稻谷、毛豆和番薯,上山摘茶制茶,油坊里榨山茶油;到了夏天,山林里采收李子,晒制成李子干,日复一日年复一年。

那时候,一个大村是一个生产大队单位,父亲做事勤劳,善于组织安排,村民都因他大公无私,一路推选他为大队长。改革开放后,全国推行包产到户,村里家家户户分得了农田,自给自足,也解放了村里的劳动力,村里的年轻人也慢慢做起了小本生意,生活进一步好转。父亲也一直被推选为村支书,管理一个村(八个自然村)的大事小事。

我爷爷早年参加革命,民国23年(1934年)由于叛徒告密被国民党民团杀害。年幼丧父的父亲过早就和我奶奶一起担负起一家人的生活重任,这或许养成了他刚毅的性格,这个性格以及他的威望,又着实为村里做了很多实事,默默地奉献。80年代初,一些自然条件较好的村有了政府的拨款,修起了公路。我们村由于地理环境的因素,交通不便,当时尚未被县、乡列入修路规划。父亲深知一条公路对于一座小山村的意义,在没有上级政府的支持之下,带领了一村人,生生开出一条2.5公里路来。

资金来源全靠村民家家户户集资,家里拿不出钱的就多出力(每户人家都需要分配任务工)。那个年头修路,并没有现在的推土机、挖掘机,村民们用锄头、羊镐与扁担、簸箕,生生开挖,遇到成片的山岩,就用钢筋凿打炮眼,插入雷管炸开。2.5公里的机耕路,前后修了一年多终于通车了。世代偏安一隅的小山村终于与外界有了联通。村民基本告别了来往靠徒步,运送货物靠担担子的状况,山村里的人和物产终于可以和外界便捷来往运输了。

修通了公路,父亲继而又带领大家修建了新的小学、村综合楼、可以放室内电影的村人民会场,继而又建起了水电站,村里也通了电。勤劳的村民渐渐富裕了,也陆续有了电饭煲、洗衣机、电视机等现代家用电器,一辈子没有走出村落的人,也通过这些了解到了外面的美好世界。一座偏远被忽略的小山村,渐渐接通融入更好的未来。父亲那不信命运,撸起袖子干的行事风格也打动了村民及上级领导,大家心里都非常敬服这种开山拓林、"战天斗地"的精神。父亲也因此被推选为多届福安市人大代表。

因为父亲的威望与公正，村里家家户户大事小事、好事坏事都找他，希望他帮忙拿个主意。父亲不仅操劳我们这样一个八口之家，同时又要作为一个大家长操持着全村的事，数十年如一日地照顾着村里的点滴。

三

我们兄弟姐妹长大后，父亲也逐渐老了，重体力活干不了。父亲有一点经商头脑，便利用自家房子开了个小门店经营些副食日杂品，一度他带着二哥做起了卖猪肉生意。那时没有电子秤和计算器，全靠口算或算盘，我们惊讶于没上过学的父亲猪肉一上秤立马能报出价格的速度。随着两个妹妹也陆续参加工作，我们家的经济状况有了好转。

但在村里，以及紧邻的一些畲族村，穷苦的村民依旧很多。在农村，没钱的时候买肉或其他生活用品常常要赊账，父亲心肠好，也从来没有二话。他还非常好客，经常留人吃饭。我们家一年四季的饭桌上，总是有来往的各式客人，或是上级乡镇派驻的工作人员，或是外村过来办事的熟人，或是邻村的畲族穷苦村民。

但是农村也有一个习俗，之前赊的账，春节前一定要安排的，如果没办法结账也要当面说明一下。在年关，我们常常看到，有些乡亲到我家话都没开始说，我父亲反而拿了钱，或者是切块猪肉递给他："这拿去过年。"其实村就这么大，谁家经济状况如何相互间都心里有数，他话不说，我父亲都明白。所以村里人都感激他，这些穷苦人家也会常常送些自家做的黑米饭、糍粑、地瓜粉丝等物品来答谢父亲。从我们记事开始，我们家的日子一直是这样过着的。

再后来，我们兄弟姐妹都成家了，老人家也没什么负担，这时他把积攒下来的钱拿去做善事及一些村集体的事，他还出资在离村里五公里外的一座公路桥边修了一个亭子，供路人躲雨、休息。

父亲的所有行事，我母亲一直在身边默默支持着。她不但要照顾五个孩子，就是公社村委的事情，她也在父亲身后当个好帮手。在村里修公路的时候，我母亲早上起来要烧三组早饭，第一组烧给修路的工程队吃，第二组烧给知青站的知青吃，第三组才是烧给家里的孩子吃。

村口廊桥边的那座知青房也是父亲领着村民建造的。我放学后常常跑去知青点给母亲打个下手，先是烧火，长大些就会挑水，后来在潜移默化中还学会了做难度较大的木桶蒸饭。如果母亲没空，我也敢给十来个知青烧饭（他们自己做菜）。

我在村里读了六年（含小学附设初中班一年）书，由于我易中暑和过敏体质,父母觉得我不是干农活的料,恰好我读书比较用心刻苦,成绩也一直优秀,在小学老师的建议下,父亲和邻村的一个好友雷伯伯商量,请他儿子(当兵上大学,毕业后分配在宁德地区民族中学任教)介绍我去民中读书。经过入学考试,幸运的我得到了上中学的机会,全家也集中力量,一路支持、供养我求学。

　　幸运加努力的我获得了回报,1983年秋,我和村里另一位同样勤奋的赵小安成了柘头村有史以来的第一批大学生。收到福建师范大学的录取通知书时(小安录取到厦门水产学院),村里敲锣打鼓送喜报,这也许是父亲一生中最欣慰的时刻之一。

　　2001年,我有了到厦门工作的机会。当我向母亲和我爱人透露这想法的时候,她们的第一反应是:别去,在福安一中挺好的,工作顺心,又有了自己的套房。起初我也没下决心,还有一个原因是父亲那时已经得了重病动过手术,我也不忍心这时出走。在父亲病情好转且状态不错的某一天,我忐忑地征求他老人家的意见,他思索一会儿后还是支持我勇敢闯出去,父亲坚毅的眼神鼓励着我做出了决定。我明白,母亲的不支持是担心儿子在人生地不熟的地方生活不易,我说服母亲和爱人后,于2001年9月7日下午背着行李带着不舍来到了福安客运站,在上车前我内疚地给父亲打了电话,他说家里还有哥哥妹妹,让我放心,他嘱托我在新的单位要认真工作,也一定要注意身体……我说不下去了,含着泪水踏上前往厦门的客车。一路上,我一直在问自己:是不是太不孝了……

　　我到厦门的第二年,父亲的病情加重,我也没办法回家照顾,只好委托我爱人及兄弟姐妹多用心。现在,我年迈体衰的母亲还在老家,我依然无力照顾,我曾把母亲接到厦门,开始一段时间还好,后来她以水土不服为由天天"吵"着要回去(真正的原因是母亲认为年纪大了一定回老家),甚至堵在家门口"威胁"我答应后才让我上班,看着母亲心情如此不好,我只好同意了。母亲回老家后不愿意再来厦门。我平生最大的遗憾是没有对父母尽到做子女应有的责任,就连父亲晚年病重住院,我在病床前陪他的时间总共不超过几个小时,临终时刻我也不在他身边。

　　父亲一生对人情世故方面的考虑十分周全,他也提前筹划好了自己的后事。在身体尚且健康之时,就请了风水先生,在村北不远的山峦之中选了一块自己的墓地。他常玩笑着对着孙子女说:"再过几年,我就躺在里面长睡啦。"当时我们心里都不好受,每年清明我都会到父亲的墓前祭奠,满满地倒上一杯酒,默默地向他老人家汇报儿孙们的工作、学习及成长情况,让他放心。村口一路向北,一条山路爬上山,绕转过一个圆形的小山包,不远处就是父亲长眠之处,他把自己和他母亲都安放于此,而面前这座小山包,就像一张饭桌,寓意家族后代都不愁没饭吃。

二、教育是心与心的呼应

1 老师对我 我对学生

1.1 我和我的老师

我中学时的好几个老师退休后因为孩子在厦门工作而居住在厦门,我们常常有机会在一块小聚聊天。因为这几年我在教育教学中取得了一些成绩,获得了不少荣誉,看到我的成长,老师们表现出由衷的欣慰。

2009年5月,我的高中班主任叶桂官老师来厦门,我把在厦门的其他几位老师请出来一起小聚。话中免不了谈到班上同学现在的情况,特别是尤同学。小尤因在工作中与北京的合作方闹了较大的矛盾而受到牵连,老师们特别牵挂他。我当即拿起电话拨了过去,让他和叶老师说说话,叶老师问了许多许多,家庭、孩子、工作等,我看他的神情、语气,处处流露出父亲对孩子般的关爱。

有一次,一个在深圳工作的雷同学(我和雷同学高一同班,后来他读文科)来厦门,我说起了在厦门的几位老师情况,他很激动,因为几位老师都是多年没见了,尤其是语文张致老师。雷同学说:"张老师对我特别好,经常从家里带肉和蛋来给我补身体。"下午我们到了张老师家,张老师躺在病床上,没告诉我们具体是什么病,我们只知道她的病挺严重的,刚出院回家休养。看到我们,张老师很高兴,说了许多话,还问起现在很少联系的几个同学的情况。我也拨通了张老师最牵挂、目前在北京发展的蔡同学的手机,在电话中,张老师也和蔡同学说了许多。我们看得出张老师长时间说话很辛苦,为了不影响她休息,我们借故离开了张老师家。再过一个多月,我接到张老师女儿的电话,张老师又住院了,这次情况很危急。我赶到中山医院时,张老师还在昏迷中,他女儿在病床边说:"妈,祥枝来看你了。"没想到张老师这时突然有反应,眼睛微微睁开,好像想坐起来的样子,可是她已经力不从心了。

后来她女儿告诉我:这几天很多人来看她,她都不知道,叫她也没反应,今天很意外,你来了她有了知觉。听到这,我无法控制自己的眼泪。

我忽然感悟到:在老师眼里,学生就像他自己的孩子。

1.2　我的学生和我

我在福安一中教过的学生目前在厦门工作的有几十人。

2001年9月7日下午3点多,我背着行李和儿子一起离开老家福建福安,踏上开往厦门的大巴车。到厦门已是深夜,张坛铃(1991届学生)在湖滨南汽车站等我,那晚我们就住在张坛铃的家里。第二天,坛铃陪我在双十中学附近(镇海路虞朝巷)租好了房子,又来了一些学生(陈志文、刘泉、彭志雄等)一起打扫房间,买草席、水桶,还留下两个同学陪住了一宿。

接下来的每年教师节,陈志文、吴鸿伟等几位学生都集中为我庆祝节日,也经常有学生到我家来吃"家乡味",在外地工作的学生到厦门出差,大都会来我家坐坐。

1995年考上大学的学生林日奇,每过一段时间他都会带着爱人和孩子来我家看我。他原本1994年毕业,第一年没考好,第二年回到福安一中复读。他家里经济很困难,补习费无法交齐,我是那年复读班的班主任,知道情况后我为他向学校提出减免学费,并在日常的学习生活中也给他以一些帮助。这些事过后我自己都忘记了(因为那时候家境经济条件差的学生有很多,我也帮助过不少),可是他记得很清楚。他还多次很认真地对他爱人和孩子说:"没有赵老师就没有我的今天。"我觉得这句话对我有点过重了,可朴实的日奇同学就这么认为,交不起学费意味着没书读。

我和学生的关系特别融洽,特别贴心,亦师亦友,与现在的学生也是如此。

以前时兴送贺片,学校传达室老师说我的贺卡特别多。现在每到重要节日,我的手机都被短信(微信)塞满,这些年春节联欢晚会也没认真看,基本上都在回短信(微信)。

从教30多年,感触最深的、可以拿出来和大家共勉的是:真诚。

我的老师当年都真诚地爱我们,现在我也做到了真诚地关爱学生。

教育家陶行知先生有一句话特别震撼我的心灵："要想完成教育使命,用什么计划方法都是次要的,那超过一切的条件是同志们肯不肯把整个的心献给人民和儿童。教育是心心相印的活动,唯独从心里发出来的,才能打到心的深处。"

"教学生一天,想学生一年;教学生一年,想学生一生。"

图 2-1 连晚上做梦也常常是学生的事(《厦门日报》2012-7-3)

2 教育需要真诚的爱

有一则寓言:智慧、成功和爱这三位天使来到人间,一位母亲请他们到家里做客,天使对那位母亲说:"我们三位去一位,你回家商量一下,看选择我们中的哪一位?"母亲回家商量后决定把爱请回家。母亲问:哪一位是爱请进屋吧。爱起身向屋里走去,奇怪的是另两位也跟了进去,母亲很惊讶地问:你们两位怎么也进来了?答曰:"我们两位是跟着爱的,哪里有爱,哪里就有成功和智慧。"

"教育之没有爱犹如池塘之没有水,没有爱就没有教育。"(夏沔尊语)

"当好老师最基本的条件是拥有一颗爱学生的心",虽然,爱心并不是教育的全部,但,爱心是教育的源泉!

苏霍姆林斯基把老师热爱学生视为"教育的奥秘",他的座右铭是"把整个心灵献给孩子们"。他认为,师爱是教师发自内心的对学生关心、爱护、尊重、信任、期望、赏识以及尽责的美好情感,当学生感悟到这种师爱后,便会激发出积极向上的热情,从而达到良好的教育效果。他提出:"如果每个儿童的喜悦和苦恼都敲打着你的心,引起你的思考、关怀和担心,那你就勇敢地选择崇高的教师工作作为自己的职业吧,你在其中能找到创造的喜悦。"正因为爱,所以会有创造的喜悦;正因为有创造的喜悦,所以对教育、对学生更加充满爱的情感。真正的教育,正是这种爱与创造永无止境的良性循环。

教师有了爱,才会用伯乐的眼光去发现学生的闪光点,对自己的教育对象充满信心和爱心,才会有追求卓越的精神和创新的精神。即便是一个"问题学生",如果教师发自内心地向他倾注真情,用真心、善意去打动他、感化他、启发他、诱导他,让他增强信心和勇气,让他认识到问题的根源,奋起直追,最终他也会成为生活和学习的强者。

没有爱的教育是苍白无力的。著名儿童教育家孙敬修说:"老师要热爱学生,应把学生看成是自己儿女手足。有了这种感情,才能把每一个学生培育好。"

其实,每个班都会有几个表现欠佳的同学,我们暂且称为"问题学生"吧。"问题学生"在学校往往是一些老师想爱又爱不起来的那些人。实际上他们才是易受伤的花朵,更需要格外扶持,格外关心,倍加爱护。不经意的冷淡、讽刺、训斥、歧视,往往会打击他们的自尊心,使他们永远"差下去"。即使由于智力的关系,成绩差点,老师也应该努力寻找他们身上的闪光点,让他放出耀眼的光芒,这会给他们带来自信,不再觉得自己是一个一无是处的人。

以下是一位老师提供的案例。班里的某一男生是最令我头痛的一个学生。他对学习提不起兴趣,上课要么扰乱他人学习,要么情绪低落,甚至蒙头大睡;下课就生龙活虎,胡乱打闹;不做作业或抄他人作业应付,各门功课单元测试不及格,每天不是科任老师就是学生向我告状,真让我头痛。无论是苦口婆心的劝说还是声色俱厉的批评均无济于事,一副"死猪不怕开水烫"的样子。实在是无计可施了,但又不忍放弃。我和科任老师认真分析后认为,还是要真诚地关爱他,重点在提高他的学习兴趣上下功夫,创设机会让他获得成功,细心发现他哪怕是微小的进步,并及时给予肯定和激励。运动会上我们为他出色的表现竖起大拇指,他生病时我就带他去医务室,他逐渐感受到了老师同学的真诚关爱,明白了做人的道理,明确了学习的目的,看到了自身的力量,获得了成功的喜悦与自信。大家高兴地看到他学习兴趣浓一点了,纪律好一点了,这"孺子"居然可教了。

每个老师在自己的教育教学生涯中都一定会遇到上述类似的学生,也一定帮助(转化)了不少这样的学生,尤其是班主任们。

　　2001年9月我加入了厦门双十中学,这些年我基本上都任教于实验班。实验班老师升学压力大,但在学生管理上操心会少些,而普通班总有几个令人头疼的孩子。2018届高三,由于某些原因,我除了任教一个实验班外,还接了一个普通班。几天后我就关注到班里有一个学生小邱(高二分班时从实验班转到平行班),该生天资聪颖,但是学习不够专注,容易被一些事情困扰,课上很难自始至终保持良好的状态,有时表现出心不在焉的神情。我看在眼里急在心里,与他沟通过几回,效果不太好。有一天晚自习值班时,我在没有和班主任沟通的情况下(准备第二天和班主任说明),自作主张地建议他以后就坐在第一排二三两组中间,目的是约束他使他能够专心学习(他坐在后排太自以为是了)。小邱理解我的用意,课间很高兴地把课桌从班级最后一排搬到了指定位置,好多同学都用羡慕的眼光看着他。他坐定之后和邻座寒暄了一两句,突然第二排的一个同学急匆匆地跑出了教室,小邱的表情也有点变化,我感到这事可能与他有关,接下来几分钟,班级发生了一些小波动,这是我没有预想到的。第二天,小波动的原因我也了解了,我和班主任都觉得事情早点"爆发"也好,解决了以后大家可以专心地备考。通过"调座位"这件事以及后面的沟通,小邱感到老师在真心关爱他。之后,他的学习状态明显好转,有时遇到不开心或迷茫的事也常常会找我聊,每当我看到"不对劲"的时候也会提醒他,或走到他身边认真地看他一眼他也明白了,有时也会不客气地"教训"他。高考放榜了,他发挥出色,考上天津大学。选专业时他对我说:老师,我要步你后尘,读数学。

　　从上述几个实例中我们可以得出,只要你对学生是真心地、真诚地关爱,他们是可以感受到的,正常情况下,学生是会有变化的。即便不会立马见效,随着时间的推移,学生年龄的增长,学生的心底里都会感激老师的真诚付出。

　　记得有这么一句话:当学生看起来最不需要爱的时候,恰恰是学生最需要爱的时候。

　　所以爱学生,要热爱所有的学生。没有界限,没有等级,一视同仁;没有偏爱,没有偏恨。教师眼中的学生,不能有"掌上明珠"的高才生,也不能有"下饭小菜"的劣等生。公平对待每一个学生,才能赢得学生的尊敬,才能让全体学生亲近你,"亲其师,信其道",达到教书育人的目的。

　　一个懂得去爱学生的老师,才会得到学生更深厚的爱。一个懂得欣赏学生的老师,才会教育出杰出的、有用的人才。学生受教育的过程是一种人格逐步完善的过程,在每个学生的成长中困难和挫折都是难免的,错误和失败也是必然的,不应让学生在恐惧中奔跑,而要把学习的过程变得阳光灿烂,让学生在愉悦中成长。

我很喜欢罗曼·罗兰的一句话:"要散布阳光到别人的心里,先得自己心里有阳光。用爱心营造阳光,让学生在阳光里健康地成长。"

爱是教育的桥梁,爱是教育的钥匙。

教育是爱的共鸣,是心与心的呼应。

图 2-2　和学生谈得很开心

3　教育需要智慧的爱

3.1　困惑

有人把老师分四种类型:良心应付型、操劳良心型、爱心操劳型、爱心智慧型。按此分类,我个人观察,良心应付型的老师应该不多,在我们学校,我没有发现哪个老师在应付教育。我相信操劳良心型、爱心操劳型是大多数,特别是爱心操劳型。我认为自己在很长一段时间内都属于爱心操劳型,当然,现在也不敢说自己是爱心智慧型,但是,我会朝这个方向去努力。

一些教师感到困惑:我们都很爱学生,都有着一颗执着的心,但往往爱得很辛苦。我们苦口婆心地教育,却很难走进学生的心灵。

现在的学生不好教、不好管,家长更是难以应付。年轻的老师这么认为,一些当了十几年的老班主任也发出如此的感叹。

一片爱心换来的是学生的不理解,甚至是误解,缘何? 老师们为此产生了困惑。

我们无法改变现实(我相信情况会变好的),我们只能反思自己,试图改变自己。在教育过程中,我们是不是缺少了什么?

请看经典案例"一束鲜花"。

陈勇是李老师班里的一个最调皮的孩子,一个学生怕、家长恨、老师愁的"双差生",但是班主任李老师并没有放弃他。一天,李老师当着全班同学的面向陈勇道歉并表扬了他,因为陈勇上午帮助一位低年级同学而迟到被李老师批评。接着李老师送给了陈勇一束鲜花,并告诉他是那位小朋友的家长送的。第一次得到表扬的陈勇任自己的泪水一滴滴掉在手里的鲜花上。放学后,当陈勇手捧鲜花到李老师的办公室时,听到了屋里李老师因数学刘老师想放弃他而和刘老师争论,再一次流下了感动的泪水。他当即向李老师保证,一定不会让老师失望。从此,陈勇努力学习,成绩迅速上升,期末考了全年级第二名。5 年后,陈勇考上了清华大学。在他去北京的前一天,去向李老师告别,见到了李老师的桌子上摆着一束鲜花,李老师告诉他:"班级里又有一位像你当初那样调皮捣乱的学生,我又买了一束鲜花送他。"一刹那,陈勇明白了他当年的那束鲜花……泪水又一次涌出了他的眼眶。

没有爱就没有教育,这是很多老师都懂的道理,但在爱学生时要讲究艺术、手段及方式,才能起到真正的效果。我想"一束鲜花"中李老师的爱用了巧妙的手段,诠释了教育的艺术,达到了不留痕迹的智慧境界。与李老师的爱相比,我们平时的爱都黯然失色,显得渺小而单薄,简单而浮躁。这也表明了爱在博的基础上还需要"巧",巧得不露痕迹,巧得润物无声。

所以,我们该反思自己,我们对学生的爱是否不够智慧。

教育需要爱,但不是盲目的爱,教师的爱应该是智慧的爱,只有拥有了智慧爱,你才能与学生达到真正的心与心的沟通、心与心的呼应。

3.2　智慧的爱的要素

心理学家弗洛姆分析,教育的有智慧的爱至少包含以下几个要素:

教育爱的本质是给予或布施,而不是占有或享受;给予的是有能力的爱,能促进学生成长;占有或享受的爱只是欲望。

教育爱的首要因素是关怀;当我们能设身处地关注学生的成长时,爱心才真正地展现。一个关爱的眼神,一句信任的鼓励,一个小小的手势,都是传递与交流情感的信号,这是一种无痕的教育方式。它会给学生以体面的教育,会赢得学生的信赖,也会走进学生美好的情感世界,使教师真正成为学生的朋友。

爱不是心里想的问题,也不是只有关心就完成的,爱必须付诸行动,伸出援手,去促进学生的成长,帮助他们解决难题,辅导其适应生活。

尊重学生,根据学生的兴趣、性格、能力、需要予以协助,帮助学生自我实现。

教师具备以上要素的爱才是有能力的爱,是智慧的爱。它不但能引导学生自我实现,也能启发其身心的发展。

图 2-3　到学生宿舍为学生解惑

3.3　做一个智慧型教师

3.3.1　学校是允许学生犯错误的地方

2007—2008 下学期开学第二周的周一上午,年段全体英语老师都参加市教育局组织的新教材培训,当天的英语听力训练课无法进行。上午第四节课后,当我得知年段有事情通知后来到了教室,发现只剩下不到 10 位同学,我来迟了一步,大部分学生迫不及待冲向食堂。我立刻叫郭哲瑜同学去将他们追回来,几分钟后,跑回了 20 多个。我问:"还有一些同学呢?"郭同学说:"他们已经买好了饭。"再过十来分钟,所有的同学都回来了。班干部代表同学们向我道歉,说:"我们错了。"我心平气和对大家说:"这不怪你们,是我跑慢了几步,来不及通知大家,是老师的错。"我停顿了一下,问大家:"以往你们有 11:20 放学的吗?"大家都摇头。"这么跑去跑回不是很累吗?吃过饭马上跑步对肠胃很不好!"

这是一件不大不小的事情,若站到学生的角度来看,犯这样的错是可以理解的。要知道,能提早来到餐厅很快买到饭对学生来说是一件多么奢侈的事情,这样去理解,就没有什么大不了的。

学生的年龄毕竟还小,在学习和日常生活中难免会犯些小错误:偶尔迟到,偶尔忘了带作业或作业没写完,课堂上偶尔走神,偶尔注意力不集中,偶尔与同桌讲句话(讨论某个问题)或斗个嘴,甚至偶尔顶撞老师,等等。

我也犯了一次当面顶撞校长的严重的错。我中学五年(初中三年,高中两年)都是住校生。我们学校(宁德地区民族中学)每天早上住校生都要出操,早操后生管老师或学校领导都要做点评,有时讲话时间比较长。记得有一天早晨,早操后集中时同学们拖拖拉拉,校长看到后不高兴地说:谁不情愿可以走。校长说这话的原意应该是想吓唬一下大家,可站在队伍后端的我真的扭头就走了,其他同学都看"傻"了。校长太没面子了,要处分我!还好我的老师们极力"保我"才免遭处分,当然事后我做了深刻的反省并真诚地向校长道了歉,保证以后不会再做出这样不礼貌的事情。

如果校长当时执意严肃处理我,可能达到震慑其他同学的目的,但是也可能会对我造成不小的影响,至少我的档案里留下了"污点"。

从那以后,我每做一个事情都会经过大脑的思考,不贸然行事。

从那以后,校长认识我并关心我了。

谁能保证一生都不犯错误,伟人都会犯错,何况我们以及我们面对的学生。

我认为犯错误是学生的权利,因为学生是在错误中成长的,关键在于学生在犯错之后老师怎么引导。

有些老师一看到学生犯错就上火,不问青红皂白叫过来严训一顿,言语尖刻。遇到还敢狡辩(解释)的学生,一些老师可能会情绪代替了思考,甚至失去理智动起手来,或采取其他变相体罚的手段。

这方面我把握得比较有分寸。许多老师知道我很温和、不发火,其实,我有时也差一点走火,只不过我时常提醒自己要克制,也时常提醒自己要站在学生角度看待一些事情。

由于性格或者是年龄逐渐增大的缘故,我越来越喜欢小朋友,在我看来,没有一个骨子里坏的学生,若以欣赏眼光去看待,他们一个个都是很可爱的孩子,即便偶尔犯些小错误也照样可爱。

我认为,孩子们犯了错误不等同于犯罪,我们老师要用一颗平常心来看待。教师要有宽容心,要像父母宽容子女、兄长宽容弟弟妹妹一样宽容他们。教师要敞开宽阔的胸怀,放下老师的架子走入学生中间,问清原因,找到症结,以合适的方式让他们认识错误,并引导改正。那时你会发现,这种处理问题的方式比大声呵斥、责骂的效果要好得多。

当班主任时,每个新班级成立我也会让学生自己制定班规,但也从总体上做些要求。一个学期以后班规自动消失了,也没必要重新制定。不过,我一再向学生灌输一个观点:凡事都必须经过大脑思考,这事该不该去做,怎么做会更好?我想,对一个已经具有辨别是非能力的学生,如果能做到凡事过大脑,一定不会出大乱子,班级管理就不是个难题。

我不怕学生犯错误,我认为,我有能力处理这些问题。我从不因为学生犯错而请家长到学校,我也从来不惩罚学生站着上课,我有一绝招:"罚"学生和我一起跑步,跑着聊着,事情就解决了。

3.3.2 宽容是智慧

学生犯错应该要惩罚,怎么惩罚?

请看一个比较严重的事件,老师怎么处理。

案例1 约翰·麦克劳德在上小学的时候,有一次他想看一看狗的内脏是怎样的,他就和几个同学把校长家的狗偷偷地宰杀了。但很快这件事就被人们发现了,按着学校的规定,他应该受到严厉处罚,小约翰·麦克劳德吓坏了。但出乎意料,校长对他的处罚是要求他画一幅狗的骨骼图和血液循环图。校长的巧妙处罚激发了约翰·麦克劳德的好奇心、创新意识和探索精神,为他的思维插上了腾飞的翅膀,为他的成功注入了新鲜的活力。

这位小朋友后来成为因发现胰岛素在治疗糖尿病方面的作用于1923年获得诺贝尔奖的著名解剖学专家。

学生犯了错误,就理应受到老师的惩罚,这是老师在教育学生时的一种有效的教育手段,其目的就是让学生们明白事理,改正错误。然而,如何惩罚学生却会在无形中体现出一个教师的内在品格。教师在惩罚学生时,一定要给学生留有余地,要为他们着想,要想到自己的惩罚决定会给学生留下什么样的后果。

每次看到这个案例,我的心灵会为之颤动。这位校长的行为无不闪烁着教育的智慧、人性的灵动。谁都不会否认,这种"惩罚"一定会让孩子永生难忘的。而他之所以能做出如此不平凡之举,是因为他拥有一颗爱心、宽容之心!在我们的教育生涯中,为人师者无时无刻不面对着孩子们成长中一个又一个美丽的错误。扪心自问,我们能否像约翰·麦克劳德的校长那样,用宽容、灵动的教育艺术给孩子以希望、力量,让每一个孩子都能成为自己幸福人生的缔造者?

而现实中的许多教育事故却是由教师的不宽容而导致的。

案例2　据《中国青年报》报道，某小学四年级的学生张芸(化名)，2004年9月27日第三节课时，因拿了班上同学的一个文具盒，班主任发现后便在一块木板上写上"我是贼"三个大字，强令其挂在胸前，利用下午班会活动时间在全校游班。小芸自尊心受到强烈刺激，回家途中跳河自杀。她在留给妈妈的遗书中写道："妈妈，我在同学们的面前抬不起头来，我再也没脸见人了，我走了。爸爸妈妈，我真舍不得你们，还有我的小白兔，你们要好好照顾它，别让它饿着……"

看了这个报道，我更是心如刀绞。这教师冷漠无情，全无慈爱之心，能为人师吗？

类似的问题，还可以怎么处理呢？

案例3　中国当代教育家霍懋征在北京第二实验小学任教时，有一次，她班上的一个男生拿了同桌的钢笔，霍老师知道后没有责难，也没有声色俱厉地批评，而是自己掏钱买了一支钢笔送给这位学生："我知道你喜欢钢笔，这支钢笔就送给你。我也知道人家的东西你肯定不会要，你一定会送回去的。"这位男生果然把钢笔还给了别人。几十年后，已经事业有成的这位学生带着自己的孩子来看霍老师，一进门就跪在霍老师面前对孩子说："没有霍奶奶，就没有你爸爸的今天。"

教育家苏霍姆林斯基说过："在人心灵上造成的创伤，远比肉体上的伤残更重和难以愈合。"他还说过："有时宽容引起的道德震动比惩罚更强烈。"

宽容是一种美德，它能使人的心灵变得万里晴空；宽容更是一种教育智慧，它能使人的心灵变得像海洋般宽广；宽容还是一种教师修养，它能使每一个受教者获得更全面的发展。

宽容是一种温柔的力量，它可以穿透人的心灵！宽容也是一种无声的教育，它的教育力量往往超出我们的想象，因为它是爱的力量。

我参加工作不久，我班上有一位学生小吴，年龄偏小，小伙子长得白白胖胖的，学习成绩不错(在班级中等以上)，画画方面有专长，同学间关系也和谐，大家也觉得他挺可爱的。可这孩子也有一个坏习惯，教室里没人的时候常常翻同学的书包并顺手拿走一些他喜欢的东西。一旦班里有同学说丢了东西，他的表情就有点不一样，我问他是不是他拿了，小吴也不抵赖，我问他东西在哪里，他就带我去找，有时在学校的某个角落用一块石头压着，有时在他回家的路上的某个石头缝里。事后，他对"失主"也不难为情，依然有说有笑，好像事情没有发生似的。这行为严格地说是品质问题，作为老师必须加以教育、纠正。其实，我也很伤脑筋，和他说道理时他好像明白，可过些时间毛病又犯。

家长也知道孩子有这个毛病,我们也做了多次沟通分析。在对这孩子的教育过程中,不管父母有没有采取"暴力"手段,作为班主任的我虽然没有霍懋征老师的智慧,可我绝不会采取过激的方法,而且在班里要求同学不要歧视他,把他当成小弟弟去宽容他、帮助他……随着年龄的增长,"情商"也逐步提高,小伙子这坏毛病也改了。

作为一名教师,应该学会用宽容的心态对待自己的学生,容孩子的无知,容孩子的过错,容孩子的个体差异,容孩子成长过程中的一切。

宽容意味着自己的教育手段更加成熟,能够科学地看待教育过程。同时,也在无形之中体现了自身的人格魅力。所以当一个学生犯了错误时,教师要用宽容的心态去对待学生,首先应该给学生以申诉权,让他从容地讲明过失是怎么发生的。其次就是帮助学生认识过失的性质与危害。在学生认识错误的前提下,再采取适当的惩罚手段,学生会比较容易接受。优秀教师不会轻易地处罚学生,总是宽容学生的过失,必要的时候,甚至为学生的过失保守秘密,以免其自尊心受挫。

"海纳百川而深广,山容万木乃葱茏。"宽容是一种晴朗的心境,一种人性的光辉,一种人间的智慧。教师的心田因有了宽容而广阔、睿智,孩子成长的天空因有了宽容而湛蓝美丽。付出了宽容,我们的生命才会在一种健康的心态中赢得坦然和真诚的回报,我们的教育也才会具有更多的色彩,照亮孩子,也照亮了自己。

陶行知先生说:"你的教鞭下有瓦特,你的冷眼里有牛顿,你的讥笑里中有爱迪生。"因此,我们非常明确,我们应该宽容我们的学生。

对孩子多一分体谅,少一些责备,多一些激励,少一些批评,多一些宽容,少一些苛求吧。

4 几点感悟

4.1 责任与爱

在教师群体中,不乏从小立志当老师的,他们很热爱教师这职业,并把这职业当成一生的事业来做,工作充满无限的激情。我们当中,也有许多人在报志愿时抱着"当教师虽然辛苦但工作稳定"的想法,有的却是"不得不"的原因填报了师范大学(我就是这个情况,色弱,只能读数学),起初谈不上热爱教师这职业,从教以后逐渐培养起了情感。

我们也听说过教师队伍中的某些现象,有的教师由于某些原因(如职称、压力、收入等)无法对教师职业充满热情,有懈怠情绪,工作无法上心;其中有的老师还能凭良心备课、上课,个别老师连教育良心也淡薄了、不顾了。

教师这份工作可不是随随便便可以应付得了的,我们的工作关系到学生的前途、祖国的未来。如果抱着应付的心态上讲台,那是罪过,那是在犯罪。

作为一个教师,我想,除了有教育良知之外,还需有教育责任感。

责任,是一个人对自己、他人和社会应该承担的义务。或者说,责任就是承担应当承担的任务,完成应当完成的使命,做好应当做好的工作。

所谓责任心,是指个人对自己和他人、对家庭和集体、对国家和社会所担负的责任的认识、情感和信念,以及与之相应的自觉态度、行为倾向和奉献精神。与自尊心、自信心、进取心、事业心等相比,责任心是"群心"的核心。责任心是个人品德的核心,高度的责任心是高尚品德和良好人格的重要标志。美国散文作家、思想家、诗人爱默生说:"责任具有至高无上的价值,它是一种伟大的品格,在所有价值中它处于最高的位置。"一个人没有家庭责任感,这个家庭注定不会幸福;一个人没有工作责任感,他的人生注定不会取得应有的成就。

教师的责任心主要应该体现在以下几个方面:一是对工作负责,爱岗敬业。爱岗就是爱教育,爱学生,爱自己的工作岗位。敬业就是恪尽职守,教书育人。二是对学生负责。对学生负责意味着对学生的全面发展负责,不仅要关注学生的学业,也要关心学生的情感、态度、价值观;不仅要关注学生的学习,也要关心学生的生活、健康、品德和习惯。三是要对学校负责。所谓对学校负责,就是要用饱满的热情投入工作。四是要对自己负责。教师是一个特殊的职业,它要求每一位从事教育工作的教师要不断更新教育理念和知识体系,始终是学生成长道路上的指路明灯,成为学生成才报国的引领者。否则,无法成为学生的示范和榜样。

我长期从事优秀生培养,投入了大量的时间和精力,这过程劳心劳力,很辛苦。有人可能会认为那是因为兴趣或酬劳所致,其实二者都不是。我学生时代没参加过数学竞赛,数学成绩也不算很突出。在工作中,学校领导出于信任把优秀的学生交到我手上,也出于对学校集体和学生的负责,我便接受了这个重任。所以,我一直认为,主要是责任感在支撑着我,促使我努力前行。

责任感能激发人的潜能,也能唤醒人的良知;失去责任感不仅丧失自身的发展,同时也将失去必要的人的良知。作为教师,一旦失去责任感,必将于麻木中失去最基本的教育良知。

教育本身就是一种社会责任。一个优秀的教师一定是一位具有强烈责任感的人。教师以强烈的责任感去对待每一位学生,对待每一节课,对待每一件事。

2011年11月10日早晨,因两名学生迟迟不来上课,浙江衢州两位女教师姜文和陈霞同时四处寻找,最终在其家中发现,母子三人煤气中毒,昏倒在家。由于发现、抢救及时,母子三人终于从死亡的边缘走了回来。

按理说,作为老师,在发现班上学生未来上课后,主动联系家长便已尽到了责任;至于家长的电话何以打不通,并不属于老师过问的范畴。但可敬的是,在无法打通家长电话的情况下,强烈的责任感和爱心促使两位老师主动干预,了解情况,最终将濒临绝境的一家三口救了回来。这样的老师,多么令人敬重!

关于爱与责任,二者其实是分不开的,走上教师岗位,就意味着内心必须刻下爱与责任。"爱"是责任的体现,而"责任"是爱的化身。没有爱就没有教育,没有责任也办不好教育。责任是教师永恒的承诺,爱是教育亘古不变的主题。教师是责任心与爱心的体现,爱心与责任心相结合,是师爱之根本,亦是教师职业道德的核心。

2017年教师节,人民日报微信公众号上发了一篇短文《孩子,妈妈希望你能遇见一位手持戒尺、眼中有光的老师》

一位知性妈妈写给孩子一段话:孩子,当你再读一些书,再阅一些人,再经一些事,你就会明白,一位眼中有光、灵魂有爱的老师会对你产生怎样的影响:他们的公平与善良、真挚与光芒,会在你清澄的眼睛里映照出这个世界最初的模样,也会在你幼小的心灵里播种下未来人生的第一个梦想。

九月尊师季,感谢每一位我们遇见的负责任有爱心的好老师。

4.2 心态乐观

当今社会,压力已经成为人们生活中无法避免的一部分。文明越发展,人们承受的压力就越大。

有关教师的工作压力一直是人们关注的问题,学界一再呼应有关部门要重视教师心理健康,然而,我们体会到的是,当前教师的工作压力与过去相比有增无减,尤其是重点中学教师要承担职业良知、升学指标、社会舆论这三重重压,再加上并不高的收入带来的生活压力,不少老师已经不堪重负了。

就说我们学校,近十来年优质生源明显劣于同一水平的兄弟学校,而人们更关注的是最终结果(如高考成绩高分段人数、清华北大录取人数、各类竞赛和科技创新获奖人数等),在这样的背景下,秉持"追求极善、勇为最先"的双十人承受的压力可想而知。

学生有压力,可以找老师、家长寻求帮助,甚至可以哭、可以闹、可以不去上课,而谁来帮助老师呢? 我想,主要靠自己!

许多老师问我:在高三年级,大家都感到压力重重,而你怎么天天都面带笑容,还这么快乐?

我的理解是:压力无法躲避,但我们不能被压力压垮! 我个人无法改变现实,但我可以管理压力,通过科学的工作态度和乐观的心态来化解压力!

我认为,乐观的心态是化解工作压力的必要条件,同时乐观也代表积极向上的正能量。

乐观的老师的秘密武器是微笑。从心底发出的微笑,并把这种微笑传递给学生,对学生而言是友好的象征,也是珍贵的收藏,更是师生之间情感的润滑剂。

遇到乐观的老师是学生的幸福,因为他们会得到更多的宽容和赏识,在潜移默化中受到感染、熏陶。

作为教师,我们要有能力有办法管理压力,用开朗积极的态度创造教学的氛围,有佛性心境"使人人心中有个太阳",从而绽放出教学的活力。

4.3　三思而言

案例　孟子30多岁的一年冬天,他的老师(孔伋,字子思,孔子的孙子)过生日,宴请自己的得意门生。宴罢,师徒们正聊得起劲,突然一个清点餐具的丫鬟嚷了起来,说是少了一只银匙。孟子的老师说:"不会吧,就餐时分明都很齐全,怎么会少了呢?"这时,那丫鬟又说:"一定是谁拿走了,趁现在大家都还没散,是不是在每个人身上搜一搜?"孟子的老师连忙说:"不妥,不妥。"为了证明自己的清白,弟子们都赞成搜一搜,有的已急不可待地解开了衣扣。这时,只有孟子坐在一边不吭不响,脸上红一阵白一阵。一个学生对老师耳语说:"恩师,你瞧,孟轲那副窘态,会不会是他拿了?"老师连忙摇头说:"不会,不会,切莫胡乱猜疑啊!"因为他对孟子的为人十分清楚,一向是十分信任他的,但看到孟子十分不自然的表情,确也起了阵阵疑团,他想起孟轲家境十分贫寒,小两口常常上顿不接下顿。他念书求学的钱,也是他娘子没日没夜纺纱织布挣来的,难道银匙真会是他拿的? 正在这时,一位洗碗的丫鬟从灶间跑出来说:"银匙找到了,银匙找到了! 原来是洗刷时随脏水冲进阴沟里了。"弟子们都长长地出了一口气,孟子也如释重负,那副窘态消失了。老师很奇怪,就把孟轲悄悄叫到一旁问原因。孟子不好意思地说:"恩师不知,今天天气奇寒,而我身上衣单。出门时,娘子怕我冻坏,就脱下她自己的衣服让我穿在里面。刚才大家一说搜身,我怕穿妇人衣服的事被大家发现取笑,因而急得坐立不安。"老师听了,深感内疚,说:"真是眼见还有三分假呀,搜身固然我不会同意,不过,如果银匙找不到,莫说别人,连我也会对你产生疑心。"

从这案例中,我们应该从孟子的老师身上领悟到,面对学生,即便是面对可能犯错的学生,我们都要三思而"言",避免给学生造成创伤。

但作为教育者,教育学生是我们的职责,学生思想和行为有偏颇我们有职责加以引导纠正,我们不能视而不见,不闻不问,放任自由。但是,要讲究智慧的教育方式,尤其是现在,教师要学会自我保护,凡事都需三思而言,三思而行。

4.4 严慈相济

"子不教,父之过;教不严,师之惰。"学生也许会一时感激一个心软的老师,或庆幸自己遇到了一个好说话的老师可以轻松蒙混过关,然而,他却会一辈子埋怨一个不够严格的老师,特别是班主任。

严格要求是必要的,无论是对校纪校规,还是为人处事,无论是学习上还是生活上都应严格要求,正确引导。

教师对学生的严格要求,其本质是爱,而不是暴。要做到严格要求,首先就要明确什么是真正的严和严的"度"。有些教师为了"严",动辄就呵斥,甚至体罚或变相体罚学生。其实,这是对"严"的一种曲解。这样做的结果只能损伤学生的自尊心,影响师生之间的关系。

作为教师,在治学上不仅要有严谨踏实的风格,在师德修养上更要高尚,富有爱心和耐心。因此,在教育教学中,对"严"的要求,要讲究科学性。教师对学生的"严",绝不是铁着面孔的斥责,而是榜样的潜在作用、品德的感染力量和学业上循循善诱的启迪。具体的讲就是要做到"严而有格""严而有度""严而有方"。

在我教育教学过程中，由于性格等因素，多数的时候我并没有展示"严厉"的一面，如在一些事情上，有时我会假装糊涂，比如说，学生把面包带到教室来吃，值日生偶尔忘了擦黑板，课间学生嬉闹、逗趣和哄笑。我也常常欣赏学生没有修饰的活泼、可爱和调皮。

但在一些问题上的严厉是不含糊的，比如，在走廊踢球，在图书馆大声谈笑，自习课戴耳机听音乐等。

我与学生说，有的事情我可以看得很小，但有的事情我得将它放大。

我要求学生要用心学习，用心做事。遇到一些事要经过大脑思考，想清楚该不该去做。

"严格"不等于"苛刻"，要严而有理，严而有度，要符合教育教学和学生身心健康成长的规律。

我有时也批评学生，尤其是优秀生。由于长期从事优秀生培养，我对他们的学习习惯及性格特点把握得比较准，对于他们不宜一味表扬，一味鼓励，过度包容会害一个学生，适时"打击"更能激发他们的潜能。

我批评学生时会把握一个度，我绝不伤害他的自尊，反而从内心中去激发他，让他树立自尊和自信，使他能感到老师是因为爱而"教训"他，使他的潜能像火山一样爆发。奇怪的是，有的学生还会主动找我"骂"：老师，你骂骂我吧，我最近学习好像不够上心。这就是效果。

在管理学生方面，我也曾经使用过"暴力"。比如在当年段长的那三年，几位早上爱赖床的家伙就被我掀过被子；有一次带着一百多位城里的学生去农村进行社会实践，几位学生晚上睡觉前讲话，不守纪律，我就让搬到老师的宿舍去睡。

我当班主任时也有过"暴力"行为。在一次的班主任例会上，分管德育后勤的校领导情绪激动地说到学生离开教室务必关门关窗的事情，指出这事一直落实不好。

有一天上午第二节课学生不在教室上课，灯和门也没有关好。课间时间我召集班长及值日班长专门强调这事情，要求他们辛苦一些，负起责任。当天下午第一节体育课，上课前班长刘鑫最后离开教室，他担心值日班长没带班级的钥匙而犹豫要不要把门带上，我坚持让他关门（因为我手上留一把钥匙）。结果正如他所料，第二节上课了，大家都集中在班级门口，我故意借此机会好好教育一下这些家伙。班长说找物业开门，有学生提议到上体育课的其他班级上课，都被我否决了，我慢吞吞回到办公室取钥匙开了门。第三节自习课我想再次好好"修理"这帮家伙:"这样简单的关门关窗的事情,你们当回事了吗?影射到你们的学习,同样也存在不少不该出现的问题。比如,在改作业时,我看到一个离谱的错误同时在同桌的两个同学身上发生,你说我难道不痛心吗?如果说不的话,那老师我也就麻木了!我再次要求大家好好问问自己,用心了吗?尽力了吗?"我升高音量后慢慢降了下来。"我总希望我们之间能心灵相通。"

其实,我故意发火的目的是想激激他们,镇镇他们,让他们留下深刻印象。

这也是一种教育方式。我相信这一课着实吓住一些人了,几个相关的同学头都不敢抬起来。

学生们也都知道我的脾气,他们已发现我的"毛病"——不记恨,我批评他们以后会更加关照他们。

5　结语

有一为哲学家说过一番耐人寻味的话:天空收容每一片云彩,不论其美丑,故天空广阔无比;高山收容每一块岩石,不论其大小,故高山雄伟壮观;大海收容每一朵浪花,不论其清浊,故大海浩瀚无比。

雨果说:"比海洋更宽广的是天空,比天空更宽广的是人的胸怀!"

我们的爱尽管没有海洋一样宽广,但至少要像一片开阔的湖;我们虽不能包容整个世界,但我们一定要包容我们的学生。如果我们会用宽容的心态来看待我们的孩子,你就会发现每一个孩子身上都有闪光点,他们都是那么可爱。自己的心情也会随之好起来,工作热情更加高起来。请带上你的宽容,让自己的胸怀变得宽广起来。

一双眼睛看不住几十个学生,一颗爱心却可以拴住几十颗心。

教育是心与心的呼应!这是我对教育的理解。

（本文是作者在班主任培训会的发言稿）

附文 1

吾爱吾师，吾敬真理！

——赵老师在 1998

亚里士多德有句名言：吾爱吾师，吾更爱真理！此言谬矣。

遇到好的老师，这是每个人一辈子的幸运；而所谓真理，是有真理存在发生的条件，条件发生了变化，真理可能就是谬误。所以对真理，不能教条式爱，要保持敬重。

在福建福安一中 1998 届 300 多名同学眼里，三年紧张又热烈的高中求学生涯中，终身受益无穷的情境是：吾爱吾师，吾敬真理！

图 2-4　福安一中高三教学楼——状元楼

多年以后，无论天涯海角，同学聚会，每每谈起，无不想起这般传奇学习情境的创造者——赵祥枝老师，当年的年级段长，一位杰出的高中数学老师。

在我看来，赵老师有一项让人望尘莫及的绝技——担任 1995 级年段长才一个月，就叫出 300 多位同学的名字，还知道他们的学习基础，甚至对许多同学的爱好和生活圈子也了如指掌。

这种近乎人工智能和大数据的独特存储和算法能力，对于长期"不良偏好"影响学习和成长的同学来说，犹如遇到外星人的降维打击，无所遁形，只能乖乖束手就擒。

一、眼观六路耳听八方的段长

在 20 世纪 90 年代末，有三股社会热潮影响着高中阶段的学习。一股是网吧游戏，一股是早恋，还有一股是足球发烧。

福安一中是足球发烧者名校，若当年高考刚好与世界杯相遇，很容易发生不顾高考也必须熬夜看世界杯的狂热，极大影响了高考发挥，阻断人生进阶之路。很不幸，1998 年，又是一个世界杯年份，比赛正是高考前最后一个月。年级里，每个班的足球发烧者早已在赵老师的花名册上，在那最紧要的一个月里，只需对下眼神，就知道谁蠢蠢欲动，从而死了熬夜偷看的心，避免了 4 年一周期的悲剧重演。

网吧游戏其时刚刚兴起。晚自修和周末，在偌大的县城，总有同学悄悄隐没在散布于县城大街小巷大大小小的网吧里。不知道赵老师是有情报，还是敏锐的嗅觉，无论网吧离学校有多远，他总是突然现身，抓个现形。许多男同学回忆，当连续换了几个网吧，甚至在很僻静的地方都被抓后，就再也不敢侥幸了，断了混迹网吧的念头。

如果说玩游戏和爱好足球有迹可循，那早恋就是非常私密行为。对于赵老师来说，不是堵与疏、禁与不禁的高压管理问题，而是他总是能够捕捉苗头，早早将类似亲密关系导向学习。

导果为因，以一颗超强大脑的敏感和大数据的敏锐，以学习氛围和学习成绩为果，倒过来抓学生学习和生活动态，精确精准精细，又润物细无声。

一个年级，300 多名学生，思想、学习、生活迥异。

赵老师对每一位同学洞若观火，又在无声无形中助力。而许多细节，也是在若干年后，大家大聚小聚时才得以一一披露，为彼此所了解，使得 20 多年前集体学习和生活情景愈加深刻清晰，也让赵老师成为高中青春时代回忆的重要组成部分。

尽管发生了无数故事，惊异于赵老师对同学们的尊重和隐私保护——这也是为什么同学毕业 20 多年了，每每谈起赵老师，都像说起昨天才发生的故事一样，大家怀着热忱而尊敬的心情去"拼图"所认识的赵段长——这与其说是一位老师所赢得的穿越时间的崇高形象，不如说是我们身为赵老师学生的莫大荣幸。

二、苏格拉底式的方法，康德式的境界

有两个细节历历在目。高一时，我们总爱睡懒觉，整个宿舍同学晚起，经常在早读时间蒙混过关。几次缺席早读，为赵老师所警觉。有一天，懒觉再

犯,他突然出现,一把锁轻轻落下,这下大家傻眼了,吃不到早饭,错过早读课,还可能错过第一节课。直到赵老师派同学来解锁,我们在全班同学注目下鱼贯而入教室时,那种窘境就是一种隐形的鞭策力量。从此以后大家就再也不敢了。这个过程,赵老师没有一句训话,似乎发生了一件很严重的事件,也似乎什么都没有发生。有时候,无声的管理,本身就是一种力量。就像人的五官,有口鼻眼嘴耳,各有功能,每个人都反感单一的说教,除此外还有其他策略和方法。在我们漫长的生活和工作中,无论后来我们当员工、下属还是做了领导,当了负责人,就知道,管理的艺术、教育的艺术,其实就是善于营造一种向上的氛围,产生一种自我鞭策的力量,形成一种共情的能力。

教育的真谛,或许就是康德所说,唤起一种内心深处的道德律,正如他在《道德形而上学》提出的经典名言:所谓启蒙就是鼓起行动的勇气。也许那天灰蒙蒙的清晨清脆的落锁的声音,是一次别具一格的行动力唤醒——成事者,莫不一天之际在于晨。20世纪最杰出的管理学大师彼德·德鲁克说,卓越的管理者与其他人不一样在于,他们对自我的时刻十分爱惜。认识你的时刻,只要你肯,就是卓越成效之路。人与人如果有差别,也许不在财富和相貌,恰恰在于对自我认识时刻的把握。

另一个细节是高三时,7点钟是早读开始时间,无论风雨,赵老师总是在此之前,拿着一条小竹条站在"状元楼"二层的大门口,7点之后进来的同学,都要面对他高高举起的竹条。有可能在手心上轻轻落下,放过一马;也有可能遽然落下,疼而不痛。迟到有可能是不可抗力概率事件,也有可能就是春困秋乏犯懒病发。责任心极强的赵老师,自然是不会放过那些异常点,施之于薄惩,却端肃了300多人的学风学纪。

人们总是惧怕比自己还了解自己的人。对于福安一中1998届的同学们来说,赵老师的威严来自于此,多年后依然被爱戴和尊重,也正出自于此。

有教无类,在赵老师的字典里,从来不抛弃不放弃他的学生。

成绩好的学生,在赵老师那里可谓如鱼得水,教学相长;成绩弱的学生,在赵老师面前,只要勤奋和刻苦,依然可以找到进阶之梯。

两者的差别是,赵老师的教学方法更像苏格拉底式的,是一种启发性的,成绩好的学生,可以得到赵老师点拨之后的快意。其中的乐趣和快意,笔者至今回味无穷。以至于时隔20年,遇到数学问题依然兴趣浓厚。

苏格拉底的名言是:认识你自己。

每个人的一生,如果需要完整的教育,都要经历三个阶段:认识自己、认识

图 2-5 给年级足球联赛表现突出的学生颁奖

自然科学、认识社会。在高中阶段,大家都把主要精力投入到认识自然科学的阶段。认识自己和认识社会则往往容易被轻忽,这不能不说是我们教育中比较遗憾且依旧没有引起足够重视的地方。

在高中求学阶段,认识自己,最重要的三点莫过于:兴趣、勇气和志向。赵老师在激发学生兴趣、勇气和志向上,有他的思考和独特方法。

在福安一中 1998 届 300 多位同学中,陆怡舟同学无疑是学习的典范。他讲了一个小故事,印象深刻。

福建福安一中是数学名校,向来有冲击国际奥赛的传统,曾获得两枚国际奥赛金牌。福安一中的学生经常参加奥赛国家队集训。赵老师也一直是学校数学奥赛教练。一年 365 天,几乎每个周末,他都要亲自给从全年级选拔而来的数学兴趣小组开小灶。陆怡舟是数学兴趣小组佼佼者。

经过快三年雷打不动的训练后,高考临近,陆怡舟和另一位同学有点心慌,他们想放弃很不容易获得的数学冬令营复赛选拔,集中精力备战高考。赵老师觉察到了他们这种细微的焦虑情绪和心理变化,没有苦口婆心,也没有生气动怒,而是邀请他们一起吃夜宵,也不谈相关的事情,师生一起漫不经心聊天,其乐融融,就当啥也没发生。回去之后,紧张焦虑情绪没有了,继续准备复赛。最后结果是,他们都进入了复赛,其中陆怡舟被保送到北大数学系,另一位同学被保送到中国科学技术大学。其实他们知道,赵老师当然承担了更大的压力,但从不流露,因为三年的努力,对学生有把握也有信心,但这种信心也不需要通过口号来打气,正常发挥就好了。

图 2-6　和陆怡舟同学在第 13 届中国数学奥林匹克的赛场上

高明的教育学问,往往是一门心理学。赵老师与其说是一位优秀的高中数学老师,不如说是一位炉火纯青的心理学大师。他总是能够给予优秀的学生足够的压力来锻造耐力,就如他喜欢的从未间歇的长跑;也能够施展柔性的魅力,疏解一时看不见目标的焦虑,让你相信他的坚持和判断的正确。

三、孔子式的游学,亲近人文走进自然

《论语》上有一段精彩的描述:暮春者,春服既成,冠者五六人,童子六七人,浴乎沂,风乎舞雩,咏而归。想象一下,身高近 1 米 9 的孔夫子带着一群学生去春游、游泳、跳舞、唱歌的情景。这是论语里最温暖的师生其乐融融的情景。

赵老师一直很重视孔子式的游学(现在称为研学)。在高中三年中,他亲自策划组织了多次大型研学活动,同学们认识了自然,认识了社会,陶冶了情操,涤荡了心灵。

目前侨居西班牙巴塞罗那的徐玲玲同学已经是当地著名的华侨领袖,华侨学校的负责人,负责接待过众多访问西班牙的中国国内的政府高级官员和企业家。时隔 20 年想起这些游学项目,就打开了记忆之窗,历历在目,细节点点滴滴在心头。

以下是她的一些回忆:

1996 年以前,对于生长在小城福安的我们来说,夏令营是一个来自外星的

名词,从来没想过我们也能成为夏令营的主角。夏令营结束,有一回我穿着印有福安一中求实夏令营的 T 恤走在福安街头,听到有个妈妈对孩子说,你得好好学习成为优秀的人,以后才能参加夏令营。

多年以后回看,尤其是自己在海外侨校当了几年校长之后,更加能体会当时老师们的勇气和承担的责任:带着一百多个青春期的少年,借宿在乡镇中学的教室或者是宿舍里。当时的乡镇中学条件有限,没有围墙,没有专业的后勤保障。但最后大家都收获满满回城里了。

在高考指挥棒下的高中生活里,能参加两次这样的夏令营,何其有幸,以至 20 年后回望高中生活,最先映入脑海的是这两次夏令营。

高一那次为期 9 天的"福安一中 96 求实夏令营"印象尤其深刻。

有个活动叫"三同"(同吃,同住,同劳动),在老师与晓阳镇前洋村委做了充分沟通之后,我们分成小组入驻到村民家里(要求自己去联系),白天与村民上山干活,夜晚与他们促膝聊天,虽然当时我们的想法很稚嫩,但是农民生活的艰辛与不易已经深深地刻在了少年的心中。

那时,学校里唯一的指挥棒是学习,学习之外的才华很难有机会展示。夏令营的朝夕相处、共同生活,让同学们的才能得以施展,比如越野、厨艺、音乐、舞蹈、美术。

同学们自编自导多场文艺演出,印象中很惊艳的有一台时装表演秀。几位女生用带到夏令营里的床单被套做材料,设计了一台美轮美奂的自制时装秀。这几位平时并不起眼的女生,似乎也发现了自己对于时装的兴趣爱好,有位女生后来考入了北京服装学院。

攀登闽东第一高峰白云山的时候,一路上师生们互相帮助互相鼓励,共同挑战极限,没有一人掉队,共同登顶。

计划表里有一个地质地貌考察活动,出发前一天晚上,赵老师突然宣布行程取消,在大家的抗议之下,老师才说出了实情:老师们瞒着我们先去探路,在一个洞中遇到暴雨天气,差点儿出不来。

还有更多的事情,后来我们才知道,比如我们安安稳稳睡在教室改成的宿舍里,抱怨蚊子太多,床太硬的时候,老师们正轮着值夜班,一趟趟地巡逻。或许,还有更多的幕后,我们永远都不会知道。

所谓,哪有什么现世的安稳,不过是有这么一群可爱的人在替我们负重前行。

四、学生有成就,对社会有贡献——从教 30 年矢志不渝的心愿

赵老师说,做老师的,一生之希望,平素之乐趣,日常之骄傲是,学生们毕业后，走上人生之路，为社会奉献时，有这样那样的成就。

赵老师毕生奉献教育，孜孜以求他的数学专业。作为赵老师的学生，最大的幸运是可以早早认知自己，发现自己，努力求学奋斗。作为老师，此善莫大焉；作为学生，终身受益。

中国古老的一句名言——敬老爱幼，并不准确，似乎应修改为——爱老敬幼，更符合现代性人的发展和教育方向。

在传统观念中，老人需要尊敬，幼小的孩童需要爱护。事实恰恰相反。老人奉献了一生，应该给他更多的爱和关怀，让他们不至于孤独；幼小的孩童，正是天真烂漫，求学欲旺盛，想象力丰富，应该给予尊重。创造力和创新精神是我们这个时代最宝贵的品质。

同理可得（这应该是数学上使用最广的词语了吧），老师们奉献了自己，得到了一代又一代学生的爱；而他魔法师一般的教学、管理，让学生们学会了创造和创新，学会了追求真理、敬重真理。

什么是爱、什么是敬，这是超越亚里士多德的教育命题，就像文艺复兴之所以发生那样——发现了人是宇宙的精灵（莎士比亚语）。

赵老师发现了学生——这个宇宙中的精灵！

吾爱吾师，吾敬真理！

在赵老师熏陶下，我们也发现了这个最朴素的教育命题。

谨以此文纪念20年前灿烂的青春岁月，遥祝赵老师荣获福建省首届教学名师、福建省首届最美教师、福建省杰出人民教师、第十二届苏步青数学教育奖一等奖等殊荣，此诚实至名归，作为学生，与有荣焉！

（文/张凤安，1998届学生）

附文 2

那些时光,那个老师

某夜,突发奇想,望借百年校庆之际,回忆过去——我和老师,老师和同学们,以及所有双十学子的那些共同奋战的日日夜夜。

2015 级,我们在四节同庆的舞台下望着台上青春动感的同学,我们晚自习下课后在操场看着飞机偶尔轰鸣而过的天空,我们在段长的激情演讲下偷偷划着手机,我们在宿舍被子里流泪,在图书馆最后一排偷偷张望着沉默的人群。也许不只 2015 级,这或许是每一个双十人的曾经。

而对于 2015 级 6 班而言,一切似乎有所不同。孤独残酷而温柔的高三,幸得几位老师陪伴而行。高二结束,6 班是全年段成绩最差的班。高三结束,10 位以上的同学上了"985"与"211"高校。感谢那些日子,不曾放弃我们的老师,不曾放弃过自己的同学。

于我而言,更要感谢的是我的赵祥枝老师。

我来自泉州市石狮市的祥芝镇。祥芝和祥枝一样的发音,太巧合了。

我不得不承认,我也许受过上天眷顾。我高二那年,最爱的数学也是最擅长的数学却跌入谷底,一次次的挫折让我开始难以对曾经的"挚爱"提起精神。是高三,一个带着我家乡名字的特级教师挽救了我的数学,甚至挽救了我的高考。

课堂气氛良好,大家踊跃发言,这正是我浑水摸鱼的好时机,我偷偷拿出手机,开始看起了小说。

"玄烨,你头低着在干吗?"赵老师低着头想要看清我在书桌下的动作。

我周边的同学显然清楚事实的真相,或掩嘴偷笑,或窃窃私语。

那位最活跃最"跳"最暴躁的唐小宇同学大喊了一句:"老师,他在吃柚子。"

全班哄堂大笑,显然我并不是初犯,大家心里都有数。

我不慌不忙从抽屉里拿出柚子,纠正道:"不是吃,是剥,剥柚子。"

又是一阵笑声。

我的铁哥们儿很配合:"老师他的确在剥柚子,我作证。"

空气中充满了欢快的气息。

赵老师走到我的旁边,此时我已把手机塞到了抽屉的某处,他饱含深意地拍了拍我的肩,并拿走了我放在桌子上的柚子,笑着说:"那我吃了。"随后放到了讲台上。

我松了一口气，总算逃过此劫。再也不敢造次，认真听起课来。尽管小半节课没听，但我依然跟得很轻松。

临近下课，赵老师饱含深意地说："希望同学们不要拿自己的前途开玩笑。"

我清楚，老师什么都知道，我这点三脚猫功夫确实算不得什么。

晚自习下课，我找到了赵老师，主动向他坦白了课上的所作所为。他微笑地和我说："我教书这么多年，看人还是不会看错的，你不要挥霍自己的天赋。现在开始好好去努力，考个北理什么的还是可以的，再加把劲也可以试试看北航浙大。"我"抬杠"似的问了句："'清北'呢？""唉，不是说完全不可能，但是想得到就要付出更多，年轻人要敢想敢做，什么时候努力都不晚，只能说概率相对小一些。"颓了大半个高三的我，仗着自己的基础"吊"在班级前五到前十的位置，尽管所有老师都认为我应该是那个第一名。至于颓废的原因，也许是因为那段不愿提及的曾经，被最好的班（8个"清北"，19个"复浙交人大"）"踢"出来，也许只是在为自己的放纵找借口。

赵老师很坦诚，其实我也很清楚，即使我很努力，最后能上浙大都是运气。

"不努力呢？"我心中已有答案却笑着问了一句。

他摇了摇头没说话。

夜很长，双十的晚自习一直到晚上11点。我第一次放下手机，放下小说，放下所有的干扰，投入了我所有的精力到学习中。

第二天，赵老师告诉我，希望我坐在前面，这样我可以更专注。确实，如果我在老师面前，那根本"飘"不起来。

通过我的努力，还有赵老师的鼓励，我的成绩一天天在进步，稳定在班级前五，数学更是成了我的优势拉分科目。

但是随后的某一个夜里，一则"噩耗"击中了我。

"玄烨，你状态不对，认真听课。"赵老师在课上提醒。我们已渐渐熟络，或者说全班与他的关系逐渐升温。"怎么还是听不进去，你是不是有话想说？"我保持沉默。课堂继续，我云游物外。我的确有话想说，对未来的思考，对前路的迷茫。

我又在某一个晚上主动找到了他。

我没有开口，我不知道如何说起。

老师开玩笑说："感情生活出问题了？"

我一下子被逗乐了，笑了一下，但是心情沉重的我马上失去了笑容。

我琢磨了一下措辞："老师，我不想让学习成为我的所有。"

言下之意是不愿意把所有精力用在学习上。

"有自己的爱好很好，但是当下最重要的事情还是高考。"

"不是爱好，我想做兼职，网上那种打字员。"

"家里出现什么情况了吗？怎么突然这么想。"

场面一度陷入沉默，我只是"嗯"了一声。

此时我爷爷躺在上海的某张病床上等待着进入手术室，爸爸躺在病房外的椅子上将就了一宿。今年的生意不好，一家人为了凑够手术费东奔西走，我突然感觉到现实的残酷。一种无力感让我窒息，我感觉自己毫无价值，也帮不上什么忙。

赵老师并不知道我家里的情况，但是我显然不是第一个出现这种状况的学生。因为他经常会说："我以前有一个学生……"这次也是如此。"那个学生家庭条件并不是很好，但是他考上了中财，出来做了精算师，现在生活得很不错。高考对于绝大部分人来说是改变自己命运的唯一方式。你可以自己计算一下，是用这剩下的时间赚几千块，还是等以后考好大学，毕业之后，有着很不错的前景。"

"可是我家里那边怎么办？"

"你就是想太多了，你能够认识到要为家庭分担其实很好。但是在这个阶段就是想太多了，你也不能为家里分担什么，你只有保证你的成绩，对他们才是开心的。"

随后他又以一位同学的例子鼓励我，说那位同学之前一段时间状态也很不好，但是后面就慢慢调整过来了。他问过那位同学是什么方法使他走出来，同学说是因为看了一本书，他说他会去把那本书借过来给我读。

以上对话我只能表达出大概意思，时间过于久远，我也记不住具体原话了。但是在双十和赵老师聊天的那几个晚上，可能一辈子都难以忘记。对学生的用心与坦诚是每一位双十老师的共同特点，也是赵老师留给我的最大印象。

我很感谢赵老师，他对我的鼓励令我对他尊敬不已，并始终把他当作我的恩师。但其实，这一状况最后有所改变，令我不只是把他当恩师，也当作一个没有距离感的益友。转折点也在某一天晚上。

高三的总复习阶段，大家压力都很大，但依然埋着头，希望用尽所有的时间，尽力准备改变人生的一场考试。我也不例外，我原本应该是埋着头的一员,只是被不知从何而来的沮丧突然击中,夜的温柔和深沉更让我忧伤。我在晚自习的时候久久地坐在学校辅助楼天台的台阶上,靠着墙,享受着孤独,沉浸在平静的忧伤之中。残冬之际,夜里的寒风轻轻吹过,我抬头望天,那是圆月,皎洁,清冷,陌生。

高考前的总复习对于我而言,像是一场一个人的战斗,因为我并不会主动去请求解答,我更习惯于一个人解决问题。没有战友,以一挡千,一个小小的人儿转眼隐没于飞驰的大军之中。一晚上的晚自习就这么结束了,第二个晚上还是如此。一个人的战斗往往现实而无助。

但是两个人就不一样了,你知道你的背后总会有人。

有的时候,人所需要的支持,可能只是一个小举动,一句话,一个手势。它可以让你知道,你的背后不是没有人,它能让你更无畏地冲锋。有的时候心的安定比一切都重要。

我从来没有想过,一个老师看到我的孤单后就毫无架子地走过来,"毫无形象"地坐在学生旁边。他就像对待他很亲密的亲人朋友那样,亲昵地拍了拍我的肩和背。"怎么了,有没有想说什么。"

哪还需要说什么呢?感觉冰凉的夜一瞬间变成了温柔的水淌过。"没有了,哈哈。"我随后不好意思地笑起来了。

"没事还不回去写作业?有什么情绪是不能通过写数学作业来调整和缓解的?如果有,那你就写两张。"

那天晚上不是那么想写数学作业的我只好虚着眼,侧着脸瞄他:"老师,我有点累,想一个人想点事情,想完马上就回去写作业。"光明正大地给自己偷懒找借口。

"还想什么事啊,都这个时候了,不要紧吧……"

我打断他,"不要紧,真的",笑着看他。

"那我走了哦,真的不要紧哦。"他作势起身。

"嗯,真的已经没事了。"因为一个人的战场,现在又加进了一个。

"真走了,"他说,"赶快回去把数学作业写了,状态就回来了,你懂吧!"

我很尊敬他,也对他有所敬畏,但从那之后我们就成了忘年交,一个智慧的长者对后生的帮助。

赵老师在我高三那年对我产生了不可磨灭的影响,除了把我从一个颓废青年变成一个"985"大学生之外,还影响到了我的专业选择。

我显然是喜欢数学的,初中参加过数学竞赛,从小也表现了一定的数学天赋,成绩也位列前茅,对数字也有一定敏感度,高二那年发生一些事情让我感觉我正在和数学渐行渐远。但是我就幸运地碰到了一个拯救我数学生涯的老师。

他讲课喜欢从本质讲起,从通法讲起,融会贯通,同时也为了备战高考,他会向我们不断传授他教书多年来积累的经验与心得。

初听他从头讲起是一件很痛苦的事情,因为经过之前的学习,我们都会很好地利用定理、公理、推论。突然一个人要告诉你,这些定理、公理是怎么来的,就好像一个人修好了屋子,现在再开始挖地基一样,古怪而令人不舒服。

但是效果是显著的,赵老师的课直指数学本质,尤其是我上了大学之后更加有这种感觉,我发现赵老师的上课方式很接近于大学老师。

尽管班级还有些同学的数学成绩没能没有令赵老师满意,但是我们班出现了大批选择数学专业的同学,除了对数学的热爱,赵老师的影响可见一斑。

身为他的学生,倍感荣幸。

(文/邱玄烨,2018 届学生)

附文 3

长大后,我努力成为您的样子

前一段时间,我参加了厦门举办的文物传承跑,在我穿梭在大街小巷感受文物气息的同时,我班上的学生正在终点处的舞台排练为跑者准备的演出。当我快跑到终点处时,出现了三个女孩的身影,她们穿着漂亮的演出服,远远地张望着我来的方向,看到我向她们招手时,女孩们一起很激动地跟我挥了挥手,绽放着灿烂的笑脸,能感受到她们是在人群中搜寻我的影子,那时的我心里一阵激动和感动,到终点给了她们一个大大的拥抱。

激动是因为我的学生能为了我守在终点处,证明她们喜欢我,认可我。

感动是因为这一刻似曾相识,思绪被拉回了双十高中的那些年。

2008 年的元旦,一个凉风微微吹过的早晨,厦门按照惯例在环岛路举办马拉松比赛,有一个小女孩起了大早,很激动地拉着爸妈跑到轮渡的赛道边上,当听到广播里鸣枪开跑时,视线再也不离开运动员跑来的方向,似乎在寻找着谁的身影。随着赛程的推进,跑过女孩边上的选手越来越多,她只好更加认真地看,生怕漏过谁,不一会儿,一个身体健壮的中年男子进入了女孩的视线,她特别大声地喊"赵老师! 赵老师! 加油! 赵老师,加油!",还指给边上的家人,担心他们看不见。原来,是小迷妹跑来围观赵老师跑马拉松了。赵老师看到女孩,微笑并挥了挥手,继续奋力地向前奔跑。

而我就是当年的那个女孩,赵老师是我心中最好的班主任。

常常有人说"我的数学是体育老师教的",那么我可以说"我的体育是我的数学老师培养出来的"。赵老师热爱体育是整个双十都知道的,在他看来,长跑是最能磨炼人的意志、提升耐力的运动。他曾说过:"无论是学习也好,教书也好,要想取得成功都不可能一帆风顺,更没有什么捷径可以走,唯有耐得住寂寞,耐得住性子,脚踏实地做好每件事才是通往成功的唯一途径。"

所以为了培养我们的意志力,他更看重我们的体育锻炼,把跑道、操场当作教育我们的第二课堂。记得好多次下午第四节自习课,我们都等着铃声一响冲向食堂,倒数几秒的时候班级门口出现了赵老师的身影,"别急,大家都到田径场跑上几圈"。虽然我们"哀号连天",脚却自然地跟着赵老师到了操场,偶尔几个偷跑的也会被火眼金睛的赵老师逮回来。于是,操场上出现了一道美丽的风景,一群臭小子们跟着老师后面一边奔跑一边嬉笑打闹着,当时心中有一种油然而生的骄傲,虽然长跑累,但是其他班没有老师组织,我们班有赵老师相伴,就显得特别与众不同！在跑步的过程中,他像大哥哥一样和我们交流谈心,了解我们的心声,为我们排解困惑。

竞赛班的小伙伴们说,赵老师为了激励他们,让他们自己选择每次考试要挑战的分数,如果达到了赵老师会给奖励,达不到的就用体育锻炼来还。而当他们考试失利的时候,赵老师开导他们说:"其实学习也好,生活也好,都像这长跑,跑得快不一定会赢,只有坚持跑到终点的,才是大赢家。"

赵老师不仅在长跑上对我们有要求,他还要求我们班男生在毕业之前要能做十次以上的引体向上,要知道引体向上对臂力、身材有很大的考验,班上只有几个男生能轻松驾驭,尽管大多数男生达不到目标,但赵老师还是不断鼓励他们,让他们能挑战自己。所以我们班的男生在晚自习后常常会去单双杠区域锻炼,希望能不负老师的期待。尽管最后毕业时并没有全员过关,但这件小事在男生的心中播下了一颗"努力拼搏"的种子。

正是赵老师身体力行的影响,即使高中毕业后,我也坚持长跑,在回到双十当老师后,也常常组织我班上的学生进行体育锻炼,在这过程中拉近与学生的距离,也希望把赵老师这种坚毅的品质传承给他们。

除体育锻炼外,赵老师对学生的关心更是渗透在生活点点滴滴,而且是对每个人。

高中读书的时候,大家的压力都挺大,尤其是在考试前后,赵老师经常利用各种空余的时间找我们沟通谈心,有时候一聊就是一节课甚至更长的时间。

对于我,赵老师关心我的点滴细节太多了,也许三天三夜都说不完。印象最深的是高一时他知道那时我和我家里人的关系不是很好,把学校组织的一次大型心理拓展"成长心连心"活动的名额给了我,在这个过程中有老师、家长、孩子的互动,他不断地拉近我和我父亲之间的距离,让我们的关系发生了微妙的变化,以后越来越好。之后三年,赵老师经常关注我家里的情况、我与父母的关系,关心我生病的父亲的身体状况,并且不断地鼓励我考上好的大学改变自己的未来,告诉我需要帮助的时候及时告诉他。在高中,我还有一件特别要感谢赵老师的事,就是钦点我做了语文科代表。我语文不太好,但赵老师看我认真负责,所以交付我重担,而且逼着我去挑战自己,正是因为赵老师的信任和鼓励,我越发用心读语文,成绩越来越好。

我们班的化学课代表是一位女生,在一次化学竞赛失利后,她的心情一直处于低谷,更糟的是由于落下了几个月的功课,好多次周考数学都是全班倒数,她所有的信心都要被打败了。她说:"我作为一个资质普通,学起数学有点吃力的同学,当时我真的很怕赵老师,怕他叫我去讲台上做不会做的题,怕他问我作业为什么错那么多,怕我成为班里那个让他失望的同学。"好多次赵老师走到身边,她都低下头去,不敢和他的眼神对视。终于有一次,赵老师叫她放学去找他。那一天,赵老师推着他的运动自行车,陪她在操场上走了一圈又一圈,聊了很久。赵老师没有责问她,也没有安慰她,只是问了她为什么成绩不好,问题在哪里,怎么解决。那一天,她知道就算成绩再不好,她也没有被放弃。相反地,赵老师给了她希望,让她觉得仿佛高考的紧迫感并不存在,只要再加点油,成绩就能扭转回来。高考成绩公布前一天,她接到赵老师的电话,进了全省前100名了。这一切都是赵老师带给她的,赵老师让她学会了,不管在多糟的情况下,都要相信自己,永不言弃。

对于高二才从普通班转入我们科技班的林同学,因为即将进入一个全新的集体,他的心里还是有点担心被排挤的恐惧。但是在开学前搬新宿舍的时候,赵老师找到他,用风趣幽默的语言介绍了班级情况,问他学习的情况,最后鼓励他不用害怕未知的环境,同学们都很友善。经过这次谈心,所有恐惧一扫而光,后来在融入新集体的过程就没有什么压力了。他还说,当初自主招生的时候,他担心自己机会不大不敢报名,后来赵老师不断鼓励同学报名,他也去了,结果就保送清华了。他说他会一辈子感激赵老师对他的鼓励,给了他很好的机会。

对于我们班高二就去了新加坡读书的班长,他告诉我,在他出国之前的最后一节数学课里,他被赵老师连续提问了3次,他说:"虽然没有什么特别的,但是老师当时提问完后肯定了我的勤奋和踏实,所以出国十年来,我一直把这种态度铭记在心并且保持,是老师的知遇之恩让我始终不忘初心。"赵老师对我们的关心就是在那么细微的事情上,却影响久远。

印象特别深的还有一次高考前的那个寒假,赵老师告诉我们新的市图书馆环境特别好,希望我们假期有空的时候约上几个同学一起去那里读书,好好地利用高考前最后的一个寒假。于是,我和我好朋友就经常到图书馆去读书。有一天,我正埋头思考时,有人用手轻轻地叩桌面,一抬头,是正在微笑的赵老师,他寒暄关心了我们一番,还问我还有哪些同学也来图书馆读书了。那个时候我吓了一大跳,随之而来的是满满的感动,连坐我对面没有被赵老师教到的好朋友都表示了惊讶与羡慕。原来他特意到图书馆来关心认真读书的我们,也许这已经不止一次了。在寒冬里读书的时候感受到赵老师的关心,心里充满了暖意。

正是赵老师这三年风雨无阻的陪伴、关心和鞭策，我们班的同学都考出了理想的成绩，考上了心仪的大学。而我，也正因为想成为赵老师这样充满温暖的人，报考了北京师范大学，在读大学的那些年，我一直把赵老师当成我奋斗的榜样。

即使中学毕业了，我们依旧和赵老师保持着联系，每每回母校看赵老师，他都会把我们和他的回忆如数家珍似的说给我们听，然后还会鞭策我们好好学习。

当我回到双十应聘的时候，每当有人听我提到赵老师是我的班主任时，都会说："哇，你的班主任是赵老师啊，真厉害！"当有老师向他人介绍我时，也会说："这是名师赵老师的高徒。""高徒"两个字实不敢当，我却一直在努力成为赵老师这样厉害、带有温暖属性的人。在刚入职时，赵老师经常给我电话指导，会给我很多经验，让我这个年轻教师能够在教育的道路上迅速地成长。记得有一次，我参加学校举办的教师技能比赛，台下评委席里坐着的是赵老师。由于我准备不够充分外加格外紧张，那次表现特别差，但赵老师并没有批评我，作为评委点评时给了我很多鼓励和进一步的建议，私下也开导安慰我，让我在后来的路上越来越有自信。

因为当了老师，所以赵老师对我的影响或许比对其他同学更多，因为他的很多做法都在潜移默化地影响着我。比如早自习过后的第一节课，我会学习他在教室外小课桌椅改改作业，因为他就是这样坚持了三年，我想他是认为这样能够让学生们以最快的速度进入学习的状态中。又比如我会学习赵老师所倡导的"活力教学"，他的课堂总是充满诙谐的语言、夸张的肢体动作，时不时还会冒出"金句"，引得我们捧腹大笑，其他班的同学循着笑声也会忍不住站在窗外探个究竟。除了讲课生动有趣，他还善于激发我们的学习兴趣，鼓励我们自由思考、大胆交流。有一次在一堂函数知识点的习题课中，先后有4位同学用不同的方法做出了解答，其中有一种解题思路连赵老师都没有见过，他在台下静静倾听，做好笔记，学生讲解结束后，他带头给学生鼓掌，他说："我很喜欢听学生的发言，因为他们的思维没有条条框框的限制，常常不拘一格，冒出一些让人眼前一亮的想法，这对我本身的教学也有很大的启发。"他认真研究教材，总能有课本以外很有意思的补充。我高中三年下来印象最深到现在我也在教我学生的就是一个他补充的公式，当时觉得这个公式真好玩，赵老师真厉害！

现在虽然分校区教学，但仍经常看到赵老师这样的有资历的老师孜孜不倦地学习、教书育人,我就充满了正能量,因为有赵老师的引领和示范,现在的我也会认真备课,常常因为想出了多种解题方法而开心,因为学生有不同的做法而受益。

遇见他,是我们的幸运。因为有他,我们学会了坚毅的品格;因为有他,我们的高中三年是美丽的;因为有他,我开始让自己变得更好,追求极善,勇为最先,希望能成为一个像他一样的好老师。

赵老师,谢谢您! 我会努力成为像您一样优秀的人!

(文/许颖慧,2010 届学生)

三、教师的学习与成长

20 世纪 70 年代,农村学校教师奇缺,真正科班出身的很少,出现大量代课教师。代课教师的学历普遍较低,不像现在,小学幼儿园都要求本科,还有很多博士生也愿意去中小学当老师。

我读小学的时候,教我的老师当中有的只是小学或初中毕业。我还听说过有这么一位小学校长,他的爱人也是这学校的老师,可她没念过多少书,怎么办?晚上校长教他爱人,第二天他爱人再去教学生,周而复始。

低学历的老师中,不乏也有教学效果很突出的。

我叔叔也只有初小毕业(小学四年级),他曾经是村里的代课教师,他的教学很出色,甚至初中的语文他也会教。

高二时教我语文的林寰老师在当地是一位博学的受人尊敬的老师,他是当时闽东语文教育界的一面旗帜,可他的学历只是初中。

类似这样的情况有许多。魏书生可能是最典型的一个例子,他真正的学历是高中毕业,可他创造了许多教育教学奇迹。

他们是怎么从低学历到优秀教师,甚至是卓越教师、教育家呢?毫无疑问,他们一定是边学边教,一定是付出了多别人几倍的努力。

当今,时代在发展,中小学课程内容随之有了变化,以往只在大学课程里的内容有一些出现在中小学。比如我读中学时就没有向量、概率、统计、算法等,读大学时也没有全部都修,可是,现在我们要教学生,怎么办?也只能自己琢磨,走边学边教的路。

其实,教学不单只是教学生知识,更主要的是如何教得更好,并更好地促进学生的发展,这里面需要学习和领悟的东西太多太多,所以教师永远都得走在学习的路上。教无止境,学无止境!

关于教师的学习与成长,我认为主要有以下几种途径。

1　侧过身来向同行学习

我们的周边有许多优秀的同事,善于从同行的身上吸取对自己有营养的东西,是教师学习成长最现成、最便捷的途径。

1.1　师徒协同学习

如果你刚当上教师,学校可能为你指定指导老师(建立师徒关系)。有的师傅对刚入职的徒弟要求很严:教案审定,听完师傅的课后再上课(教务处排课会让师徒的课尽量岔开)等;如果师傅对你比较放心而没做上述的要求,你最好主动去完成,并主动求教。当你有一轮的教学经验后,学校一般不会为你指定师傅,而是建议自己寻找师傅,这时师傅一般不会强制要求你完成规定动作,而是靠你自己的自觉,你要发现自己哪些方面需要进一步提升,主动寻求师傅的帮助。对一个年轻教师来说,跟师学习是一个非常重要的学习途径。

如果你成长很快,可以独当一面,或已经成为教学骨干,学校可能就会安排你(或一些老师主动找你)当师傅了。从徒弟成长为师傅,角色变了,还需要不断地学习,这正是我采用"师徒协同学习"这个标题的意图。"协同"除了相互协作外,还要共同发展。也就是在带徒弟的过程中,徒弟吸取你的经验结合他自己的潜能成才了,他们一定会在某些方面做得比师傅好,这应该是师傅们最愿意看到的,在感到自豪的同时也转过身来向徒弟学习,这样师傅也获得了提升。

如果你有机会参加高一层次的培养学习(如各级学科带头人、专家型学者型、名师等),项目领导部门、培养单位就会给你配上学识水平更高的师傅(导师),有的培养项目会配上双导师(理论导师和实践导师),甚至是导师团队。你又成为学生(徒弟)了!

刚参加工作,我是多位同事老师的徒弟;来到厦门双十中学后,我发现有太多老师都值得我学习,虽然没有签订什么师徒协议,但我一直默默地用心地学习。

工作以来,我先后参加了骨干教师国家级培训(2000.10—2001.9)、福建省中小学学科带头人培养学习(2004.7—2006.8)、专家型学者型学习(双十中学与北京师范大学合作项目,2006—2008)、福建省首届名师培养学习(2011.8—2014.12)、教育部首期"名师领航工程"学习(2018.5—2021.5),在学习过程中我从导师和学友身上学到很多,受到深刻的启发。

总之,一个教师的成长是从徒弟到师傅再回到徒弟多次反复的过程,反复次数越多对你的成长越有利。这是我的切身体会。

1.2 听课评课学习

观摩一个老师的课堂的角度很多。我们要看他如何营造课堂气氛,如何设置问题情景,问题如何引入,如何分析、解决问题,如何进行课堂教学组织等。最重要的是学他如何启发引导、激发学生的自主思维。因为思维的发展是数学教学的本质,思维参与度是衡量一节课是否有效的主要指标之一。

当然,只要时间允许,课程不冲突,建议你多听几位老师的课,因为每个人的教学风格不一,处理问题的方式方法也不同,你可以有不同的感受。

要注意的是,学习,不模仿,不复制。即使你的师傅多么优秀,多么让你佩服,你也无法做到完全复制,也不能完全复制。学习要有甄别,要有自己的思考,要保持你自己的个性,用名师的闪光点来照亮你前进的路。

多听课,对年轻教师有益,对有经验的教师也是有好处的。

我在福建福安一中负责教科室工作的那两年,当时的李迅校长老是拉我一起听课,什么科的课都听,也有一些年轻教师主动邀请我去听他的课,每学期听课都达百节以上。当时听课的主要目的是促进学校的学习风气及青年教师的成长,其实我自己也学到很多东西。因为不论是老教师还是年轻教师,每个人的身上都有许多闪光点和值得学习的东西:有的老师概念课上得好,有的老师习题课、讲评课很拿手,善于变式;有的老师分析问题很透彻,重难点突破很独到,有的老师很有教学智慧,等等。

听完课后总得评课,这课好在哪里,闪光点有几处,哪些地方需要改进,哪些地方可以探讨,这些都得思考。有思考,就有进步,因此那两年我感觉自己进步还是明显的。

近几年听课也很多,常常有各级教研部门、特级教师协会、校际等组织的教研课(公开课、观摩课、示范课等),还有关于职称评聘、教师招考、教学比赛等考核课或教学片段。

听别人的课有收获,被听课同样也是提升自己的好时机。如果是上公开课,你肯定会更认真构思,更精心准备,在这过程中你一定收获不小。即便是被随堂听课,教学效果比平时好的情况还是居多。我就有这么一个感受:当我发现教室后排有老师坐在那,我就会更加注重一些有效环节的教学和教学方式的应用,比如,启发引导尽量科学,交流讨论尽量充分,语言的表达也会尽量精确。如果听课老师乐意和你交流,那就更好了。这时要虚心,别固执,特别那些具有建设性的意见更要珍惜。

1.3　日常研讨学习

图 3-1　日常教研活动

　　向同事学习除了听课和被听课外,集体备课和日常的教学研讨以及平时交流也是有效途径。

　　厦门双十中学数学组的教研气氛很好。每周必有的集体备课例会,先由主讲老师大单元备课,然后其他老师做补充;对有争议问题都会展开热烈的讨论,我们的集体备课其实就是研讨会。在平时,双十老师的交流、探讨也很多。比如,办公室里某个老师提出或分享了教学过程中一个问题,周边的老师都会凑在一起讨论,各抒己见,大家都会毫无保留地表达自己的观点。积极向上的集体营造了教师成长肥沃的土壤,因此,双十的年轻教师成长都比较快。厦门市教科院的一位老师在评价双十老师的时候说了一段我印象特别深刻的话:双十中学是一个"大染缸"(此处是褒义词),什么老师在这染缸一浸泡,都变得很出色。

　　在双十中学这个优秀的群体里,个个老师都有他的拿手好戏和绝招,因此有很多相互学习的机会,其实每一个学校都有这样的机会。

2011—2012学年,我到翔安区新店中学支教(任教高一年级),该校的生源和双十中学相比简直是两个极端。在去之前,我思想上有较充分的准备,也预备好了多种教学策略。但在实际的教学过程中,还有许多事先无法预料到的情况。比如,求二次函数在指定区间上的最值,我希望学生会用"配方法",可发现新店中学的学生"配方"很困难。课后我与其他老师交流时说到这情况,一个老师提醒我说:学生只会代抛物线顶点坐标公式。是的,初中可能强化的是公式,配方的技能他们还没练。我调整策略,放平心态,慢慢引导,后来大部分学生会简单的配方了。从这个事实说明新店中学的老师对眼前学生的情况把握得比我准。

1.4　专家讲座学习

厦门教育系统十分重视教师全员业务进修培训,除校本培训外,市教科院及各区进修校都很好地把准教育的时代脉搏,开展形式多样、与时俱进的教师岗位培训,其中专家讲座是各级培训的一个重要形式。

毋庸置疑,每位专家都会为他的讲座做慎重的、精心的准备,和大家分享的一定是他理解最透、感悟最深的精华,这将有效促进一直忙于上课和批改作业的一线教师教育教学理念的更新,了解教育发展动态及理论水平的提升。这是厦门教师的无形福利,其他地区的教师就很难拥有这样的资源了。

现在开设讲座的专家大多会把PPT留下来,因此,听讲座时没必要拼命抄写讲座内容。这样,我们可以一边听一边思考,并把思考要点简要地写下来,这是听讲座的最大收获。记得有一位教授这样说:听别人的故事,想自己的事情。即将专家的见解与自己的观点对照,或受专家观点启发,反思自己的行动。

2　俯下身来向学生学习

教师的工作就是教学生,"师者,所以传道、授业、解惑也",老师们都在力行这项工作。

"教学相长"这句话我们也很熟悉。《礼记·学记》:"学然后知不足,教然后知困。知不足,然后能自反也;知困,然后能自强也。故曰:教学相长也。"这段话的意思是:通过学习才能知道自己的不足,通过教导别人才能发现自己理解不到位的地方。知道自己学业的不足,才能自我反省;感到困惑,才能自我勉励。所以说,教与学是互相促进的。

随着时代的发展,"教学相长"增加了新的内涵,即在教学过程中,学生的某些方面可能领先于教师,教师在与学生的思维碰撞中受到启发,从而获得提升。

所以"教学相长"可以简单理解为:在教学过程中,教师促学生发展;同时,学生也促进教师提升。

从1993年起,我开始承担学科竞赛指导工作,进双十中学以来,每年几乎都是实验班的教学。面对的是年级最出色,思维最优秀的学生,我不敢有丝毫怠慢,必须努力学习,深入钻研,要不无法指导这些尖子们,这就是教学相长的其中一个方面。同时,这些学生思维活跃,创新意识强,常常迸发出一些教师想不到的令人振奋、耳目一新的好点子、好方法,这是我难得的好的学习机会。

我在学科竞赛和优秀生的培养方面付出了很多时间和精力,也取得了一些成绩,个人也得到了许多荣誉。但对我来说,荣誉已经没有多大的价值,实实在在的是,在这过程中我自己得到了锤炼,在业务等方面也有了较好的发展。

关于优秀生的教学,我本人有比较深刻的体会,也做了一些总结。在教学方面,我认为最重要的是要让课堂充满活力,让学生的思维得到有效的发展。为此,我经常采用探究式、对话式(含讨论式)等教学方式,充分调动学生学习的主动性,让他们在课堂上可以充分发表各自的观点,思维在相互启发和碰撞中逐步得到发展,能力与智力得到提升。

有的老师会说,你面对的是优秀生,而我们学校没有那么好的生源,教学相长从何谈起。

学生基础薄弱这是事实,但是并不是没有机会。

再说新店中学的学生。

课程进行到必修3古典概型时候,我发现新店中学学生的列举法功夫绝对不弱(课程标准强调列举法),特别是画树状图。受学生的启发和促进,我对列举法也做了认真的思考(之前我比较喜欢用计数原理和排列组合等概念)。那年我在新店中学开设的公开课"概率复习"对列举法做了进一步探究,效果挺好。

我们也必须承认,在当今社会,许多方面学生确实比老师强。比如在新课

图 3-2　2011—2012 学年度在新店中学支教

程的教学中,一些新增的内容对老师来说比较陌生。以"算法初步"中的算法语句和案例分析单元,一些对信息学感兴趣、有研究的学生的水平明显就超过老师,当老师在备课或教学过程中遇到不太容易弄清楚的问题的时候,就可以和学生一起交流讨论,或直接向学生真心请教,不用顾及面子。其实,不懂装懂,又讲不清楚,那才是没面子。况且,学生不会因此而不信任老师,相反,老师的这种谦虚人格会赢得学生更多的敬重。全国模范教师张思明认为,"要当一流的教师,就要先当一流的学生";"教师的幸福应该是不断地被学生超越,又不断地超越自己,也只有经历这样的过程,教师才有战胜挑战的成长体验,才有真正的教学生活,这才是教师所应追求的职业感受"。

3　转过身来向自己学习

可能有人会感到诧异,怎么有"向自己学习"这种提法?我也不知道有没人这么提过,可能我是第一个。

有一句话想告诉大家,当你发现自己工作没有什么进展或感到穷途末路时,请你不妨转过身来看看自己走过的路,你就会知道以后该怎么走了。比如,要解决一个有挑战的数学问题,常常遇到进行到某一步时却感到出路困难或思维遇阻的情况,这时候我们都会回过来检查解题过程,看看哪个地方出了问题,出问题的原因在哪,还有哪条路可走? 修正或重新拟定计划。

看看自己所走的路,哪里有坎坷,哪里遇到挫折,什么事情处理不当,怎么改进,这就是反思。我们都要求学生反思,其实教师也需要反思,在每一节课后,想想哪些地方处理得不错,哪些地方还不尽人意,怎么改进,这就是教学反思。将自己教学过程的得与失写下来就是教学日记。这些是提高自己的极好途径。原苏州市分管教育的副市长朱永新教授曾经设立"教育成功保险"。只要你每天坚持写1000字教育随笔,10年后你想不出名都很难。

荷兰学者科瑟根(Korthagen)指出,教师反思的过程遵循五个主要步骤:行动(action)、回顾行动(looking back on the action)、意识到主要问题所在(awareness of essential aspects)、创造别种行动方案(creating alternative methods of action)、尝试(trial),其本身又是一种新的行动,故而实际上成为新一轮反思的起点,这就是所谓的 ALACT 教师反思模式。如此周而复始,就构成一个不断螺旋上升的连环套,而教师在这个过程中,也就不断地经由"反思"而提升了自己的专业水平。

向自己学习的前提条件是:能正确地认识自己,即读懂自己。没有一个人是完美无缺的。每个人都有自己的优点和缺点,有的人只看到自己的优点,而缺点自己是看不到的,或者被自己隐藏起来了。只看到自己优点的人大都自视过高(自大),自己感觉特别好,他的事业到了一定层次以后就很难再上一个高度;只看到优点而看不到自己缺点的人,也就看不到自己的潜能,找不到自己努力的方向。只有正确认识自己,才有属于自己的发展空间。

看到优点,而不放大优点,以谦逊的态度,客观地对待自己,努力让自己取得更大的进步。俗话说:没有最好,只有更好。

我们发现,许多教师,尤其是一些老教师的教学水平、教学效果难以提高(甚至退化),原因可能是多方面的。

先谈谈经验,毋庸置疑,经验是一笔财富,它可以让人办事利索,少走弯路。但经验也有消极的一面,即一些拥有丰富教学经验的老师常常会表现习惯性思维,最要命的是"经验丰富了,人却变懒了,不用思考了";"经验丰富了,机械性重复也多了,不会创新了"。

不可否认,数学老师的解题多是凭经验,套模式。比如,有一次一个小学五年级的小朋友拿一个问题来考我,说:24 只老虎放到 3 个笼子里,每个笼子老虎数必须是单数。我顺口答:列出方程来解。说完,我就觉得不好,不定方程解的讨论小朋友难理解啊。而"列方程"是我的第一个反应,也就是说,我当时的思维一定程度上被"方程"绑架了。其实,我们的日常教学也常常出现这种状况,即习惯性思维的负迁移作用在教师身上的表现十分明显。

我们还必须承认,在一些方面,教师的表现还不如学生。主要原因是长时间的重复形成一套固定地考虑问题的模式和与之相应的经验,带给我们更多的是教条与羁绊,将思维限制在较小的范围内,因循守旧,缺乏学生那种开放性和理解力。

由这种习惯性思维导致的"内隐理论"左右了一些老师的教学行为,使得他的教学不断地做机械性的重复,没有提升,没有发展。研究者认为,若教师对自己潜意识的教育观念不作任何有意义的反省,那么他也就只能长期生活在自己的习惯之中,止步不前。研究者们进一步指出,内隐理论只有在教师努力转化自己的习惯性思维的过程中,在反思和自我批判中才有可能不断地获得挑战和改造。而这些,许多老师是没有发现,或者不承认的。

向自己学习,不能不提独立思考的问题,我们教育学生要有独立思考的习惯,否则很难提高能力。同样地,教师如果不独立思考,也很难提升自己。可我们也发现 些老师使用以前用过的老教案,某一节课上一轮怎么上,这一轮还是这么上,有的从网上下载教案,人家怎么上,他也怎么上。这样,就很难提升自己的教育教学水平,也不容易跟上时代的发展。

我们赞成学习和参考别人的成果,但在教育领域中简单粗暴地"复制＋粘贴"一定成不了优秀教师,一定要结合眼前学生的实际,要有自己的思考,这才是正确的做法。

当下还时兴"'导学案'课堂教学模式",教案统一,训练统一,课堂教学流程统一;留给教师施展才能的空间很小,或几乎没有,对老师的成长很不利。

我深知自己智力上没有优势,努力方面我认为还可以,但是我对自己的认识还是客观的,也就是我能正确地"读懂自己",我能够常常反思自己。

例如,一节课后,反思自己哪些节点、哪些方面处理不太满意,怎么改进和完善;在听经验介绍、讲座、报告时,我会借此反思自己。我有傍晚运动的习惯,在慢跑时我一般都会回顾当天的主要事情,哪些地方处理不够严谨;我在睡梦中常常有课堂的情景,有时是教学事故,噩梦醒来我的心不踏实,为此我写了一篇文章《噩梦醒来的反思》。

4　静下心来读书学习

图 3-3　1996 年拥有了自己的书房

教师这份职业注定与书打交道。研读课程标准、教材、考试大纲、考试说明等是教师的必修课。那么,教师只读这些就够了吗?

从传授知识角度来看,似乎够了。但如何更有效地让学生通过知识的学习,使技能、能力得到训练和培养,单读教材、教参是远远不够的。也就是说,教师还要继续学习,还要不断充电。

怎么充电?

如果你现在再读教材、教案集或教辅类等与教学有直接关系的书,你可能会感到很不过瘾,对自己的帮助好像不大。

同时,在教育与教学过程中,用心的你会有很多思考,也可能会产生疑惑和迷茫,怎么解决?

建议你开始读一些与教育、教学相关的名著或专著,如关于"教育心理学""教育哲学""教育伦理""教育科研""教师成长"等方面的书籍,特别是一些名家的论著,如苏霍姆林斯基《给教师的建议》,建议一读二读再读。

现实中,读书的老师多吗?普遍吗?

福建师大中文系潘新和教授曾经说过："非常遗憾的是，我的学生从大学毕业以后就不读书，不写作了。"

确实，我们身边的不少老师就像潘教授所说的那样不读书了，他们会说没有时间读书。

对于我，我不敢说读了很多书，但是，我尽量去读，只要有空，我会自觉地读。

以下谈谈我的读书史。我读小学的时候除了几册课本外，几乎没有什么课外读物。我三叔倒是有几本比较旧的《西游记》《水浒传》《三国演义》《隋唐传》等书，可版本不是简体字，我也看了一些但很吃力，而且书里的故事老师大都给我们讲过（当时，学校没有排阅读课但有故事课，我们最期待的就是故事课，有时放学后我们拉住老师给我们讲故事，老师要做饭了，我们就帮老师烧火，继续听故事），所以也就没有兴趣去啃原著了。初中时，我到城里上学，学业很紧，老师也不怎么提倡读课外书，在学校看小说老师要抓的。到了大学，我读书依然不多，原因之一是担任学生干部工作占用了我的一些时间，但最重要的原因是读书的习惯和爱好没养成。

我毕业的第二年（1988 年）参加了福建省普教室王永老师、福建师大余文森老师主持的"福建省'目标-掌握'教改试验"课题，有别于其他一些教改试验的是王、余两位老师十分注重试验教师的教育教学理论素养的培养，除了给我们上课外，还推荐并要求我们研读苏霍姆林斯基、布鲁姆、布鲁纳、杜威、陶行知等名家的论著。从那以后，我才真正开始读书。后来参加的骨干教师国家级培训、福建省学科带头人培养、双十中学专家型学者型教师培养、福建省首届名师培养，以及目前参加的教育部首期名师领航班学习，导师们都会给我们开必读的论著书目。也就是说，我的读书是从参加工作后开始，并且是因为要完成任务才去读书，在这过程中，我也培养了读书的一点兴趣。

教育教学理论方面的书我是读了一些（我的藏书也主要是这方面的书），遗憾的是文学、历史方面的书我读得太少，以致在语言表达或文字表述时明显感到有许多局限性，比如对某一问题有了自己的想法，但形成文字时常常词不达意，或者是干巴巴的一两句话，缺乏文学色彩。在这点上，我就十分佩服拥有文学素养的老师。

工作期间读书和学生时代读书感受很不一样。我们带着目的，带着疑惑，带着思考去读。

我读书的体会是：读书促使自己对实践进行深刻反思，使自己逐渐理性而不盲从,并从书中获得智慧,从反思中获得提升。

所以,我鼓励年轻教师读书学习,在读书中汲取营养,提升自我。

说到读书,双十中学数学组有好几个榜样。

翁颖茵老师,2007年已到退休年龄,学校续聘她留任高三的数学教学(2017年她去国外照顾女儿才终止聘任),效果特别好。这是双十中学老师大都知道的事,但有一点可能很多人不知道,即翁老师特别爱读书,从学校图书馆借书数她最多。

郭俊芳老师,双十中学数学组的一员"大将",常年留任高三,在繁忙工作之余,我们还可以在办公室里看到她在读"课外书",那些书名我看了也记不住,是最新出版物,涉及经济、人文、哲学等方面。

陈文强校长,他学生时代就读了很多书,而且涉及面很广,杂书读了很多。他的水平和能力在他的学科教学和管理工作中体现得淋漓尽致,全校师生无人不服。

任勇老师,曾任双十中学副校长,厦门一中校长。2000年在北京师范大学参加骨干教师国家级培训时,他经常领着我们骑自行车到北京各大书店去淘书,他买什么书我们就跟着买(我的不多藏书里相当一部分是那时买的)。他家的书房占了两个房间。他着迷读书写作,即便升任市教育局副局长、教育局巡视员,依然手不停挥,成果多得让人难以想象,2017年荣登《中国教育报》公布的当代教育名家榜单,让人仰慕。

5 通过网络学习

教师的学习有许多途径,现在还时兴网络学习,而且越来越呈现出其特有的优势。网络学习资源丰富,学习时间灵活,其教学资源亦日趋成熟,已演变成为大众的学习媒介。

在当今的网络时代,网络不可回避,谁躲网络谁就可能落伍。我们身边有许多老师既是教学能手又是网络高手,我十分羡慕他们。

总的来说,网络资源我用得很不充分。以前我很少上网,一方面,总说自己没时间,另一方面技术差,因此总与网络有一定的距离。现在好多了,经常在网上查找些资料,遇上一些问题,就上网看看别人对这些问题怎么认识的,因此对百度和一些主要的网站（如知网、维普网等）还是很熟悉的，也尝到了好处。

比如，一次竞赛课上遇到一个问题：已知 $f(x)$ 可微……我疑惑了：可微和可导什么关系？上网一查，知道一元函数可导和可微是一回事，救了我一驾。

上网查些资料算是网络学习的初级水平。现在，网络学习平台数不胜数，形式多样，也说不上哪个最强，哪个最好。我承认，在这方面我依然是弱者。

由华东师大出版社出版的《教师专业成长的途径》中提供了 30 位教师成长案例，有 20 位教师都提到了网络与其成长的关系。

但是，这里也想提醒老师们，尤其是数学老师，遇到挑战性的问题要有一种征服它的"兴奋感"，没到迫不得已的时候不去"拍题"或求助百度，不浪费有利于自身思维品质提升的机会。

如今，微信朋友圈或者群里经常可以看到许多文章。这种"快餐式"的阅读涉及面虽广，但同时又有泛而不精的特点，对专业学习不会起到很大促进作用。所以，建议大家要有自己的独立判断与思考，要慎重对待！

6　研究状态下学习

在教学过程中，每位老师都一定会遇到一系列问题，有来自学生的、来自学科本身以及学科教学方式方面的。面对诸多问题，我们是选择绕过还是选择面对？

如果教师采取回避态度，他在教学的路上一定走不好，走不远，定然成不了一位优秀的教师。回避问题就等于拒绝成长。

遇到问题应采取积极的态度，面对它，要有勇气、有信心、有毅力一个一个去解决它、战胜它。

对那些比较小的问题，我们完全可以依靠自己的能力解决；如果问题稍大些，经过自己思考之后，可以寻求同伴（师傅、同事等）帮助解决；如果遇到短时间内无法解决的又有一定价值的问题，我们可以将它作为一个课题与同事一起协同研究（条件成熟的话，还可向教研部门申请立项）。

上文已经提到，走上讲台一年后的我就参加了王永、余文森老师主持的"福建省'目标-掌握'教改试验"课题，在当时，这是个很有价值的大课题，我们参与了这项目的研究,现在可以理解为课题组主要成员。

福安一中数学组在学科尖子培养方面起步于 20 世纪 80 年代,90 年代走在福建省前列,获得了两枚国际金牌,张鲁青、李迅等一批老师做出了卓越的贡献。学校将优秀生的培养当作课题来研究,成立了"福安一中超常教育"课题,我作为主要成员之一参与了这个培优工程,课题取得了丰硕的成果。

2000—2001 年国家级骨干教师培训期间,当时我申报了"数学过程教学研究"课题并开展了前期工作的研究,由于培养期只有一年,课题没有结题我们就结业了。之后,我把此课题带到了 2004 年 7 月开始的福建省中小学学科带头人培养学习中,在研究过程中有了许多感悟。例如,我一直坚持把过程教学作为一条教学原则,认为数学教学应充分展示知识的形成及知识体系的构建过程,数学教学应是挖掘教学思想方法的过程教学,"过程教学"强调思维的敞露,"过程教学"是学生元认知能力的培养过程等。据此形成的课题成果"数学'过程教学'的认识与探索"获全国一等奖(中央教育科学研究所,2006 年 5 月)。

我一直认为,要培养一个人成才,很重要的一个因素在于思维,在于科学的思维。思维作为一种能力和品质,作为人的智力的核心,是一个人的能力及智慧高低的主要标志。

教育的最重要目标就是引导学生思维。"数学是思维的体操",而在实际的数学教学中,教师过多地控制了学生的思维而剥夺学生自由发展的精神空间,学生的思维几乎成为"教学的荒地",或者说学生是在"被思维"着。有些教师也意识到了思维能力培养的重要性,但在如何引导学生有效地思维存在着很大的偏差,不少教师的数学课在引导学生思维方面效率很低,有的甚至极少关注学生的思维。所以,我申请了厦门市"十二五"规划 2012 年度课题"高中数学思维教学有效性研究",在课题组老师们的共同努力下取得了丰硕的研究成果,多篇研究成果发表在 CN 刊物上。在课题研究期间的 2013 年高考中,双十中学取得突出的成绩,数学(课题组老师赵祥枝、李祥增、许波、林敬松都是本届数学科任教师)学科做出了重大的贡献,仅理科数学高分段(140 分以上)有 14 人,在省内处于领先位置(全省 40 来位 140 分以上)。学科竞赛方面,苏肇祺在 2013 年全国中学生数学奥林匹克夺得福建省唯一的全国一等奖,并进入国家集训队;苏肇祺、刘淇禄、黄安祥、洪景渠等 15 位同学在 2012 年全国高中数学联赛福建省赛区获得省级奖。这与我们在教学中贯彻课题理念,激活学生的思维,培养学生良好的思维品质,提高学生的思维能力是分不开的。

在"高中数学思维教学有效性研究"的研究过程中,我认为,本课题还可以作进一步的深化,所以我就向福建省中小学名师培养工程委员会申请了"以思维能力为导向的数学探究性学习研究"(省级课题),多项研究成果获奖或发表,其中《看透问题的本质,提升问题解决的境界》发表在核心期刊《数学通报》上,《引导学生主动探究,促进数学思维发展》和《"神舟"飞船飞行轨道近地点和远地点的理解和探究》发表在核心期刊《中学数学教学参考》上。

接着,我于2015年8月申请了福建教育科学规划课题"以对话教学促进学生数学思维发展的研究",课题成果《活力数学与数学优秀生培养》《在对话教学中发展初中学生的数学思维》《教师"思维惰化"现象成因及改善策略》《基于思维能力培养的数学课堂》《活力数学让常规的问题拥有生命力》等多篇论文在CN刊物发表。

在名师培养学习过程中,工程专家委员会要求每位培养人都得提出自己的教学主张,经过一段时间的思考,在导师及同行的指点下,基于数学教学的本质和个人个性特征及教学风格,也针对当前数学课堂教学思维现状等,我提出了自己的教学主张:活力数学——指向思维发展的数学课堂。现在,我发现,之前我所关注和思考的问题基本上都可以归入我的"活力数学"之中。而且在许多层面上还可以做进一步的深化研究。

现在,我正参加教育部首期名师领航工程学习,我将继续围绕活力数学开展课题研究,我充满信心。

对于绝大多数教师而言,当教龄达到一定的时间或者受某件事情的干扰,可能会出现"职业倦怠"这一情况,在"领航班"学习中,东北师大的石艳老师告诉我们:克服"职业倦怠"最有效办法就是研究。我听后恍然大悟,太深刻了!

回顾这些年的教学与研究,我深切地体会到:问题即课题,教学即研究,成果即成长。

7　教学比赛学习

关于教学比赛,项目多,多到难以列全。例如,各级的优质课、创新课、微课比赛、说课比赛、片段教学、教学设计、优秀课展示等,规模最大的当属教育部"一师一优课、一课一名师"活动。

　　我 1987 年从教,那时候教育主管或教研部门很少组织教学比赛。不过,我遇到了一次机会,即 1995 年我参加了福建省优秀青年教师评选,评选条件包括师德表现、教学成果(含论文),同时还得提交一节课(录像带)。我了解到,一些参评者极为重视,为了准备这个课,在自己班上或借班预演了好多遍,并请了专业团队,动用多台摄像机像拍电影那样拍好每一个镜头,甚至为了一句话、一个动作、一个特写反复拍摄好几次。由于时间和其他客观条件的限制,我无法做到那样的精雕细琢,只能请学校电教老师到教室一次性完成拍摄,虽然课的质量及录制效果不是很满意,但我自己感觉到收获还是蛮大的。主要体现在两方面:一是心理素质得到了较好的训练。在此之前,我是很怕摄像机的,认为在摄像机前上课比教室后坐着一排老师听课压力还大,有了这次经历以后发现自己胆子大了许多,一些较大场面也不至于太怯场。二是发现了自己教学上的不足。虽然没条件拍成精品课,但在备课过程中我还是比较用心的,也请教了师傅和前辈们,课堂教学效果也还不错。让我印象特别深刻的是,为了剪掉那多出来的一两分钟,在翻来倒去的"看片"过程中,我发现了自己在上课过程中存在许多不足之处,如重难点突破的科学性及艺术性、某些细节的关注及处理、语言的精准性等。从那以后,我开始有意识地关注自己在这些方面的提升,这是我参加这次比赛的最重要的收获。

　　再谈谈我另外三次接受教学考核的经历:一是 2011 年福建省首批教学名师培养对象的选拔。各设区市按条件共推出了 21 名选手参加最后的教学考核,那时全国各地时兴说课,我起初也按说课的方案去准备,临近几天才通知要进行 15 分钟的"片段教学"和 5 分钟的"专家提问"。"片段教学"在当时的教育界还是个"新词",虽然备考时间不够充足,但我心里还是比较有数。我的自信是基于自己一直超工作量地坚守于教学第一线,我天天都在准备,上个"片段"对我来说应该不是大问题。相对于其他多数竞争者,这或许就是我的优势,所以最后比较顺利地进入 9 人名单。二是 2014 年特级教师评选,前文已经谈到我参评特级教师的坎坷经历,这次志在必得。大家都知道,凡是由省里下达指标的几乎所有项目的评选,厦门市内的竞争不亚于甚至超过省里最终竞争,尤其是每四年一届的特级教师评选。为此,我做了很多功课,几乎把高中所有课都重新构思了一遍,特别是那些重要的概念课、定理课都做了认真的思考,十多年的愿望终于实现。有了先前较厚实的积淀和自己的不懈努力,在 2016 年正高级教师评选中,面对"成果汇报"和"论文答辩"等考核项目,我对自己表现也算较为满意。和 1995 年拍摄录像课一样,这三次的"历练"使我获得实实在在的提升,同时更促使我的教学风格、教学主张趋于成熟。

应该说,在我这个年龄段的教师中我算是幸运的,我获得了多次的提升和发展的机遇。而年轻的你们,有更广阔的平台,有更多的机会。而在众多的机会中,教学比赛是提升教师教学能力、教学水平的一种重要途径。文末将附上我校王成焱老师的参加福建省中小学教师技能大赛的感悟《受益技能赛 点滴成长情》,以帮助大家加深对教学比赛的认识。

当然,我们要辩证地认识"教学比赛"对教师成长的作用。尽管"赛课"对强化教师专业成长、提高教学技能有很好的促进作用,但不可以此代替教师的日常研究、琢磨和探索,教师的日常自我研修或合作"磨课"乃至锐意探索实践才是教师持续、有效、稳健成长的不竭动力。

回顾自己的 30 年教师职业生涯,在追求教育理想的过程中,我欣慰地感觉到,虽年过半百,但自己依然在一步一步地成长,在进步,在提高,这得益于我坚持不懈的学习。

德国寓言大师克雷洛夫说:"现实是此岸,理想是彼岸,中间隔着湍急的河流,行动则是架在河上的桥梁。"

朋友们,行动吧!

(本文是给青年教师培训的讲座稿)

附文 1

受益技能赛　点滴成长情

厦门双十中学　王成焱

　　教师能力素养是教师专业素养提升工程的重要部分,福建省中小学教师教学技能大赛是由福建省教育厅和福建省总工会举办的,两年一届,俗称福建省教师的"高考"。它是全省中小学教师的教学技能展示交流、互学互促的高端平台,是对各学科一线教师教学能力素养的全面检验,从创办以来到现在已经举办了四届,其中数学学科和综合素质设置的比赛项目的训练可以说是一线数学教师和参赛者锤炼自己,促使自身专业水平、能力素养不断提升的有效途径和方向。本人有幸作为高中数学组的一名参赛选手,体验了福建省第二届中小学教师教学技能大赛的全过程。从赛前培训到比赛结束,深感新课程理念下数学教学之不易,同时,本人在今后的学习工作生活中受益于本次比赛,收获颇多。本文结合教学实践、比赛经验及赛后成长历程,谈谈教师技能大赛对自身成长的促进与帮助,借以提高自己并求教于同行,不当之处,敬请指正。

1.受益技能赛,更新教学理念

　　第二届技能大赛中数学学科的比赛教学设计、片段教学、评课、学科技能各自占有一定的分数比例。其中,教学设计、片段教学、评课等项目都要求以学科课程标准为依据,体现新课程基本理念与精神内核,因此在整个培训过程中原本感觉跟教学无多大关系的新课程标准,甚至教材成了每天必读之书,在教学目标及分析依据、学生和教材内容分析、教学过程设计等环节中逐步体会新课程标准所体现的教学理念,特别是独立性较强的片段教学,教师要把握单元和本课的知识点,恰到好处地引导学生进行合作交流、探究学习,在较短的时间内以最优化的组合完成既定的教学任务,把教学的亮点展现出来。技能大赛从表面上看反映的是参赛选手的能力素质,但深层次反映的却是选手及指导教师的教学理念、教学经验、教学方法和技能水平。通过技能大赛备战,参赛教师将进一步明确新的教学理念,创新教学方法,提高专业能力和教学水平。教师在备赛磨炼过程中,不断提高自身的教学能力和技能水平,逐步体会并思考如何做到在教学中面向全体学生,注重素质教育,突出学生主体、教师主导,尊重个性差异,采用活动途径,倡导体验参与,注重过程评价,促进学生发展等新课程理念。这与平时学校中做一个只会照本宣科、布置作业、讲评作业的教书匠显然有着巨大的差别。经过比赛,我在担任学校备课组长及班级科任教学过程中,也不时将新理念贯彻其中,站在更高的位置认识每一课时的教学任务及安排,同时也更深感教师责任之重大。

2.受益技能赛,创新教学方法

一般情况下,学校一线教师碍于高考指挥棒,仍有很多教师采用以知识为本位、传统的学科体系教学方法,但这种模式已经不能满足当前教育人才培养的需要。而新课程标准着重体现学生主体作用、教师引导作用,若教师仍以一言堂方式注重讲授知识,不尊重学生成长历程及过程评价,教学效率势必较为低下,对学生身心健康也造成不良影响,同时也与新课程理念相违背,而技能大赛的考核标准正是如何用恰当的教学方法体现新课程标准的核心理念。因此,在赛前磨炼过程中,参赛选手都会适当改变纯粹应付高考的知识讲授模式及教学方法,更多地从学生如何能较好、较快地接受所学知识的方式进行教学,而这种思维方式将在赛后教学中逐步形成习惯,如赛后我在担任备课组长过程中,在出练习时更加注重符合学生接受能力的题型,而不是盲目出难题、出好题,出怪题;同时,在教学过程中也能从更新的角度考虑教学方法的改变,更加注重知识的生成过程,避免一言堂、满堂灌等形式教学。如何培养学生严谨的学习态度、过硬的心理素质,以及良好的沟通和协作能力也时常成为教学设计时重要的考虑对象。根据教学目标和要求,以实际案例为剖析对象,共同寻找解决问题的途径和方法,探究式教学、抛锚式教学、任务驱动型教学等方法都逐步成为我教学之前思考的重点要素之一。教师可将技能大赛的成果转化为日常教学实践,落实到日常教学内容和对学生的培养要求上,落实到与教学相配套的实训上,最终化技能竞赛的"非常"为日常教学的"寻常";不能只为大赛而大赛,而要注重大赛成果的转化,只有这样才能培养出适合新时代发展的专门人才。

3.受益技能赛,提升职业素养

在整个技能大赛的准备中,教师不仅提高了对教材的理解能力、对学生的成长认识水平,而且也提升了自身的专业能力、教育理念及教师素养。可以说每一次比赛或集中培训,对参赛者都是一次历练。巨大的参赛压力、紧张的忘我训练、不断的心理调适、刻苦的钻研、精心的设计,这种大赛的氛围,激发了我的工作责任感和使命感,促使我以新的价值观和人才观重新审视自己的工作。技能大赛的目标设定和大赛动员会点燃了我奋斗拼搏的激情。训练过程中各个环节的差异考验着我的教育教学能力,使我学会了因材施教,提升了战略战术,体验了通过拼搏才能带来的职业荣誉感。这样的技能大赛使教师的职业素养如凤凰涅槃,在熬过了艰辛的备赛历程后得到提升。

4.受益技能赛,培养团队意识

技能大赛的参赛过程从选手的选拔到集中训练、参赛,各部门、各指导教师之间都需要密切配合。目前技能大赛较量的是参赛教师的教学能力和水平,比拼的却是团队精神。也就是说无论是哪一次技能大赛,最终都不是靠某一个人的力量,而是选手、各单位指导教师集体智慧的结晶。在整个比赛过程中,无论是初赛选拔还是到最后成为最终参赛选手进行集中培训,市教科院都会邀请一些专家进行指导,而一名指导教师也难以完成所有的指导任务,需要多名教师组成教练团队,共同指导选手训练,才有可能使参赛者的实际操作能力有大幅度的提高。在这个过程中,我也深感团队的重要性,从技能大赛赛前的各次集中培训、专家答疑、赛场参观,到比赛中的现场展示、赛后的专家点评、经验介绍,每一个环节都必须认真交流,取长补短,吸取更多的新技术和新理念。而正是通过技能大赛,我的团队意识得到增强,不仅注重选手之间的互相学习、互相配合,更感恩于整个集训团队指导老师的辛苦付出。最后的胜利既得益于自己的一路坚持,又得益于学校给予的平台,更得益于导师和同仁们辛勤无私的指引。在平时的教学过程中,何尝不是如此? 一个备课组,在攻克一个年段的教学质量目标时,凭借的不是一个备课组长或一个老师的力量,更多的是团队的协作、各成员的互相支持与毫无保留的教学研讨,共同解决学生中遇到的各种"疑难杂症"。在目前的教学环境下,个人英雄主义显然也成为时代的抛弃者,团体的成员同心协力、团结协作,共同完成教学任务才能让教学效率最大化,少走歪路、弯路,为学生负责,为自己负责,也为学校及家长负责。

附文2

梦中教学事故的反思

本人做梦的频率比较高,也常常在梦中给学生上课。梦中的课堂会出现一些精彩的意想不到的镜头:白天课上那个很不好讲清楚的概念,在梦里学生很容易就理解了;不久前那个比较困难的问题在梦里处理得很简捷,而且富有创意;"梦中课堂"和学生的配合大都非常默契,双方互动得十分充分。但有时我也会做"噩梦":教室光线昏暗,看不清眼前的学生;课上我十分疲乏,有气无力,眼睛很难睁开;学生不愿和我配合,一些很简单的问题讲来讲去学生还是弄不清楚,反而自己的思路也模糊了;那些原来很喜欢上我的课的学生这时变得不喜欢我了,有不少学生课上在写别科的作业,有几个交头接耳不知说些什么,有学生故意在课上捣蛋,还有人逃课了,更令人痛心的是我在吃力地写完板书后转身却发现教室空无一人……

怎么会这样?我被吓出了一身冷汗。

惊醒后发现原来自己在做梦,心里不禁暗暗庆幸。如果真是如此,那太可怕了!太可悲了!

如果梦中发现自己丢了钱,醒来之后会放心地再睡,而在做了这种属于"严重教学事故"的"噩梦"之后,想睡还真不敢放心地再睡下去,生怕又重现上述那悲惨的一幕。

"噩梦"的第二天,我便会早早地来到教室等着学生们的到来,看看有没有梦中情景发生的痕迹,看看学生是否真的和我疏远了,逃课的那个学生来了没有,特别要观察一下与我发生摩擦的那个学生的面部表情,跟他说几句话……

还好,"噩梦"中发生的情景不是真实的,个个学生真心的"老师早!老师好!",怎么也看不出我们之间曾经有过冲突。再看课堂上学生依然是那样专注,我们的配合依然是那样和谐、默契;我引出的问题学生思考后的讨论气氛依然很活跃,"故意捣蛋"的同学表现特别出色,他今天的主动发言真有创意,还博得了同学们的掌声。我们的心依然是相通的,学生还是喜欢我的。

我松了一口气,心情也平静了许多。

尽管如此,我还总是有点心有余悸和忐忑不安。为什么会做这样的"噩梦"呢?

俗话说:"日有所思,夜有所梦",我不能掉以轻心,而应该对这一段时间的工作做个全面、认真的回顾、总结和反思：是不是近期教学上开始有点马虎，不够严谨、不够深刻了？是不是近来自己没有加强学习而停滞不前或退步了？是不是自己最近对学生的关心少了？是不是自己在处理某件事情时欠缜密的思考，以至于效果不够理想？是不是……

是的，有些方面我确实做得不够好。今天我得将它翻出来"晒一晒"。

从事高中数学教学已将近 30 个年头，在这不短的日子里我工作勤勤恳恳，乐于奉献，积累了不少的经验。从正面意义上理解，经验是一笔财富，它可以让人办事利索、少走弯路。但经验也有消极的一面，即也可能会出现"经验丰富了，人却变懒了"和"经验丰富了，机械性重复增多了，创新的成分变少了"的情况。我不否认这在我身上也有所体现。如备课时比较重视课的总体构思，而对细节方面的思考就不够充分；课堂上有时也会为了赶教学进度而忽视了知识发生和数学思想方法的形成过程，有时课上自己表演太多使得师生间或生生间的交流与互动的时间和机会少了……这些都有悖于新的教育教学思想、理念。而且我发现近期能让自己满意和激动的课与前一段时间相比少了许多，甚至很少出现，这就是自己业务退步的一个信号。

就此，我必须继续深入钻研，做到一丝不苟，精益求精。决不能满足于现状，不能过分依靠过去的经验，不以固定的思维的方式处理日常的教学及相关工作，要将经验进行不断的提炼、升华、创新，要深刻领会"学无止境、教无止境"的道理。

必须加强学习，不管多么忙也要挤出时间读书、充电。带着思考去研读有关教育理论、教学教研、教师成长等方面论著，特别要重读苏霍姆林斯基等大教育家们的著作；还要多途径了解当今国际、国内教育发展动态，尤其是新课程理念下的我国课程改革的形势，以此对照自己的教育、教学实际。从书中吸取营养，获取智慧，不断更新和丰富知识，完善自己的知识结构，提高自己的综合素养和教育教学水平。这是刻不容缓的事情，否则，将无法胜任眼前的育人大任。

在静下心来向论著学习的同时也要侧过身来虚心地向同行学习。在例行的集体备课中，在日常的教学和研讨中，善于从他们身上吸取对自己有营养的东西。要意识到不论是经验丰富的老教师还是初出茅庐的年轻教师，每个人的身上都有许多闪光点和值得学习的东西，也许他的优点就是我的不足，相互学习，取长补短，共同提高。

还有一种学习方式，即俯下身来向学生学习。这观点对一些老师来说可能难以理解,但我有深刻的体会。我比较推崇讨论式、谈话式、探究式等教学方式,课上我常常把主动权交给学生,让学生可以充分发表各自的观点。由于学生的思维不受条条框框的约束,常常有许多富有创意的见解,有些处理问题的方法事先我也没想到,这都是我学习提高的好机会。

不得不承认,教师普遍存在比较严重的思维定式现象,思维的开放性和创新性方面远不如学生,接受新生事物的能力也不如学生。比如,对新课程中新增的某些模块内容的理解,如《算法初步》,一些对信息学感兴趣、有研究的学生在程序设计上的水平明显就超过老师。当老师在备课和教学过程中遇到不太容易弄清楚的问题的时候,就可以和学生一起交流讨论,或直接向学生真心请教,不用顾及面子。其实,不懂装懂,又讲不清楚,那才是没面子。况且,学生不会因此而不信任老师,相反,老师的这种谦虚人格赢得了学生的更多敬重。全国模范教师张思明认为,"要当一流的教师,就要先当一流的学生";"教师的幸福应该是不断地被学生超越,又不断地超越自己,也只有经历这样的过程,教师才有战胜挑战的成长体验,才有真正的教学生活,这才是教师所应追求的职业感受"。在后继的教学中,我将会继续发扬这种求真务实的作风,抛开经验丰富的架子,虚心向学生学习。

教师的学习有许多途径,现在还时兴网络学习,而且越来越呈现出其特有的优势。网络学习资源丰富,学习时间灵活,其教学资源亦日趋成熟,已演变成为大众的学习媒介。这方面我做得还很不够,需要好好补上。

时代在高速向前发展,教师的发展怎能滞后!

不学习的人,永远都不会得到发展!

只有学习,才能拯救自己!

当自己已经觉察到好课变少或课的质量不太满意的时候,发生"有人逃学,有人故意在课上捣蛋"的梦中教学事故也并不是空穴来风。众所周知,课堂是学生成长的最重要场所,也是教师施展才干和提升自己的舞台。上好每一节课是教师的职责,不能弱化一节课的重要意义。从生命的高度看,这每一个 40 分钟对眼前学生的一生来说都是唯一的,是不可再生和一去不复返的。为此,珍惜每一节课应是我们教师的神圣使命,决不上没准备或准备不充分的课。特别是,对于有一定经验的教师来说,思维的创新更显得十分必要。因为,如果我们的课是机械的重复,没有考虑到学生思维发展的实际,这样的课就没有很强的针对性,实质上很难有理想的效果。说得严重些,这样的课对学生的成长没有多大的价值,是低效的课,甚至是无效的课,在一定的程度上可以认为是在浪费时间和生命。我们必须在思想上清醒地认识到这一点，实践中必须做到与时俱进，常教常新。

关注学生的发展是新课程的核心理念，我对这一观点的理解不肤浅，而且也为自己立下了要"真诚地对待每一个学生"的信条。

在现实中，优秀生和"学困生"比较容易得到老师的牵挂，而比例最大的平时表现好又遵守纪律的中等生往往会被忽视，这也恰恰是我们教育的一个"盲区"。以前我对这些让我最放心的学生的关注确实不够，这也许为"噩梦"里发生的学生"造反"事件埋下了"地雷"。为此，我要尽快与那些被我有意无意间冷落了的学生好好谈心，要像对其他同学一样，真心地关心他们的生活和学习，了解他们关心的问题，和他们一起探求如何提高学习能力、提升学业水平的科学方法，让他们感受到老师的真心关爱。

今天，我更加深刻地认识到，教育工作不允许以点带面，容不得大小心眼。教育必须深入到每一个学生的内心世界，与他们真诚交心，做他们的知心朋友。这是教育成功的必要条件。

"教育一旦缺少了真诚的交流，缺少了理解和感动，也就失去了它应有的生机和活力，更为糟糕的可能是丧失它应有的价值。"

"从水管中流出的是水，从血管中流出的是血"，我会一如既往地奉行这一真理。

我得立即执行，用实际行动填补"噩梦"留给我的空虚。

几天来，我满怀激情地工作与学习，节奏有条不紊，态度一丝不苟，效果渐渐凸显。说真的，我思考得更多了，也更严谨了，收获也更大了，课堂里又处处充满生机，充满智慧，我那受伤的心也开始逐渐愈合了。

与同事交流，有的说他也会做这样的"噩梦"，有的说他从来没做过。我为自己能常有这样的梦中课堂感到庆幸，感到自豪，无论是好梦还是噩梦，都说明了课堂已成为我生命中不可缺少的一部分。

由此想来，做"噩梦"并不是一件太糟糕的事情，它预示着教学反思和教学提升的到来。我们要抓住"噩梦"这一契机，好好反思自己，提升自己。我现在尤其不怕做这样的"噩梦"，有时还真想见见还会发生什么更可怕的事情！

附文 3

教师"思维惰化"现象成因分析及改善策略

在人的智力结构中,思维处于核心位置,是智力活动过程的最高调节者。教育的目标之一是引导学生学会思维和提高思维能力。纵观历次我国课程与教学改革,学生思维的发展愈来愈受到关注,以核心素养为主要特色的《普通高中课程标准》(2017 版)更是凸显了学科思维的地位,科学的思维方式是核心素养的要素。

中学阶段是一个人思维能力形成与发展的关键时期。然而,当前课堂教学的现状及效果令人担忧,最大的问题是课堂的思维含量低,学生的思维没有得到有效引发和训练,相当多学生的思维表现出明显的单一和统一,他们只会解决基础、常规的并且训练了多次的问题,对改变了情境的或思维能力要求稍高的问题就束手无策,更不用说是创新思维了。

在教学总结和研讨的时候,绝大多数教师从学生方面找原因,认为现在的学生不如以前,娇生惯养,学习习惯不好,学习能力差,不会也不爱深入思考问题等。这些因素都值得认真分析和深入思考,但是在关注教材和学生的同时不能忽略了教育的另一个主体——教师。客观地说,造成学生不会思考问题或思维定式,教师负有不可推卸的责任。

反观当前教师及课堂教学,缺乏职业追求、职业理想的大有人在,不重视学生思维能力培养、忽视学科教学本质的课不在少数。最令人遗憾且具有一定普遍性的现象是教师自身思维惰化,即许多教师自己不怎么独立思考问题,不爱动脑筋。

1.教师思维品质的教学影响

不积极思维将导致思维平庸,思维平庸的教师不可能将学生培养成思维高手。思维能力的培养不同于基础知识的学习和基本技能的训练,这过程除了要有科学的思维训练方法,对教师自身的思维能力、素养也有较高的要求。学生学习积极性和思维能力的发展与教师思维水平的高低有密切关系。

学生之所以喜欢某一学科,很大程度上是受教师优秀思维品质的影响。思维不出众的教师在激发学生学习兴趣方面存在先天不足,他们无力引发学生的求知欲望,无力引领学生感受学科思维之美妙,无力让学生沐浴学科精神、思想与方法,获得理性思维,甚至相当多学生因为教师思维的平淡表现而对学习失去兴趣,甚至讨厌这门学科。

　　心理学专家认为,思维一定程度上具有社会性过程。要内化为思想,必须先表述出来。因此,课堂的交流和讨论在思维教学中的重要性不言而喻。思维平凡的教师大都无法组织和调动学生进行有效的互动,课上的提问也大都局限于以事实为基础的问答,在罕有的以思维为基础的问答中,学生的思维也在教师规定的航道上运行,一旦有偏离方向的迹象,教师就马上给予调整归正。这样的教学对学生思维的广阔性、批判性和创新性等方面的培养起不到应有的作用。

　　思维的发展重在启发。思维平淡的教师缺乏有效的思维教学策略,无力提出能激起学生思维浪花的有价值的问题,不能在"思维"上做足文章,对学生的思维少有启迪,思维教学难有成效,学科教学的根本目标也难以实现。第斯多惠曾经说:"正如没有人能把自己并不拥有的东西给予他人一样,谁要是连自己都没有发展、培养和造就好,他就无法去发展、培育和教育他人。"教师必须加强学科思维能力水平的提升,使自己告别平庸,走向卓越。

2.教师思维惰化的成因分析

　　一是教学上功利思想严重。在当今,应试还是无法回避的现实,许多教师对作为命题依据的《考试大纲》及《考试说明》的重视达到了"膜拜"的程度,并将其中的一些提法、表述视为教学法规。一些薄弱学校的教师基于学生的实际情况,教学上明确按"基础路线"定位,只要求学生了解概念,记住定理、公式等,至于它们如何被提出、如何推导证明常常不作为教学要求。如,数学必修 2 中"点到线的距离公式",由于推导过程对思维等方面能力要求较高,有些教师担心学生难以掌握,估计高考也不一定会考到,因此就放心地跳过这一极有思维训练价值的环节,让学生接受套公式、代数字等简单的模仿操作训练。许多非薄弱学校甚至有些重点学校的教学也是如此重结果轻过程。这种现实、功利、教条的教学无须挖掘蕴涵于知识产生过程的数学思想方法,无须揭示教材中体现的数学家思维,无须敞露教师分析概括的思维和学生尝试解决问题的自然思维过程,因此教师丧失了提升自身思维的动力。

　　二是对思维教学的重要性认识不足。有些教师不知不觉地恪守"知识本位"的观点,认为课上传授给学生的内容越多,学生收获就越大,教学就越有成效。这样的教师不会关注学生的思维发展,自然也不会关注自身思维品质的提升。学科思维与知识的关系犹如人体的血肉关系,血液之荣枯外现于形体之盛衰。没有思维参与的知识是没有活力的。基于这样的认识,近年来越来越多的教师开始认同思维教学的重要性,并逐步关注学生思维能力的培养。

但对如何进行有效的思维训练存在不同见解,有些教师认为思维是学生的工作而且只是学生的工作,他们要做的只是给学生加大作业量或提高作业难度,过后再提供解答罢了。这样,思维训练的负担都给了学生,教师成了与事无关的局外人或看客。

三是习惯性思维的负迁移作用明显。毋庸置疑,经验是一笔财富,它可以让人办事利索、少走弯路。但经验也有消极的一面,即拥有丰富教学经验的教师常常流于习惯性思维,并形成自己顽固的"内隐理论",最要命的是经验丰富了,人却变懒了,不用思考了;经验丰富了,机械性重复也多了,不会创新了。习惯性思维的负迁移作用在教师身上表现得十分明显。究其原因,主要是长时间的多次重复,形成了一套思考问题的固定模式和与之相应的经验,导致教师将思维限制在较小的范围内,因循守旧,缺乏学生那种开放性和创新力。

四是教学资源使用不当。关于教学资源使用失当,以下方面的问题近年表现得越来越严重。首先,有些教师不管面对什么样的学生都使用多年来的老教案、旧材料,有的教师干脆从网上下载教案和材料,基本上没有了新背景下自己的独立思考和创新。其次,现在的教材和教辅材料基本配有教师用书,详尽的解答给教师备课带来方便的同时,使一些懒于思考的教师失去自主思维的机会。再次,发达的网络资源一定程度上促进了教师专业成长,但也让不少教师成了"百度控",一遇到有思维挑战的问题就上网查找答案,然后把解答原封不动地展示给学生。最后,现代信息技术成了教师成长的双刃剑,过度依赖将造成思维惰性,阻碍思维发展。如,圆锥曲线中的许多定义可以通过几何画板的演示获得,有些常见函数(如函数 $y = x\ln x$)的性质可以在图形计算器里通过图像直接看出,但这些都是先进机器的产物,不是自己努力思考的结果,没有了抽象推理的过程,也就失去了有价值的思维训练机会。

3.教师思维惰化的改善策略

要将学生培养成善于思考的学习者,教师应是一位具有优秀思维品质的思维典范。

一要杜绝功利思想,摈弃思维惰性。教育是着眼于学生未来发展的事业,优质教育要求教师杜绝"考什么就教什么"的功利主义教育价值观。教学必须强调对学科本质的认识,努力揭示学科概念、法则、结论的发生发展过程,并领悟蕴含其中的学科思想方法,进而优化、发展、完善思维。数学教师要摈弃思维惰性,坚持独立思考,勤于"下水"练习,遇到有思维挑战的问题,不依赖教师用书和"百度"等教学资源,不照搬"优秀教案"和自己用过的教案,不受习惯性思维束缚，克服消极思维定式，勇于创新。

二要开放课堂，教学相长。斯腾伯格（Robert Jeffrey Sternberg）将思维划分为三个基本层面，即分析性思维、创造性思维和实践性思维。每个人的思维都是这三种成分按不同比例合成的产物。斯腾伯格还认为，成功是在分析、创造和实践三方面思维能力相互协调、平衡时获得的。由于个人经验等因素影响，教师的思维方式也具有某种倾向性，在教学中会不由自主地侧重于这一思维方式。笔者主张根据数学学科特点和教学内容，适时适当地开放课堂，灵活地采用讨论式、对话式、探究式等多种教学方式，充分调动学生学习的主动性，让学生在课堂上充分发表自己的观点。由于学生的思维没有受到条条框框的限制，丰富多彩，不拘一格，他们常常迸发出创造性的思维火花，这火花能点燃起教师积极思维的热情，激起教师创新的欲望，促进教师思维协调、平衡发展。教师不单在"教"学生思维，也在与学生思维的相互碰撞中不断实现生命的价值和自身的发展。

三要努力成为反思型教师。许多教师（包括一些依然兢兢业业且有丰富教学经验的教师）的教学水平、教学效果之所以难以提高（甚至退化），一个重要的原因是顽固的内隐理论在很大程度上影响了教学行为，使他们的教学不断机械性地重复，没有提升，没有发展。有些教师只能生活在自我习惯中，难以有新的发展与提升。教师只有在努力、深刻的反思和学习中才有可能获得挑战和改善。教师也需要勤于思考，乐于和学生沟通，经常性地进行有意义的反思。教师只有进行深刻的反思，才能唤醒自我意识，把潜意识的活动纳入有意识活动的轨道，有效发挥先进的教育教学思想、理念对工作的指导作用，理性地调整、改造自己的思维，更好地发展学生的思维，让学生学会思考。短期训练不可能实现平庸到优秀的转化，优秀的思维不是天生的，而是一个持之以恒、不断反思提升的过程。在反思中教学，在反思中思维，这是教师提高教学水平的一个有效途径。

四要做个有奋斗感的教师。使自己的思维变得更优秀，教师必须具有挑战自我的精神。一般来说，教龄短、责任心强的教师备课很认真、仔细，也能顺利完成教学任务。但是，真正让自己自豪和兴奋的课往往不是按照教学预设进行，而是在与学生进行思维有效互动、碰撞时新的生成。教师思维的发展也需要激发和强化，想让自己的思维保持优秀，教师必须自觉思考并勇于挑战对思维品质有较高要求的问题（如高考的压轴题及一些学科竞赛题），让自己的思维得到高层次、有意义的强化训练。在解题或解题教学中，教师不应只关注通性通法,而应更注重一题多解、变式引申、一法多用等探究性学习方式,以促进思维广阔性、灵活性、深刻性和创造性的提升。同时,教师应乐于与同行、学生进行讨论、交流,勇于将自己的思维敞露开来,在思维的相互碰撞中产生正能量,使思维品质进一步提升。

　　开放课堂需要勇气,摈弃思维惰性需要勇气,做一个反思型教师需要勇气,成为一个有优秀思维品质的教师需要勇气。

(本文发表于《教育评论》2018 年第 4 期)

四、一次教育实践及启发

白云山巅集合着一群勇敢的青少年

鲜红的夏令营营旗在我们前头招展

在峻峭壁立的石径上攀登

在乱云飞渡的林莽间穿行

烈日为我们朗照

暴雨为我们洗尘

......

1996 年 7 月 12 日清晨,身着福安一中"96 求实夏令营"营服的 120 多名师生,站在寒风习习,云雾迷漫的闽东第一高峰——白云山巅,高声齐唱夏令营之歌,迎接旭日东升。

此事距今已有二十余年,但回想起来,仍感慨甚多。

1996 年,我入职福安一中已八年有余,时任高一年级段长。占年级学生数约一半的城镇学生几乎都是独生子女,虽学习成绩较为优异,但在与他们相处的过程中,我也逐渐意识到,他们身上还存在很大的提升空间。

为了有效控制人口的快速增长,20 世纪 70 年代末,我国开始大力推行独生子女政策,独生子女大量出现,紧接其后的便是一系列令人担忧的"独生子女问题"。多数父母在"舍不得"将孩子放在受教育的地位加以正确的管教和引导,更常见的是一家人围着孩子转,千依百顺,有求必应。此般娇惯,让孩子误以为自己所得到的关爱都是理所应当的,要求的权利越来越多,缺乏自制力和独立生活基本技能,继而对父母的辛劳习以为常,漠不关心,缺乏同情心和换位思考的能力。

其实,国外早有专业人士对独生子女群体进行深入研究,德国小儿科医生尼特尔曾在其所著的《独生子女及其教育》一书中,将独生子女称为"问题儿童",认为他们身上存在自我中心、任性、依赖、嫉妒心强、孤独等人格特质。尼特尔列举的诸多品质我虽不完全认同,但对于"独生子女身上存在诸多缺陷"这一基本倾向,在近十年以来的教学工作的过程中,我是深有感受的。部分学生对打扫整理之事毫无经验,以至于开学之初,班级的卫生工作仍需要班主任老师手把手地示范督促。劳动能力、实践能力尚可在后期慢慢培养,但抗挫力差、社会责任感淡薄等人格特质一旦形成,纵使后期投入再大的精力去改变,去矫正,恐怕也收效甚微。

基于对教学现状的几点思考,我和江仰青等几位老师酝酿提出了开展夏令营活动的计划,期望以此弥补课堂教育的不足,从而让学生在大自然中、在社会生活的实践里认识社会、认识生活、认识自己,将课本知识和生活实践有机合起来,锻炼能力,提升综合素质。令人信心倍增的是,学校领导对此设想给予充分的肯定与大力支持,并与夏令营理想选址——晓阳镇中学及镇政府领导取得联系,确定合作交流意向。福安一中的十多位老师也志愿报名参加,结合自身专长献计献策。经过一个多月的紧张筹备工作,福安一中"96求实夏令营"于1996年7月正式成立。

经过多番商讨,夏令营筹备小组最终确定活动进行时间为1996年7月10日至7月18日。虽然只有短暂的9天时间,但夏令营活动却安排得丰富多彩,颇具特色——既有深入农村与村民"同吃、同住、同劳动",也有踏访白云山,了解山区地形、地貌、植被等情况的自然风貌考察;既有陈佩贤、江仰清等多位老师围绕"中国农村与农民""访美印象"等主题开设的知识讲座,也有与晓阳镇镇中学的学生"手拉手,结对子"的学习交流活动。除上所提及的几项特色活动和每天清晨的出操、列队、长跑等常规性军体活动之外,夏令营还安排了多场分组讨论会、大会典型发言和自由发言、撰写考察报告和活动纪实感受,举办了篝火晚会、文娱活动等,为孩子们搭建了展示青春风采的舞台。以下用表格的形式对夏令营的时间及活动安排进行简单呈现:

7月10日上午	
7:00	120多名师生在福安一中操场集中
8:00	张怀璋校长带队,全体成员分乘一辆吉普、三辆客车,在雨中向福安市西北部山镇——晓阳镇进发
10:00	全体成员到达晓阳镇镇中学,与参加活动的镇中学领导、老师和同学见面;全体成员安放行李,收拾住处(男生在两间教室共打上70多个地铺,40多位女生和女教师在一间半教室的课桌上搭铺住下)

续表

12:00	集体午餐(孩子们一改常态,狼吞虎咽似地在比赛谁吃得多,场面壮观,待他们吃饱后,部分老师也只好望锅兴叹)

7月10日下午

14:00	开营仪式 仪式由福安一中政教处副主任占旭文老师主持,张校长致开幕词,镇中学董副校长代表全体师生欢迎福安一中老师和同学们的到来,徐玲玲同学代表全体营员表决心,我校星级学生、数学尖子李石法和彭锦星同学(晓阳镇人)代表一中向镇中学赠送386电脑一台,仪式在雄壮的夏令营营歌中结束
14:30	营员们与镇中学的同学"结对子",开展"手拉手"活动,赠送学习资料、学习用品,交流学习心得和体会
16:00	镇中学学生领着营员们到自己家做客,熟悉周围环境
晚饭后	各连选出桌长,负责安排帮厨、值日等;成立由15名营员组成的安全保卫组,彻夜值班,这些同学除坚守岗位外,还深夜到寝室为同学盖被子,表现得十分出色;张带荣、阮英老师主管的伙食后勤工作安排就绪

7月11日上午

7:30	物理科傅桂祥老师给同学们开了摄影基本知识讲座
7:30后	继续"手拉手"活动
午饭	为了不浪费粮食,负责伙食的老师将粮食总量减少了2斤,结果,今天中午的饭不够了,老师们吃的是前一天的剩饭

7月11日下午

14:00	镇林业站同志介绍了白云山脉的总体植被分布情况
14:20	队伍向海拔1448米的白云山进发。营部要求每位营员必须带上几片木柴(篝火晚会用)
17:00	当队伍的最后一名营员到达准备过夜的庙观时,下起了倾盆大雨,许多家长纷纷打电话到镇中学询问情况
晚上	营员们燃起了篝火,歌声与笑声在福安的最高山峰上飞扬,地理科的林寿柏老师领着营员们辨认星座

7月12日上午

4:00	起床号响,十分钟后,队伍顶着浓雾和寒风向白云山的最高峰挺进

续表

4:00— 日出前	在白云山巅上,林寿柏、林焕棠两位老师在特定的时刻和特定的地理位置分别上了一节生动而富有实践意义的地理课、生物课
早饭后	历史科梁丽琪老师主讲了有关佛、道教知识 白云山风景区管理处的老雷同志给营员们讲了白云山传说,介绍了近几年景区的建设发展情况
12:00	营员们兴致勃勃地观赏了这里独有的"午时莲"风采
7月12日下午	
13:00	队伍下山,管理处的同志为夏令营成员燃放了鞭炮并表示:历年来,接待的所有学生团体,规模最大而纪律最好的是你们一中的求实夏令营
晚上	营员们都很累,较早入睡了;保卫组的同学们仍坚守岗位
7月13日上午	
8:00—10:00	个人撰写考察报告,推荐发言代表
10:00—11:00	连队交流汇报
7月13日下午	
14:00	陈佩贤老师满怀对农民的深情,作了题为"中国的农村与农民"的专题讲座,为考察小康村和穷困村做了很好的思想准备
15:30	林峰雪副市长、人大郭冲副主任一行8人到营部看望夏令营师生,并与同学们进行深入细致的交流
7月14日上午	
清晨	出操,1.5公里的中长跑后进行队列训练,由校工会副主席,曾任少年军校教官的李金水老师当教练
7:30	肖春辉老师指导营员们如何撰写社会调查报告
8:00	参观小康村——谷口村;镇宣传委员、学区校长兼谷口村支部书记缪少华同志介绍了谷口村近几年的发展变化,营员们还到几户村民家做客;从谷口村回营地,与镇中学进行了一场篮球友谊赛
7月14日下午	
14:00—15:30	到达贫困村——前洋,村民燃起鞭炮欢迎同学们的到来;队伍集中在村小学一间破旧的房子里,此情此景,深深触动了营员们
17:00	营员们自由组合,自己联系"三同"的房东;几分钟后,陆续跑回报喜,拿行李,个个显得很自豪

续表

晚饭后	营员们与房东拉起了家常,给房东家的小朋友赠送学习用品、衣物等,有的还帮助叔伯们干些家务、农活
20:00	部分老师拜访村主任家,商讨活动安排
22:30	老师们挨家看望学生住宿情况并给房东发放寄膳费
7月15日上午	
清晨	出操,营员们随房东下地劳动,修路、采茶、耘草、除虫,个个干得认真、努力
7月15日下午	
14:00—15:30	准备回大本营,营员们非常留恋前洋村的一天"三同"生活,分别之际,村中的父老乡亲燃放了一串又一串鞭炮欢送营员,大家依依难舍
16:00	回到了大本营,组织起了篮球、乒乓球赛
晚饭后	二连连长组织营员搭起了简易的男生洗澡间
晚上	整理考察"两村"收获,举办文娱活动
7月16日上午	
清晨	出操,分连队训练,准备第二天会操,营员们精神振奋
8:00—10:00	个人总结并在小组交流,先由各连代表典型发言,而后进入自由发言阶段
7月16日下午	
14:00—15:30	林焕棠、江仰清两位老师分别作了题为"青少年卫生保健常识"和"访美印象"专题讲座;肖春辉、张帮荣、刘泽惠等老师也深情分享自己的经历和感受,学生们打开了话匣,谈农村的经济、教育,谈自己的思想、感悟,师生与劳动人民的心贴得很近很近
晚上	部分同学准备联欢节目,部分师生谈心,也有一部分参加娱乐活动
7月17日上午	
清晨	会操,一连获该项目第一,四连连长口令喊得很出色
8:00	参观黄兰溪水库、拦洪大坝等施工现场
中午	在电站指挥部就餐
午饭后	开展乒乓球擂台赛,师生同乐

续表

7月17日下午	
晚饭后	选营员标兵、优秀营员
晚上	营员们自编节目,举办丰富多彩的联欢晚会,如小品"吃西瓜"以及用报纸、被单、窗帘、浴巾等设计的时装表演等;当节目进行到近一半时,林立同学拿起了话筒,倡议营员们为桂芳同学捐款,帮助一个即将失学的贫苦女孩,场面分外感人
7月18日上午	
6:00	镇中学领导燃起了长长的鞭炮,欢送夏令营的师生。在鞭炮声中,50名"突击队"员在赵祥枝营长和肖春辉老师带领下,踏上了徒步行走21公里的征途。途中营员们互相帮助,行军速度出乎意料,全程仅用3小时就到达社口镇(其中休息两次约15分钟)
7月18日下午	
13:00	体营员安全抵达福安,一个个都晒黑了、瘦了、成熟了

上面的时间表是作为营长的我在这十来天时间里每天的记录。但现今回想起来,这一期间营员们的活动地点其实还是主要集中在三大块——晓阳镇的白云山区、前洋村和镇中学。夏令营期间发生的故事,或惊心动魄,或雀跃振奋,或失意沮丧,诸多的情感,诸多的念想,多与这三方水土,与生活在这三方水土之上的他们息息相关。二十多年后关于这段记忆的"再讲述",自然也离不了这三片土地。

"朝阳磅礴景无边,万壑云涛峭壁连",曾有人登高望远,发此感慨,其言所指,便是坐落于晓阳镇西北方向的白云山。白云山海拔1448多米,山因白云常绕而得名。

犹记得前往白云山时,正值正午时分。时值夏季,赤日炎炎,老师携营员们一行人浩浩荡荡,徒步前往白

图4-1　学生到达营地

云山。虽说是徒步,但其实每一位营员都得带上必要的行李,体质好的同学还

需背上一捆木柴以备晚间的篝火晚会之用,因此在前行时,不免都有了些许"负担"。晓阳镇镇中学和白云山由一条人工铺成的石路连接,沿途更是可见千里茶园之景,因此孩子们一路说说笑笑,且走且欣赏,不知不觉间便到达了白云山脚下。

于山脚处,可见白云山区青山陡峭,深藏云中的主峰在云雾间尤具风姿。一路行走,心旷神怡,两旁群山叠翠,松林夹道,清泉如乐,景致宜人,至今仍记得初进山时孩子们的欢声笑语,"白云山,我来啦!""哇!这片绿海好美!",欢呼雀跃的青春之声至今仍时时回响在我的耳边。清新的空气吸引着孩子们前行,草间的露水催促着大家的脚步,很快我们就走完了由营地到白云山脚的一段路。

进山的道路宽阔而平坦,但登山之路截然不同。未及山腰,路变得陡窄,异常难走,但这才是闽东地地道道的山路。冷漠而险峭的石路似乎长无尽头,看着它隐藏到山石背面,可是转了个弯,又远远地铺展开去。一次次地上山,又一次次地下来,一行人就在这高低起伏之间奔波。其实在此时,有些体质较差的孩子就已经感到十分吃力了,脸色早已与平常不同,但不知从哪里冒出来的意志力让自己坚持着。在灌木丛生的一段,有一个男生的胳膊和腿被灌木的刺划破,渗出丝丝血水。当随行的林老师询问他是否需要返回营地时,他斩钉截铁的声音仍回响在我的耳旁:"老师,我可以的,我要跟大家一起进山!"终于,在越过一层又一层的台阶,抹去额头的一滴又一滴汗水之后,队伍到达了距离山顶不远处的寺庙。

大家在庙中休整了一晚,次日凌晨4点,起床号角吹响,营员们又收拾好行装,顶着浓雾和寒风向白云山的最高峰挺进,终于日出时刻之前抵达最高峰。遗憾的是,那天的雾太浓太大,日出的胜景我们没能见到。但大家领略了山上大风的威力,孩子们的头发都被吹得湿漉漉的,有的裹着毛毯、棉被,借以挡风;有的则几个人抱得紧紧的相互间取暖;风是很大,却吹热了同学们的心,吹热了同学们的友谊。

观赏了白云山独有的"午时莲"风采之后,队伍回拔。俗话说,上山容易下山难。前一天傍晚下了大雨使得石阶路变得更加湿滑,虽然一路上都在喊"小心,小心",可还是有好多位同学脚底一滑,重心偏移摔跤了,有几位同学还不止摔一次。不过,坚强的孩子们摔了,爬起来继续前进!

这一天的时间,说短也短,说长确是真的漫长,每一小时,每一分钟,老师和营员们都在用脚步丈量着白云山的高度;每一小时,每一分钟,这些来自城市的"小皇帝""小公主"都在经历着他们人生中未曾有过的惊喜与挑战。在那夜的篝火晚会中,一个学生的发言让我记忆犹新:"其实在登山时,我一度想要放弃,但是看着身边同学坚定前行的身影,我马上打消了这一念头。刹那间,入学以来那种长久堆积在我心上的失落和压抑也烟消云散了,学习上的挫折曾使我灰心不已,可在这里,我又找回了自我。学习,乃至人生的道路,哪能总是跑步前进?哪怕是再艰难、再困苦,我也不能放弃。因为路,就在脚下!"犹记得那个孩子话音刚落,人群中响起了一片响彻星空的掌声。的确,学习,乃至人生的过程就有如这时起时落、高低不平的山路,于低谷坎坷之处,更应该懂得正视挫折,用积极的心态去对待挫折。但于我们同行的老师而言,更为之欣慰的是,一个个"娇娃娃"在这段艰辛的旅程中坚持了下来,他们收获了满途风景,更收获到了满腔的乐观和坚毅。映着火焰的光亮,是夜,星光璀璨,幸福洋溢。

当然,在这段旅程中,孩子们在文化知识方面也收获颇丰。于白云山巅上,林寿柏、林焕棠两位老师引导同学们回忆登山以来所观之景,就白云山的自然生物条件,分别给大家上了一节生动而富有实践意义的地理课、生物课;历史科的梁丽琪老师也为大家主讲了有关佛教、道教的知识;白云山风景区管理处的工作人员也积极热情地为大家介绍近几年风景区的建设发展情况,讲述有关白云山的神话传说。

赤日下的跋涉,星空下的畅聊,山顶上的欢呼……想必这些,都会成为孩子们一生中弥足珍贵的记忆。

图 4-2　征服山峰的喜悦

　　白云山的自然实践考察圆满完成后,经过两天的总结交流、休整及为下一主题做前期准备等活动,夏令营全体营员们又整装出发,前往晓阳镇的下辖村——前洋村进行社会实践考察。这一活动是夏令营期间最具特色和教育意义的一项内容。

　　前洋村四面群山环抱,背后便是巍峨的白云山。村口两旁是疏林修竹,其间溪涧流水潺潺,可望见稻田茶园,层层叠叠,高低错落。营员们一到前洋村,看见眼前这幅美妙的大自然山水画时,步行几小时的疲惫顷刻间烟消云散。山坡上,梯田里的青苗已透黄了;满山的茶树早抽出了嫩芽;村里,各式各样的民房鳞次栉比,叮叮咚咚的山泉水顺着一条条管道源源地流进每户人家院落里的水缸中;房前的鸡鸭步履蹒跚,见到孩子们,也拍着翅膀,"咕咕""嘎嘎"地叫着,似在欢迎我们一行;远处,土屋之侧,古榕之下,一群村民正围坐着闲聊,有持着旱烟袋的老汉,有青壮年,还有抱着幼婴的妇人,好一幅"小桥流水人家"的画面。

　　为策划这项活动,我们和前洋村委做了较充分的沟通。我们到了之后,村民们竞相转告,不一会儿,几乎全村人都跑来探个究竟,有些村民还主动上前帮孩子们拿行李,或拉着同学们的手嘘长问短。乡亲们的热情纯朴,让人潸然动情。

　　在前洋村的一天时间里,营员们三五成群,以自由组合的形式分散寄住在村民家里(要求学生自己组队找房东),与房东大伯大娘同吃、同住、同劳动。当时恰逢采茶时节,有的组便随着村民们早起上山,进行采茶活动。次日清晨,孩子们戴上斗笠,背着竹篓,手臂上盘着一条湿毛巾,一个个挺了挺那因为竹篓压得而略有些弯的腰,活脱脱的小茶农的形象。

　　当时我跟随的是由一位老大娘和我们的五名营员组成的"采茶小分队",与大娘同走在崎岖的山路上,十六七岁的孩子们反倒有些落后,没走多远就气喘吁吁,没法像刚上路时那般谈笑风生了。再看大娘,却健步如飞,还不时回过头来搀扶摇摇晃晃的"小茶农们"。孩子们出发之时的几分豪气,早已耐不住沉重的双脚而飞得无影无踪,我也不禁在心中感叹道,"这采茶的路,也颇难走了一些,不知道孩子们能否坚持到最后"。庆幸的是,一路上孩子们虽有抱怨,但最终也坚持到了目的地,容不得大家休息片刻,大娘就开始传授采茶的技巧,一场紧张的挑战又即将开始了。

　　幼嫩的茶心几乎是笔直竖立着的,像是战士们手里的枪杆子。可那躲躲藏藏混在茶叶中的样儿又像娇羞的小媳妇,初次采茶的孩子们不得不睁大眼睛努力寻找。大娘向我们介绍道,"只要看到有 2 公分长的茶心就可摘下来",可是,真的有这么简单吗?身旁的孩子小心翼翼地伸出手,像只小蜗牛一般慢吞吞地拽根茶心,却差点连枝都给扯坏了,还弄得茶树瑟瑟发抖。另一个女生好不容易采摘了一枝,带着几分欣喜望望我,又望望大娘。呀!大娘手里已是满满一大把。望着大娘娴熟的动作——两手并用,轻重恰好,速度又快,不仅是孩子们,就连我,心中也产生了一丝敬佩和羞愧之意。我虽然出生于农村,小时候也跟母亲上山采过茶,但是"水平"很低劣。时间一分一秒过去了,太阳升得更高了,背上汗水湿透了孩子们的衣裳,有几位女生的腿也不慎被茶树边的荆棘割破。"老师,我好渴好累!"身旁的孩子向我抱怨道,但抱怨归抱怨,一整个早上,"采茶小分队"中,没有一个人提出要休息的要求,孩子们的脸上虽时有疲惫之意,但看着大娘忙碌的身影,也立刻打起精神来,谁也不愿提出休息,因为谁都明白这正是锻炼自己的好机会。

在采茶活动如火如荼进行的同时,另一拨营员跟随自己的临时家长,挑着担子前往田间给作物施肥。在前往茶园的路上,五连的几位同学更是自发地组成"攻坚"小队,抢起锄头,捡起石子,干起了修路的工作,得到往来村民的赞赏。

在与前洋村村民同吃、同住、同劳动的过程中,孩子们被村民的纯朴和古道热肠所感动。田间劳动时,给孩子们让出草帽,递出毛巾的是他们;家中休息时,给孩子们备饭备菜,嘘寒问暖的也是他们;夜间睡觉时,给孩子们架蚊帐、点蚊香、盖被子的还是他们。村民们对营员们送去无微不至的照顾和关怀,当"三同"活动结束,夏令营队伍行至村口将要离开时,我清楚地记得,一大群村民站在村口的老树旁为我们送行,在鞭炮的烟尘中,我似乎看到,孩子们的眼睛都是湿润的,而在"噼啪"作响的炮火声中,我也分明听到了一个孩子的呐喊——奶奶,我会回来的,一定会来看您的!

在夏令营活动的大本营——晓阳镇镇中学,我们还组织了营员与晓阳中学的学生开展"手拉手"结对子学习活动。营员们给小伙伴们送去学习文具、学习资料等,镇中学的学生也领着营员们到自己家中做客,熟悉了解他们的学习、生活环境。孩子们谈生活,谈理想,谈福安市区和晓阳镇上的教育现状,在夏令营最后的"总结汇报会"中,每谈至此,每一位营员们的活动感言总能引起在场所有人的共鸣与掌声。

有同学发表了对晓阳镇教育现状的理解与思考——

在谈话中,我了解到了当地人有的封建观念至今还非常浓厚,重男轻女的

图 4-3　"三同"活动学生在老乡家

现象十分严重,女孩子上初中就很不错了,可是到了十七八岁就免不了要被嫁出去了。我们还坐在教室里无忧无虑地学习,可我们的同龄人竟然去做了新娘,她们没有了学习的机会,没有了成为"金凤凰"的机会。晓阳经济落后,交通不便是一个原因,可人口素质还没能提高,它能发达吗?或许这些新娘中有女企业家、女科学家……但都被过早地扼杀了。

　　更多同学带着满腔的热情,分享自己的真实的感受,立下勤奋学习、为振兴中华努力拼搏的誓言——

　　想想他们看看自己,我从一个牙牙学语的小娃儿到成长为一名中学生,一直感受着来自父母、老师和同学的暖流和关怀。我用不着为交不起学费而彻夜难眠,不为吃、穿担忧,没有任何精神负担,可自己在如此优越的条件下,不努力学习,以一种"做一天和尚撞一天钟"的思想对待学习,且变为依赖性强、懒惰的姑娘,和他们比比,我不觉得惭愧吗?我还有什么理由不好好学习,还有什么借口说自己读不好书?

　　每一次发言,都引起了雷鸣般的掌声,每一阵掌声,其实也都透露出营员们思想在慢慢成熟,心灵在逐渐成长。在"总结汇报会"的最后,郑锋同学饱含深情地向大家讲述了他的"对子"——晓阳中学林桂芳同学的家庭不幸,即将辍学的遭遇,在林立同学的提议下,不少同学纷纷解囊相助,在短短几分钟时间里募集了 400 多元,并连夜送到这位农村同学手上。

返校的那一天,许多孩子对晓阳镇恋恋不舍,留下了深情的泪水。在这个远离市区的乡镇,虽然没有亮丽堂皇的卧室,没有精挑细选的佳肴,也没有父母的千依百顺和精心照料,有的是用课桌拼成的临时床铺,有的是用一口大锅煮成的"大锅饭",有的是在山间长途跋涉、在田间挥汗如雨的经历。但在这里,在田野阡陌中,孩子们望着被生活压弯腰背的老农,正叱喝着黄牛,拖住黄昏,他们理解了"脸朝黄土背朝天"的艰辛,恍然明白了"锄禾日当午,粒粒皆辛苦"的真实含义,读懂了老农被岁月刻下的满脸沧桑;在田家农舍中,孩子们看到那些弟弟妹妹,因为家庭生活拮据而早早辍学,忙碌于家务农活,其父母眼中流露出的惋惜、歉意、无奈与羡慕时,知道了天下父母心,知道了望子成龙代表了多少父母的心声,知道了爱的深沉与伟大;当陋如牛舍的教室出现孩子们的面前,并且得知就在这土屋中曾培养出几位大学生时,我想,没有一位学子还能原谅自己对岁月的蹉跎,对学习的放纵。

中国有句古话,"读万卷书,行万里路"。在为期 9 天的夏令营活动中,福安一中孩子们所走过的路,虽没有"万里之远",但这期间的经历,却是他们在成长过程中的全新体验,是他们在人生道路上迈出的"关键一步";孩子们在夏令营期间所读的书,虽远远没有"万卷",甚至连"一本"的标准也难以企及,但这 9 天,他们行走在无边界的教室中,把自然当作课堂,把世界当作教材,在"生活"这部卷帙浩繁的书中,遇见了更好的自己。

其实,这次的夏令营活动不仅给孩子们带来别样的收获,作为领队教师,我自己也深感受益颇丰。从八年前站上讲台,投身于教育行业的那一刻起,我就时常思索:身为教师,我们能教给孩子们什么?我们应该教给孩子们什么?教好当下考试大纲内的知识,教科书上的学问就够了吗?明显不是!生活之树常青,而理论往往是灰色的。任何知识和学问如果只囿于纸上,只满足于理论上的体系建构和逻辑自洽而不关照现实生活中的变化,必将走向僵死之路。既然理论与实际的两相结合势在必行,那么又该何以实现,且能够完美实现吗?数年来,这一忧虑一直萦绕在我的心头,而这次夏令营的举办,恰恰使我多年的疑问得到了积极的回应,就是实现这一目标的成功途径之一!这次的成功实践也使我更坚定了当初的想法——唯有为学生深入社会生活、进行社会实践提供机会和平台,才能引导他们更深刻地理解所学知识,更细致地认识自己,更深入地感受自己所处的时代和社会,教师也才能更好地帮助学生树立正确的情感、态度、价值观,为他们的未来学会做人,走向社会,发展创造奠定坚实的基础,真正实现"教书育人"的目标。

另外,在教育方针的层面上看来,这次夏令营活动,其实正是当下大力提倡的"素质教育"的一次成功尝试。"决定人类命运的最重要的因素是人的素质,不仅是精英人物的素质,而是几十亿普通地球居民的平均素质。"20 世纪70 年代以来,实施素质教育已成为国际教育改革和发展的共同趋势,当下更是如此,通过实践活动,加强学生实践能力、合作共事能力、思维能力、创新能力等各方面的能力,更是素质教育的题中之意。这是一个需要思考力的时代,吸收知识、获得知识是很重要的,实践也很重要,在获得知识的过程中,要结合实践,加强思考,如果这两个方面都做好了,有所突破,14 亿人的基本素质、核心素质提高了,人才是不成问题的,人才就诞生其中。这大概就是陶行知所说的"生活即教育,社会即学校"理念的践行方式之一了。

后记

举办夏令营至今,已二十年有余。时隔已久,其中诸多细节实在难以一一回忆,由于篇幅限制,活动期间的诸多感人之处,如几位老师"以身试险"预先进行野外考察等,也难以细细道来。我只能凭着自己的记忆,对照当时夏令营筹备策划组编辑的《走进社会,走进生活,走向新世纪》文集,撷取几项特色活动简而述之,上文所引的诸多内容,即是来源于此文集。以下展示文集中的几篇学生佳作,一来,更直接展示学生们的所见、所闻、所感;二者,也聊以弥补上面提到的几处缺憾,让大家对二十多年前的这一实践活动有更加细致的了解。

佳作一:

爱拼才会赢

作者:黄雯(二连)

"只要坚持不懈地拼搏,你就一定会胜利。"这句话我很小的时候便听过。然而,这次求实夏令营里攀登白云山,才让我真正理解到这句话的含义。

白云山,这座海拔 1448 米,闽东最高的山,吸引着无数的游客,然而它的山高路陡又令人望而生畏。但"明知山有虎,偏向虎山行"的思想感染了我,我下定决心,一定要努力登上高山。

路的确不好走,很滑,很陡,稍不小心就会跌倒。平日,缺乏运动的我,只走了一会儿,脚便像灌了铅似的,沉极了,提起它,非费大力气不可,呼吸也越发困难。望着高耸的白云山,我顿生"望洋兴叹"之感。前面的同学好像也累了,脚步放慢了许多,直呼要休息。路两旁的草丛里,虫子的鸣叫声断断续续,像在给我们打气,"加油,加油,走过去,前面是一个明朗的天"。是啊,"无限风光在险峰",路越是艰险,相信它的风光一定更不寻常。我鼓起勇气,迈开大步前进。终于又顺利地通过了一段路程。但是,好景不长,不一会儿,我便又松懈了。我只觉得双脚发麻,汗如雨下,被太阳晒得通红的脸,像燃起来似的,一阵阵发烫。我真想坐在路旁,休息几个小时,可我们的纪律不允许。我开始后悔自己加入夏令营的队伍,在家里多舒服,热了,有电风扇;渴了,有凉茶。可当我见到那位82岁的老爷爷,我为自己的想法羞得无地自容。那位老爷爷正在修一段山路,我们登山的那一天,正是他开工的第一天。他对我们说,他一定要用余生精力,修好这一段路。他相信自己一定会实现诺言。面对这位老爷爷,我还能说些什么,82岁的老人可以为自己的诺言不懈努力,我还有什么理由说自己登不上高山呢?我转过身去,面对我的是一座不知名的陡峰,它高巍地立着,像是在笑我没有登上白云山的勇气。我怒了,挥起了拳头,我一定要登上山巅。我又迈开了脚步,进行最后的冲刺。我用尽了全力去拼,我不愿服输。"功夫不负有心人",经过近三个小时的拼搏,我登上了高山。

山上,大雾弥漫,渐渐,同学彼此间看得不再清晰,说话的声音也在减小。然而,我却清楚地听到一个声音在回荡:"只要坚持不懈地拼搏,就会胜利。"是的,通过这近三小时的锻炼,我充分了解了这句话的含义。人人都渴望胜利,盼望星光灿烂日子的出现。然而,任何的成果都必付出代价,成功必须有锲而不舍的精神。只要有这点精神,相信星光灿烂的日子定会如期来临。

佳作二:

"硬板床上"的苦与乐

作者:张艳(二连)

"哎呀,这是谁的脚,怎么放在我的头上?"寝室里玮洁的一句话,把大家都吵醒了,接着就是一阵女孩子们银铃般的笑声。

这就是短暂的夏令营生活中的一个小小的花絮。几乎所有的营员都有这样的体会:九个日日夜夜的夏令营生活,最让人难忘的是夜晚。睡惯了"美的梦""席梦思"的我们来到这儿,只能躺在冷冷冰冰的由几张课桌拼凑而成的临时床铺上度过每个夜晚。刚开始,十分不习惯,特别是我的"窝"是全寝室里最差的一个。高矮不一的课桌让我每天早晨起来都感到腰酸背疼,当时,我真想回家。

但是,乐趣总是大于苦趣。第一次与十几个同学在一个房间里就寝,总感到十分新鲜,时时充满欢声笑语。有时,入睡前,头还是朝东,第二天早晨起来,发现整个身体来了一个一百八十度大转弯,头已经朝向了西方;睡在窗口的同学看到两棵树和忽明忽暗的火点,马上浮想联翩,说是什么"树妖""鬼火",吓得胆小的同学尽往被子里钻。

有一天晚上,天气十分凉。黄雯冷得受不了了,于是一直往黄为那儿挤,黄为便向外挪。就这样,一个进一个退,黄为被黄雯挤下了"床"。还好当时有被子包着,摔下床也不觉得痛。事后,黄为将此事告诉我们,我们都笑得趴在了床上……九天的夏令营生活虽然短暂,却是充实的,我们获得了巨大的收获,尤其是第一次过集体生活,那一串串来自于"硬板床"上的笑声,将永远铭记在你我心中。

佳作三:

我与同龄人

作者:何彩平(三连)

来到前洋村,第一眼映入我眼中的是座破烂不堪的房子。走进去一看,像牛棚似的,很阴暗,没有桌子,只是在墙壁上留下了粉笔灰,看到这一切似乎感到很熟悉。后来经村民介绍这就是村小学。这使我想到了很多很多。

当我刚进入小学时,村小学摇摇欲坠,里面摆着几张桌子,墙上挂着黑板。这就成了我们三个年级共十四个学生的教室。在这样的环境里,我们愉快地学习着。可是有一天,无情的暴雨把学校的墙给冲塌了。一时间,我们这群孩子成了"流浪汉"。后来就寄读在一户人家的正厅里,在这样的学习生活中,我度过了三年。

四年级时,我转入镇中心校学习。每天早上都要走半个多小时的路程,一遇到下雨,一路上非得摔跤不可,这样难免有时衣服脏脏的。同学瞧不起我,一定要争气,我暗暗地下决心。难道就这样让人瞧不起吗?终于我以校第一的成绩考入镇中学。同学们都向我投来赞许的眼光。经过初中三年的努力,我以485分的成绩考入市一中,在这里编织着我的大学梦。

但儿时的多个伙伴的命运却不是这样,他们因为家里穷,不得不辍学,为父母分忧。都说"穷人的孩子早当家",儿时的伙伴个个如此。凤琴就是我儿时的伙伴,当八中初中部录取通知书寄到她手上时,她很高兴,但更多的是忧愁。殊不知本来应高兴的父母,此时也是忧虑重重。因为她哥哥也收到了一张录取书,是地区民中的。这几百块的报名费叫她母亲怎么拿得出呢?况且还有妹妹要念书,两个还不满十六岁的妹妹毅然把读书的机会让给凤琴和她哥哥。去年初中毕业,我上了高中,而她却辍学了。暑假期间,我回家听妈妈说她订婚了,是父母包办的。为什么?我不信。毕竟只有一年,我还在读书呀。

夏令营在贫困村前洋考察时,我又看到了像我村中学校一样的房子,了解到那里还有许多同龄人失学,在外打工。

当我把这一切告诉夏令营营员们时,他们都陪我流下了眼泪。与同龄人相比,我是幸运的。不仅因为今天我在这宽敞的教室中学习,还因为我与许多同龄不一样,有一段平凡而又不平常的经历,我经历了他们没有经历的磨难。

在此,我想提醒就学的同龄人,在偏远的山区还有许多同龄人失学,他们很羡慕我们。我们应该好好学习,不要再过着碌碌无为的生活了。这一次期考成绩就是给我的一次警钟,毕竟与那些失学的同龄的人相比,我们是幸福的。

前程似锦,来口方长,我们只有抓住今天,才能创造美好的明天。愿我们立志振兴中华的同龄人都站在今天这片坚实的大地上,努力从今天做起!

佳作四:

哪里见过这样的老师

作者:郑燕(六连)

从小学到初中再到高中,感觉上是老师越来越严肃、刻板,让人望而生畏,平时在校内,严明的师生关系使我们和老师之间的距离相当远,感情上也有些生疏。可是,这次夏令营中,当我们走出象牙塔,去感受外面的世界,和老师们朝夕共处,才发现他们是如此可爱,我们从没走得这么近过……

我们感受最深的,首先是这吃和住。这次活动中,老师们确确实实是做到了和我们吃在一处、住在一处。我们实行的是分组吃饭制度。由于刚开始时还没建立好秩序,有些菜往往不够分,每次都是其他桌子都分到了才轮到老师那一桌。菜自然少得可怜。可有的时候分到最后,什么都没有了,老师们就等我们吃完后,吃我们剩下的菜,这样的情形,我们每个人都看见了。给我印象特别深的一次,阮英老师有事来迟了,菜早已被扫荡一空,她就吃着我们吃剩的一截鱼头吃了一餐,我们看在眼里,心里不知是什么滋味。这就是我们的老师,毫无怨言,那么多天一直坚持了下来,他们用自己的言行给我们做出了榜样。我们吃什么,他们就吃什么,这就是我们的老师!

夏令营的条件并不是很好,我们是寄宿在晓阳镇中学的教学楼里,说是教学班,其实不过三五间教室,一百多号人到那里,顿时显得拥挤不堪。几十张破落落的桌子拼在一起,铺上草席,就是我们的落脚之点。大家正唉声叹气地发牢骚,门开了,我们的老师走了进来,笑眯眯地把铺盖整理好。能相信吗,平时高高站在讲台上的老师会和我们一起睡在这硬木板上,真的,我们真的很感动,在这困难的条件下,师生之间的距离一下子拉近了许多。

如果有人夜间醒来,见黑乎乎的窗外有束亮光,别惊疑,那肯定是刘泽惠或是赵祥枝老师带着值班营员在夜巡。老师们怎么不太爱睡?"躺着有点不放心,睡不着,就起来四处看看……"赵老师一句朴实的话语道出了那些睡不香、睡不好的老师心中的"秘密"。

五、活力数学，奔跑人生

今年三月份的时候，福建省教育厅官网发布了关于第十二届"苏步青数学教育奖"获奖候选人的公示，多个微信群里的祝贺且不说，省内多家媒体接连转发及评论："福厦两位教师获（中学）数学教育最高奖提名"，"厉害了我的校友，（中学）数学教育最高奖提名者里的'最美教师'"。

其实我清楚，从事中学数学教育优秀的老师很多很多，能够跻身候选人的行列，我已经感到非常荣幸，在评选中若能再得个二等奖我已心满意足了。在信心不足且不敢奢望高级别奖项的情况下，没想到理事会给了我一个意外的惊喜：一等奖！

可想而知，我是何等的兴奋，甚至比近期获得的"福建省首届最美教师""福建省杰出人民教师"还高兴！同时，我心里很明白，与往届获奖的及在座的许多老师相比，我还有很大的差距，比如往届获奖的孙维刚、张思明、任勇、王永、李必成等老师都是我的偶像。所以，我不敢骄傲。在此，我慎重表示：请理事会放心，我一定会珍惜这个荣誉，"苏奖"一定会成为我继续努力的一个新起点。在这个新的起点，我会重新出发，继续努力。

在这个庄重又特别专业的场合，我向大家分享我在中学数学教育领域的一些心得。先汇报我的教学主张。

一

福建省首届名师培养工程于 2011 年 8 月启动，2012 年 8 月教育厅要求每位培养人都得提出自己的教学主张，并围绕教学主张系统地开展研究。工程专家委员会主任余文森教授专门为此撰写了《论名师的教学主张及其研究》的指导性文章,指出:无论是名师的成长还是名师的培养,主张的提出是关键,主张的研究是核心。当时大家都感觉到这项工作难度不小,我哪有主张啊?可是没办法呀,再难做也必须做,一者是为了完成任务;二者也感觉到有必要整理出自己关于这方面的一些东西出来,毕竟从事一线数学教学都快30年了,之前这方面的思考确实不多,有的话也是些零星的想法或教学经验,作为主张而认真地提出,说实在的,也没有这个意识。借此机会就作为总结和反思吧,做得好的话对自己的提升会有帮助的。

首先,我必须明晰什么是数学教学。

关于数学教学,至今依然沿用斯托利亚尔在《数学教育学》的论述:"数学教学是数学(思维)活动的教学。"我认为,这句话指出了数学教学的实质。

相应地,数学学习实质上就是学生在教师的指导下,通过数学思维活动,学习数学家思维活动的结果,并发展数学思维的过程。

同时,我也反思了当前我国数学教育教学的现状。

众所周知,我国的基础教育,尤其是数学教育有许多令人称道的优良传统,如注重基础知识的夯实和基本技能的训练。然而,当前数学教学的某些现状及效果也存在令人担忧,最大的问题是课堂的思维含量低。

在学的层面上,学生的思维没有得到有效的引发和训练,相当多学生的思维表现出明显的单一和统一。他们只会解决些基础的、常规的并且训练了多次的问题,对改变了情境的或思维能力要求稍高的问题就束手无策,更不用说是创新思维的问题了。

在教的层面上,相当多的教师还是严守长年不变的教学方式,极少关注学生的思维;有些教师虽然也意识到了思维能力培养的重要性,但如何引导学生有效地思维没有进行深入的思考,也就缺少科学的措施和策略。他们认为,数学思维教学就是让学生紧跟老师的思维,就是将解决问题的思路详详细细地告诉学生。尤其需要指出的是,信息技术的发展又带来了一些新的甚至是更严重的问题,比如一些教师对多媒体等教学资源的使用上存在误区,课件很精美,很动感,很吸引学生,可整节课是在展示PPT,教PPT,很少有学生自主的思维。我认为,这样的课,先进的信息技术在提高数学课堂某些方面的效率的同时也成了剥夺学生思维机会和权利的帮凶。

上述在数学教学中,产生种种错误认识与偏颇行为的根源正是教师违背数学教学本质,结果是学生的大脑要么成为"思维的荒地",要么过多地由老师控制着,或者说学生是在"被思维"着。

再回想我自己的教学历程。

1987 年我走上了讲台，当我不太明白如何教的时候，我参加了福建省普教室王永老师(第二届苏步青教育奖获得者)和福建师大余文森教授主持的"福建省'目标-掌握'教改试验"。这期间，两位老师对我的影响很大。在教改试验的总结中，我由衷地感悟：跟着"目标"走，这三年减少了我至少 10 年的摸索。

当我在教学上逐渐成熟以后，我开始琢磨怎样更好地教学。为什么教我高中数学的朱美亭老师，以及我的同事张鲁青老师、李迅老师等的教学效果那么好，而且又那么受学生欢迎和崇拜？我发现，他们共同的特点是善于引导学生思考，关注学生的思维培养与发展，这是他们教学之所以成功的根本。

我抓住了重点，并努力地践行。

1993 年起，我作为主力成员参与了"福安一中学科尖子培优工程"，并担任所任教年级数学兴趣小组指导工作，也就是现在所说的学科竞赛主教练。之前，我只是助手，现在要独当一面，内心忐忑。但是新手有新手的好处，一是逼我去努力思考，二是和学生们一起讨论。一年后在 1994 年的全国高中数学联赛中取得了很好的成绩，9 人获得福建省赛区一、二、三等奖(当时，全省一、二、三等奖共 50 人)。

图 5-1　1994 年全国高中数学联赛获省赛区一、二、三等奖的学生

旗开得胜后我做了总结,其中关键的一点是学生的思维能力培养起来了。

1995 年 9 月,学校安排我担任 1995 级的年段长,由于另两位数学教师第一次从事高中教学,我只好兼任年级数学备课组组长和学科竞赛主教练,虽然各类事务性工作耗费了我很多时间和精力,但在教学上我更加重视并更有效地发展学生的思维能力,在 1997 年的全国高中数学数学联赛中成绩更为突出;1998 年高考中,本届学生再次创造了辉煌,数学学科做出了重大的贡献。

从那以后,我更加坚定地培养与发展学生思维能力,由此取得丰硕的成绩。迄今为止,仅在学科尖子培养方面,直接指导的学生有 20 多人次获国家级奖,50 多人次在全国高中数学联赛中获得省赛区一等奖,150 多人次获省赛区二、三等奖,在其他一些省级数学竞赛中也有上百人次获奖。在我的学生里,有一大批从事数学或与数学相关度很高的专业,而且发展趋势很好。

图 5-2　2015 年中国数学奥林匹克获奖的学生和老师合影

促进我的教学主张形成的老师有好多位,除之前提到了我的同事外,这里重点介绍两位。

1998 年我负责福安一中教科室工作,比较关注教育教学动态。我在《教育研究》(1997 年 9 期)看到了叶澜教授的《让课堂焕发出生命活力——论中小学教学改革的深化》,这篇文章对我触动很大,在我的教育生涯中产生了深远的影响。我深刻地认识到，与思维息息相关的数学课堂应该让思维"活"起来。从那以后，我更加关注自己的教学并努力践行这一理念，并于 2010 年 10 月在《数学通讯》上发表了《让数学课堂焕发出生命的活力———一次课堂突发事件的处理及反思》。

2000 年 10 月，我参加了骨干教师国家级培训(北京师范大学基地)。有一天，我们全体学员到北京 22 中观摩孙维刚老师(第四届苏步青教育奖一等奖获得者)的课，之前对孙老师有过一些了解，但是进入课堂，感到有些惊讶，面前准备上课的是初二的学生，怎么上立体几何的内容———多面体？关于凸多面体的定义，教材中的表述是：把多面体的任何一个面伸展成平面，如果所有其他各面都在这个平面的同侧，那么这个几何体就是凸多面体。孙老师问学生能否给出新的定义？经过一番的探讨，在老师的不断追问和启迪下学生给出了多个定义，其中一个印象特别深刻：一条直线穿过该多面体最多有两个交点……这节课让我们受到了极大的震撼，一般来说听完课后，听课老师们都会交流一些自己的看法，而这次我们一路上都在思考，没有交流，只有震撼。此后，我更加关注孙老师，一所区属的普通学校如何能让全班 55％的学生考上"清北"，这不仅是震撼，简直是奇迹。

一段时间的思索后，我猛然发现，孙老师的课堂才真正富有生命活力！

我知道我无法达到孙老师的境界，但我已经看到了方向。

我再反观自己，我乐观外向，喜欢交流，喜欢思考，平时的课余生活我喜欢运动，尤其是长跑，是个马拉松爱好者，拥有厦门马拉松永久号码。人们看来我充满活力，好像有使不完的劲，都夸我心态好，碰到我，我总是脸上带着微笑，这些个性特点也反映在我的课堂上。我想，何不将我的个性特点和我的爱好融汇在我的课堂教学中，让我的课堂教学也充满活力呢？

经过一段时间的认真思考，在省名师培养导师(任勇老师等，任老师是第四届苏步青教育奖一等奖获得者)及同行的指点下，基于数学教学的本质和个人个性特征及教学风格，也针对当前数学课堂教学思维现状等因素，我提出了自己的教学主张：活力数学———指向思维能力发展的数学课堂，并将这个教学主张作为自己的一个课题来研究。

开始，我并没有以此申请立项，在为自己的教学主张寻求理论支撑的同时，我先后申请了以"活力数学"相关的课题："高中数学思维教学有效性研究"(2012 年度厦门市是"十二"五规划课题)、"高中数学思维策略研究"(教育厅课题)、"以思维能力为导向的数学探究性学习研究"(教育厅名师工程专项

MSZ11013)、"以对话教学促进学生数学思维发展的研究"（福建省"十二"五规划 2015 年度课题）等，多篇课题的相关成果在《数学通报》《中学数学教学参考》《数学通讯》等核心期刊和优秀期刊上发表。

2018 年 7 月 3 日在名师领航工程东北师大基地举办的"基础教育名师汇谈——我的教育教学主张"中我将"活力数学"教学主张向各位导师做了汇报，得到了较为充分的肯定，也获得了中肯的建议。经过几个月的反复思考，以及利用再次（2018 年 11 月）到东北师大学习的机会，在导师们的耐心指点下，我对我的主张做了充实，增加了许多实质性的内容。

图 5-3　教育部首期名师领航班课题开题

以下是我秉持的"活力数学"的大意：

活，原意生存，有生命的，能生长；活力，指有旺盛的生命力。"活"与"死"相对，奄奄一息还是"活"着，但不能称为有生命活力；没有了活力，生命即将结束。

"数学教学是数学（思维）活动的教学。"人的思维活动是运动的、发展的，所以数学是有生命的，数学教学应该充满生命活力。

"活力数学"不刻意追求课上表面的热闹，而是致力于营造和谐的氛围，更好地激发学生学习数学的兴趣，引发学生积极思维，发展和完善良好的思维品质。也就是说，"活力数学"的核心是思维的活化，关键是激发学生学习数学的兴趣与思维潜能。

我提出了活力数学的教学原则、活力数学的动力源泉、活力数学的课堂特征、活力数学提倡的教学方式、活力数学的教学实践、活力数学的案例分析、活力数学与教师的成长等。

二

随着课题研究的逐步深入，我愈发觉得"活力数学——指向思维能力发展的数学课堂"的价值和意义。但曾经一度也出现了困惑，原因之一是来源于《普通高中数学课程标准》（以下简称《标准》）的修订。

关于数学思维能力，《标准（实验）》做了较为明确的表述：高中数学课程应注重提高学生数学思维能力，这是数学教育的基本目标之一，数学思维能力在形成理性思维中发挥着独特的作用（基本理念4）。而《标准》（2017版）的四条理念中没有提及数学思维能力，对数学核心素养的界定是："数学核心素养是数学课程目标的集中体现，是具有数学基本特征的思维品质、关键能力以及情感、态度与价值观的综合体现，是在数学学习和应用的过程中逐步形成和发展的。基于高中数学课程性质和教育价值，数学核心素养包括数学抽象、逻辑推理、数学建模、直观想象、数学运算和数据分析。"其中，虽然强调了"思维品质"，在六大核心素养中也没有明确提出数学思维能力。

我再进一步细读，发现文中出现关于"思维"的句子明显不多。为了证实我的感觉，我在查找工具中输入"思维品质"，显示10项，输入"思维能力"，显示5项，输入"数学思维能力"，显示0项。这时，我就有点"虚"了。

《标准》（2017版）正式发布前，许多专家学者的讲座及文章对数学抽象和逻辑推理的界定是：数学抽象是指舍去事物的一切物理属性，得到数学研究对象的思维过程；逻辑推理是指从一些事实和命题出发，依据规则推出其他命题的思维过程。那时心里还比较踏实，因为"数学抽象（逻辑推理）是……思维过程"。而正式版中以如下格式定义："数学抽象是指通过对数量关系与空间形式的抽象，得到数学研究对象的素养。"所以，我的困惑加深了：难道思维真的不重要了？

我开始关注一些学者的观点。

吕世虎教授（课标组成员）在《数学核心素养的内涵及其体系构建》（《课程

教材教法》,2017 年 9 月)中将数学核心素养的体系划分为由低到高的四个层面:数学双基层、问题解决层、数学思维层、数学精神层,构建了"数学核心素养体系塔"。他认为,"数学思维层"主要包括个体在经历系统的数学学习和利用数学知识与方法解决特定情境中的问题后,通过体验、认识、内化形成较为稳定的数学化地理解问题和解决问题的思维方式。基于以理性思维为主要构成的数学思维在数学核心素养中的独特地位,有必要将数学思维层作为数学核心素养体系的重要构成部分。由于数学思维主要体现为抽象、逻辑和直观思维,所以足以说明数学思维层(包含数学抽象、逻辑推理、直观想象)的地位。

　　郑毓信教授(南京大学哲学系)也十分关注数学核心素养。他对"数学核心素养"做出如下解读:我们应当通过数学教学帮助学生学会思维,并能逐步学会想得更清晰、更深入、更全面、更合理,包括由"理性思维"逐步走向"理性精神",并认为"思维的发展"看成"数学核心素养"的基本含义(《数学教育视角下的"核心素养"》,见《数学教育学报》2016 年 6 月)。

　　当然,我最关注的是课标修订组组长史宁中教授的观点。

　　为此,我认真研读了史教授的相关论著及文章,幸运(兴奋)的是,在教育部首期名师领航班的学习中,东北师大基地为我们聘请到的首席导师就是史宁中教授,所以我们有多次机会当面请教史老师。史教授认为,"数学抽象⋯⋯素养"的界定模式只是为了突出核心素养,数学核心素养没有弱化数学思维的发展。

　　史宁中教授特别强调用"三会"的意义,并用"三会"来概括数学教育终极培养目标:会用数学的眼光观察世界,会用数学的思维思考世界,会用数学的语言表达世界。史教授在《高中数学课程标准修订中的关键问题》(《数学教育学报》2018 年 2 月)对"三会"做了明确的解读:"数学的眼光就是数学抽象,数学的思维就是逻辑推理,数学的语言就是数学模型。与数学抽象关系密切的是直观想象,直观想象是实现数学抽象的思维基础,是人在思维的过程中逐渐形成的思想方法和思考能力;数学运算是逻辑推理的一种特殊的形式,而且其重要性不言而喻,因此在高中数学阶段,把直观想象和数学运算作为数学核心素养的要素提出。"刘来福教授在刚才为我们所作的报告《关于中学数学建模》("苏奖"颁奖仪式特邀报告)中还特别强调:数学建模需要坚实的数学思维功底。由此我们可以看出六大核心素养中每一个都离不开数学思维。

　　通过学习和反思,我的困惑得以释怀,并认为数学思维的发展是培育数学核心素养的根本着力点,从而更坚定了我的教学主张。

三

"活力数学"的提出，最初是基于优秀生培养经验的总结提升，所以我先谈谈这方面的个人经历及体会。

福建人口基数不大（3800多万），大学不少，升学压力与人口大省相比小了许多，学生的幸福指数相对高一些。厦门市的义务教育阶段采用严格的电脑派位入学，高中招生时没有学科竞赛特长生。所以，从小学到初中，学校和家长都不太重视奥数。到了高中，我们面对的学生绝大部分之前都没接触过奥数的相关培训，可以认为是零起点，在这种情况下，就必须慎重考虑优秀生培养工作的定位和培养方案的有效性。

我认为，数学提高班（我把数学兴趣小组简称为提高班，下同）学习只是优秀生数学学习的第二课堂（或称校本课程），因为教练老师无法保证参训学生一定可以取得赛区一等奖或国家级奖，所以我要求学生一定要摆正与第一课堂的关系，尤其要重视语文和英语课的学习。我要求提高班的学生总体学业成绩需位于年级前列，若出现学生某次总体学业成绩不太理想，我会和他认真分析原因；若某个学生因数学提高班的学习而对其他科的学习产生较大影响，且在一段时间内无法补上，我会劝他退出数学提高班。在我负责的提高班的学生中不会出现"短腿"现象，即便有人竞赛失利，他们在高考场上依然是足够出色。我认为，数学提高班不是全力去拼竞赛，"应试观"的说法是定位于竞赛、自主、高考"三位一体"培养，"素养观"的理解是着力于思维能力的发展。总之，我们的尖子生的培养是"绿色"的、"健康"的。

在数学提高班的教学过程中，有几点我感悟较深。

这是一项思维挑战的学习。

我们知道，如果一个人长期置于没有刺激、没有挑战的环境中，即便原本素质多么优秀，长此以往，也将逐渐沦为平庸。

在只为应对现行高考的数学课堂里，为了照顾大部分学生，教师的教学起点往往立足于中等生，对思维优秀的学生来说，课上的内容已经无法激起他们思维的火花，他们的时间在白白被浪费，可以说，他们已经成为或即将成为课堂教学的"弃儿"，这样的教育对他们来说是不公平的。

　　作为第一课堂的延伸,数学提高班应致力于营造良好的学习氛围,创设具有挑战性的学习任务去引发学生的思维火花,激发思维碰撞,在高层次的思维训练中完善思维品质。也可以说,数学提高班的学习指向高阶思维学习。

　　这是需要深度思考的学习。

　　学习,离不开思考。对思维挑战性要求较高的学习更需要深入的思考。

　　"从专业角度看,思考分两种类型:一种是花费较短时间的即时思考型,另一种是较长时间的长期思考型。所谓的思考能人,大概就是指能够根据思考的对象自由自在分别应用这两种类型的思考态度的人。但是,在现在的教育环境不是一个充分培养长期思考型的环境……而没有经长期思考型训练的人,是不会深刻思考问题的,无论怎样训练即兴性思考,也不会掌握前面谈过的智慧深度。"

　　以上是郑毓信老师在《"数学与思维"之深思》(《数学教育学报》2015 年 2 月)中的一段话,文中郑教授做了注释,指明这段文字引自代钦教授《对日本精英教育的怀旧及其借鉴作用——日本数学家藤田宏教授访谈录》(《数学教育学报》2010 年 4 月),访谈录中腾田宏先生说这段文字是 18 年前阅读的世界著名数学家、菲尔斯奖获得者广中平佑的自传《创造之门》中写到的。一段文字不断被名家引用,足见其分量之重!

　　著名数学家姜伯驹先生在回答"什么是数学对自己最重要的影响"时给出如下解答:数学使我学会长时间的思考,而不是匆忙地去做出解答(教育频道,2011 年 5 月 2 日)。

　　2002 年诺贝尔经济学奖得主康纳曼(D.Kahneman)的一部名著《快思慢想》(2011 年英文版,2012 年中文版)现在依然畅销。在我国,教育确实过于强调"快思"了,就说我们现在的高考模式下的数学试题,2 个小时答 22 道题(连同一题多问共 28 题),这样,平时的教学对许多问题的训练要达到一看就有结果的程度,课上很少有时间让学生思考,"海量"的作业也没有机会让学生有较长时间的思考(除非不会写在那"磨"时间)。许多名家、学者也在呼吁教育需要"慢想"(未来高考的出题模式应该改革)。

　　数学提高班里的训练题一般不会有一看就有答案的题目,而是具有一定思维挑战的问题,需要学生较长时间深入、认真地思考,有的问题甚至思考几天还未必有结果(但这是有意义的)。对一个数学爱好者来说,当一个具有挑战性的问题被自己攻克以后都有一种难以用语言表达的成功和幸福的快乐(回味无穷的享受),这种快乐会进一步激发自己去思考另一个更具挑战性的问题,数学学习兴趣就是这样的体验过程中逐步培养起来的。

这是需要意志力支撑的学习。

我们也相信，天资聪明的学生在学习中有优势，但仅仅凭靠天生的高智商就轻松取得成功是不可能的。若想对数学有深入的理解或想在数学领域里有所建树，在较高层次的数学研究和学习中，即使是拥有比常人高的智商，也需要投以十分的努力。学好数学是艰苦的，也是快乐的。而意志力品质薄弱的人没有资格享受这种特殊的幸福。因此，要学好数学，就一定要有坚强的意志力品质。而坚强意志力的支撑，就需要充沛的精力和体力，这对于强度较大的数学提高班学习尤其如此。

如何培养人的意志力和体力？

我的答案是：长跑。当然，这也是我的爱好！

提高班（一般是在下午后两节及周六或周日）课后，我就把学生带到田径场继续上"跑步课"。起初，总有人不喜欢跑或跑不动，一段时间后，那些原本跑一圈都气喘吁吁的同学五圈跑下来也不是难题；那些原本对跑步没兴趣的慢慢地也喜欢上了。大家有了一定基础后，我再采取新的策略：先大家一起跑五圈，还能跑的留下来和我进行"车轮战"。（我会控制学生的运动时间和运动量。）

我不只是和数学提高班同学一起跑步。下午放学后，常常有一群学生在田径场入口处等我一起跑。

有人可能会觉得跑步比较单调。这是外行人的片面理解。我和学生跑步时聊的事情可多了，包括某个数学问题、学习方法、班级动态，甚至也聊聊家里情况。这样，我不仅能够启发他们的思维，还能够了解到他们的内心世界，和他们交上朋友。

后来，我把跑步当作一种和学生交流的手段，如果我发现某个学生最近可能有状况，我就找他，"放学后操场见"，一边跑、一边聊；我也会约平时不善于与人沟通的同学，跑着聊，他也逐渐开朗了；有的同学或者因为学习压力大，想找我聊天缓解压力而主动找我："老师，下午和你一起跑"；有一个同学和我一起跑步时说："老师，我可能得了抑郁症了，医生也这么说"，我说："看你在操场生龙活虎似的，你根本没病。"受我的鼓励，该同学走出了心理阴影……

曾经有一个教育方面的学者知道我和学生一起跑步，兼做学生思想工作的故事，建议我写一本书：马拉松与我的教育人生。我想，书可能不一定会写得出来，但马拉松和数学教育的确实实在在地融入我的生命中。

各位领导、专家、老师们，数学是充满活力的，也是永无止境的学科，我热爱数学，将数学视如我的生命，能够成为一名一线的数学老师，我感到无比骄傲和自豪。我一定会以此次获得苏步青数学教育奖为契机,重新出发,在广阔无垠的数学时空中带领我的学生们奔跑,永不停歇!

我的汇报至此,谢谢大家!

图 5-4 在校运会上

图 5-5 2019 年厦门马拉松

(本文是 2018 年 12 月 8 日在第十二届"苏步青数学教育奖"颁奖仪式暨中学数学教育论坛上的发言稿)

附文 1

高中三年数学竞赛征途

——给赵老师的回忆录

苏肇祺

仍记得 2010 年金秋九月,第一次踏入双十校门的那份懵懂和憧憬,算一算到现在已经八年了。

从小就热爱数学的我,来到了竞赛氛围优良的双十中学,自然毫不犹豫地进入了数学竞赛组。之前对竞赛教练赵老师的名声早有耳闻,听说赵老师是双十资历最老、经验最丰富的数竞教练了,因此进组之前就对竞赛组充满了期待。仍记得第一次竞赛生选拔后,赵老师便找到了我。赵老师留给我的第一印象是个慈眉善目,笑起来很阳光的中年教师,他那时就对我说,好好加油,以你的资质只要不断努力,清华北大就是你的下一站。那是我第一次听到有老师对我明确了清华北大的高目标,之前总觉得遥遥无期。现在想来也许梦想开花的时刻也就是那么一瞬间,信念的传递看似微不足道,却也许就指明了未来的路。

仍记得高一在竞赛组里,赵老师就一直对我们强调基础知识的重要性,让我们脚踏实地一步一个脚印往前走,而不是急功近利一步登天。常有人说竞赛是年轻人的天下,因为年轻人思维敏捷能够较快地钻研出许多偏技巧的难题。但赵老师也许属于"另类"吧,他还愿以不年轻的身心去玩竞赛这个年轻人的游戏。竞赛课上我们听他讲题讲方法,他总是能够把过程和思路讲得很细致,让我们能自然地接受本该困扰许久的一些解题过程,想来也许只有讲授者自己领悟足够深,才能够让听者跟上讲者的节奏。当然,除了分享自己的解题过程,赵老师也特别喜欢我们提出自己的见解和方法,让我们拿起粉笔体会当老师的感觉,也让大家的思维能够碰撞出火花。因此,我们的数学竞赛组氛围总是特别棒,大家都愿意把自己所学所想无保留地分享出来,竞赛教室对我们来说就像思维的乐土。

有一次下午竞赛课结束后,赵老师突然兴致勃勃地跟我们说:我要带你们去操场跑步。我们所有人一脸惊讶:赵老师这把年纪了,能和我们年轻人一起跑步?该不会被我们甩得老远。到了操场上,赵老师先给我们定下了目标:男生 5 圈,女生量力而行,跑完 5 圈能跑的再和他一起跑。上了跑道我咧嘴一笑，毕竟自己初中还是练过点中长跑的，总不会比一位中年数学老师跑得还慢吧。

第一圈，我们几位同学和赵老师并驾齐驱。咦，赵老师跑步姿势不错嘛，不过估计到后面就会慢下来了。

第二圈，我似乎和赵老师拉开了点差距。看来赵老师为了和年轻人逞能两圈就加速了，这把年纪还能吃得消吗？

第三圈，不对呀，赵老师怎么越跑越快？

第四圈……

到了第五圈，我已经被赵老师落下了几十米的距离，气也有些喘不上来了。赵老师一边跑一边说：累了的同学可以休息，你们轮着来跟我跑，车轮战。

我跑完五圈以后，在跑道旁边喘着气，目瞪口呆地看着赵老师以饱满的精力带领着其他同学一起奔跑。每到一圈结束，总有同学下来休息，另一批同学接着跑，但没有一个同学能全程跟着赵老师到最后。

十二圈。

赵老师看能跟的同学越来越少，就停了下来，意犹未尽地看着我们气喘吁吁的样子。他说："带你们下来跑步，是要让你们记住，除了学习之外，身体健康和锻炼也是必不可少的。只有保持强健的身体素质，才能有更饱满的精神投入学习当中。"

我后来才听说，赵老师每年都会参加厦门国际马拉松，而且是"全马"。他告诉我们，曾经有一次，他前一天晚上发高烧，第二天感觉身体好些了，依然坚持参加那天的马拉松赛。跑到三十多公里时，听说前面有一个选手因为体力不支倒下了，赵老师当时也累到几乎虚脱，但他还是咬着牙坚持，半走半跑完成了全程比赛。这样的心力和坚定，在我认识的人里几乎是独一份的。也许我并不推崇在感觉身体状态受限的情况下依然逆着身体的需求去完成这样一个目标，但这样的精神，是我们每个数学竞赛生两年拼搏的无穷动力。

在后来的时光里，我们在赵老师和另一位竞赛教练许波老师的教导和敦促下，慢慢都在数学竞赛这片土壤上开拓出一片天地。也许正像赵老师所说的，拼搏的过程就像一场马拉松，身心在拼搏的同时总会有疲倦和顿挫感，每当我们中有同学出现情绪和状态上的波动，赵老师总会单独找到我们，倾听我们的真实想法，并用他的鼓励和笑容感染着我们。也许在赵老师心中，我们每个人的身心健康和成长历程比起最终的成绩更加重要，而他总是扮演着那个能让我们收拾起内心不安、迷茫的那个人。

还记得高二那年，我第一次参加全国高中数学联赛，成绩出来后，离省队只差了两个得分点。由于数学竞赛题目解题方法千变万化，改卷老师偶有欠考虑的时候，因此竞赛设了申诉环节。在经过和赵老师数次讨论之后，我们觉得我最后一大题有比较大的申诉空间。赵老师于是便为了我的省队机会远赴福州，和改卷的老师争辩了好久，无果。

"我们谁也说服不了谁。"赵老师回来和我说，摇了摇头，眼神里透出一丝无奈。后来在一位教授的帮助下，我们才发现我的解题过程确实有思路上的缺漏。

我突然觉得有点心酸，心里想着，明年联赛自己要把思路理顺，不要再让赵老师为了我折腾申诉的事了，毕竟为了这事辛苦一整天，可能还会因为解题思路欠一些考虑而无功而返，那份挫败和心酸也许只有赵老师自己知道。

转眼到了高三高中联赛，竞赛征途没有退路的一战。

于我而言，两年来在赵老师的指导和引领下，思维历练的厚积薄发让我早已有了充足的信心。事实证明也是如此，考完后，我如愿拿下了福建省队名额，全省第三。然后经历了数月的省队内部训练后，终于，到了最后一场战役：全国数学冬令营。

一月的沈阳，零下二十几度的气温，纷纷扬扬的鹅毛大雪为整座城市铺上了一层雪白的棉絮。第一次见到这么大的雪让我在兴奋之余不免有些担心：身边的赵老师能吃得消吗？然而，看到他总是精神抖擞的样子，我关心的话语又咽了下去：那时候的我还是一个不太会表达关照的人呢。比赛前那几天的活动，不论是熟悉场地，还是见招生老师，赵老师总是冒着严寒陪我一起参加，一边给我加油打气。

第一天考试，我自己感觉不太理想，三道大题有两道心里没底。那天一整天，我心情都不太好，到了晚上，我和赵老师说：这次我可能拿不了好的成绩了。

赵老师笑了，依稀记得他笑起来的时候脸上会有浅浅的皱纹。他说：没关系，你尽力了就好，不管你考出什么成绩，你都是最棒的。

所幸到了第二天，解题思路还算比较顺。记得看到过一句话，"愿你们合上笔盖的刹那，有着侠客收剑入鞘的骄傲"。也许当时答完卷的我，还真有那种淡淡的骄傲和释然。当然，事后的成绩证明了我的感觉，我获得了金牌，并入选国家集训队。

出了考场，正想给赵老师打电话，却发现赵老师已经在楼下雪地里等着我了。他看到我，急忙踏着厚厚的雪走过来问我：怎么样今天？

图 5-6　在第 28 届中国数学奥林匹克的赛场上

那一刻我有些鼻酸,也许是因为赵老师在零下十几度的天气里等待我的身影,也许是因为两年多来赵老师的辛苦栽培和平日里无微不至的关心。俗话说,一日为师终身为父,如今的师生关系固然不会像古代那样有强烈的依附感,但赵老师于我已经不仅是我的数竞教练,也是我高中生活里的一位精神导师,伴随着我高中时代的成长和历练,最终赠予我放飞梦想的翅膀。

这一刻,在清华校园内打字的我,想起了每当自己在大学乃至读研生活中遇到种种困顿迷茫,总会回忆起自己高中时候自己的执着,想起自己在赵老师鼓舞下拥有的追求极善、勇为最先的勇气,想起赵老师发烧后仍然坚持完成的马拉松(还是要提醒赵老师以后遇类似的情况身体更要紧),那是我继续拼搏努力的无限动力。

最后,祝赵老师身体健康,桃李满天下。

(文/苏肇祺,2013 届学生)

附文 2

跑起来吧，数学！

刘宇和

不知是什么时候，课余在操场上踢球的我发现，每到傍晚时分，操场边缘总有一个身影在不停跑着，无论严寒酷暑。捡球时的偶然，才发现原来是一位朴实无华的老师。当时我想这大概是一位执着于健身的"苦行僧"吧。但是经过长久观察，我发现他没有像年轻跑者那样时跑时停，而是不疾不徐，宛如一代宗师。久而久之，也对他的身影有了一种亲切的感觉。

高二文理分班，换了数学老师，第一眼我就认出了讲台上的他，那一瞬间我的心都蹦到嗓子眼了，一种难以言状的兴奋将我紧紧围绕。特别是当赵祥枝这个如雷贯耳的名字和他本人重合的那一刻，我甚至不敢相信他就是我新的数学老师。他上扬的嘴角和明亮的眼睛无时无刻都散发着一股人格魅力，让我对数学顿时有了无限的兴趣和期待。

赵老师从来不会上课一响铃就马不停蹄地灌输知识，而是先提出一些问题让我们思考，让我们动起手来自己算一算，琢磨一下怎么靠自己已有的知识解决新出现的问题，使我们在既定的教学内容中开创自己的思维天地。在这种预热思考过程中，我们享受了思维碰撞的美妙火花，也曾经历过周围同学提出的质疑，拥有过茅塞顿开的快乐，也承受过百思不得其解的痛苦。有一次课堂上，赵老师提出一个有一定挑战性的问题让大家思考，他让有想法的同学举手到讲台上把自己的思路分享给大家。我印象深刻地记得那道题大家一起想出了七八种解题方法，这让我很惊讶。赵老师告诉我们，双十的学生都足够优秀，身边的同学更是一种宝贵的资源。老师们强调的独立学习并不是单独一个人闷头学习，而是应该充分利用周围资源，在课余交流中博采众长，丰富思想。

有一次，某位同学没交学校印发的作业，却在课堂上和赵老师理直气壮地说自己做了课外的有难度的练习。赵老师语重心长地说："你们不要以为研究那些难题就显得自己很有本事，连作业都不写不交，你们难道以为学校印的作业都是垃圾吗？"赵老师一反常态的表达，在当时有些令我不解，但是现在看来，深知其情——练好基础正是学好数学的必要条件，何况学校校本作业是老师精心设计的，很有针对性，有基础有挑战的习题。赵老师还说，有些学生盲目以做题数量为衡量自己的标杆，私下里研究了多个补习机构出品的解题宝典,恨不得将全天下的数学题套路都学会背会,这样的学习好比捡了芝麻丢了西瓜,这样学数学是没有后劲的。我们学习数学的目的是透彻理解知识本质,培养分析问题解决问题的思维习惯,遇到新问题能够想出对策,掌握思考问题的方法,这才是数学这个学科的要义。

于是,我也开始认真对待每一天的数学作业,我也开始盯着一道以前不屑一顾的简单题认真思考,我也开始不厌其烦地剖析每一个粗心所致的错误。每当坚持不下去的时候,我都会回想起赵老师的那番话,学习数学,需要一定数量的练习,在训练中积累思维经验。只有算出熟练、算出习惯,才能算出方法、算出信心。以前以完成作业为终极目标的那种压迫感不见了,取而代之的是解决一个个数学问题的成就感。在晚自习的紧张学习期间,遇到了想不下去的时候,我就去请教赵老师,赵老师和我分析思维障碍的原因,让我立刻就意识到自己不足的地方,让我逐渐学会思考问题。

然而世事无常,高二上学期期中考成绩出来的那个晚自习,当大家伙都在教室里围着成绩单查分数的时候,当同桌、后桌都在兴奋地讨论成绩的时候,我却傻傻瘫坐在座位上,仿佛一瞬间失去了一切,仿佛灵魂被抽离了身体,又仿佛活在真空里面,旁边的激动讨论,或是幸福大笑,都与我毫无关系——我可怜的五十五分。这个数字我至今印象深刻,我甚至连呼吸的力气都没有,脑子里白茫茫的一片。就是那一次,我彻彻底底地栽在了我最喜欢的数学上,考出自己想都没敢想过的低分。我开始从根本上怀疑自己的学习能力,甚至对数学的兴趣也蒙上了一层阴影。

那两天我都沉浸在无尽的失落与自责中,此后的一个下午,我没有一如既往地去踢球,而是徘徊在操场跑道上。突然,我听见身后有人在叫我,回头一看,是赵老师。他停下跑步的脚步,关切地问道,小伙子,怎么回事,还在想这次的考试成绩吗?他仿佛看透了我的内心,我只好点了点头。赵老师拉起我的手说:"宇和,很多时候努力并非立竿见影,意料之外的波动也是学习过程中无法避免的。别的先不想,来,先跟着我一起跑步吧!"我犹豫了一下,踏出了自己重新认知跑步的第一步。

在脚掌一次次地前踏,胸口一次次起伏的过程中,我仿佛忘掉了所有的不愉快,只听得见耳边呼啸而过的风声,看得见两侧倒退的跑道。赵老师说,爱上跑步吧,跑步能带给你学习最重要的两样东西,一样是好的身体,一样是强大的毅力。前者可以让你有生理上过硬素质,让你坐得住,学得进;后者则能帮助你克服畏难偷懒心理,让你不忘初心,坚持到底。

　　我被赵老师的话打动了，此后的每一天，我都会在放学后跑步。在跑步过程中，我克服了以往体测考试带来的跑步恐惧症。渐渐地，我爱上了脚踏塑胶跑道的感觉，爱上了深呼吸带给我的清爽，爱上了迎面而来风的轻抚，爱上了陪我不懈奔跑的影子，爱上了独自在广阔的操场上与自己对话……

　　赵老师引导我爱上了跑步，更重要的是点燃了我对原本枯燥乏味高中学习的热情，教会我正确看待挫折与失败，鼓励我从跑步中认知和探寻真我。在学习中的耐力渐渐提升，在跑步中又渐渐学会看淡分数高低。跑步与学习互相交构，编织出我求学生涯中最难忘的经历。

　　高三，临近高考的一次考试我又一次失利了，班主任老师从鼓劲加油转为安慰开导，尽管我拼命想忍住，眼泪还是不争气地噼里啪啦往下落。我跑出教室，跑下楼，跑进操场，一边哭一边跑，也不记得到底跑了多少圈，一直跑到没有力气，倒在球场上面。我静静地看着天上的月亮和空无一人的操场，渐渐想通了。学习就像跑步一样，在天赋方面人和人之间是有很大的差距的，但是无论是跑步还是学习，决定性的因素往往取决于努力程度。尽管周围比你优秀的人比比皆是，但是没有任何人比你更适合追逐这份热爱。不在乎最后成绩是多少，也不想理想能否实现，我有我爱的跑步，我有我爱的数学，只要有这种热情，不论结果如何，我都有接受和面对的勇气。赵老师曾经对我说过，哪怕是我真的不适合数学，怀揣着这种学习的热情，不懈地努力，我也总能进步。

　　这样想着，我从地上爬起来，又朝气蓬勃地朝教室坚定地走去。

（文/刘宇和，2018届学生）

我的教学主张

一、活力数学的核心理念

1 思维力是智力的核心

1.1 智力

关于智力的概念,心理学界长期争论不休,至今尚未有被大家所公认的智力定义。比较有代表性的是英国的斯皮尔曼的双因素说(1904 年)、美国心理学家塞斯顿的群因素说(1938 年)、美国心理学家吉尔福特的智力三维结构说(1967 年)、美国心理学家罗伯特·斯滕伯格的三元智力理论(20 世纪 70 年代)、哈佛大学认知心理学家加德纳所提出的多元智能理论(20 世纪 80 年代)。

在我国,心理学界一般认为,智力是保证人们成功地进行认识活动的各种稳定心理特点的综合。它是由观察力、记忆力、思维力、想象力和注意力五个基本因素组成的。思维力处于核心地位。

思维是智力因素的核心,思维品质的优劣和思维能力的高低是考察一个人智力潜能的主要标志。恩格斯把思维誉为"地球上最美丽的花朵",人的一切创造性活动都与思维力有关。人类的进步从某种程度上来说,就是人的思维的进步。

那么,什么是思维呢?

1.2 思维和思维能力

"思维"一词在英语中为 thinking;在汉语中,"思维"与"思考""思索"是同义词或近义词。《词源》中说:"思维就是思索、思考的意思。"

心理学认为,思维是人脑对客观现实概括的、间接的反映,是客观事物的本质和规律的反映。

思维能力是指人们采用一定的思维方式对思维材料进行分析、整理、鉴别、消化、综合等加工改造,能动地透过各种现象把握事物内在实质联系,形成新的思想,获得新的发现,制定出新的决策的能力。

思维能力是思维潜能素质的外显活动,是思维器官的机能和属性,是思维本质力量的表现。主要包括:(1)感知能力;(2)记忆储存能力;(3)逻辑加工能力;(4)思维爆发能力;(5)思维的控制和调节能力;(6)思维的想象能力;(7)直觉思维能力;(8)创造性思维能力;(9)表达能力。

1.3　思维的分类

人们经常会提到形象思维、抽象思维、直觉思维、发散性思维等,这些概念放在一起似乎有点乱,其实这里涉及思维的分类。依据不同的标准有不同的分类,常见的有以下几种。

根据思维的凭借物和解决问题的方式,可分为直观动作思维、具体形象思维和抽象逻辑思维。

根据思维过程中是以日常经验还是以理论为指导,可分为经验思维和理论思维。

根据思维结论是否有明确的思考步骤和思维过程中意识的清晰程度,可分为直觉思维和分析思维。

根据解决问题时的思维方向,可分为聚合思维和发散思维。

根据思维的创新成分的多少,可分为常规思维和创造性思维。

1.4　思维三元理论

美国心理学会原主席罗伯特·斯腾伯格在提出智力的三元理论(成分智力、经验智力和情境智力)之后又提出了思维三元理论,他将人类思维划分为三个基本层面(三种思维模式):分析性思维、创造性思维和实用性思维。分析性思维涉及分析、判断、评价、比较、对比和检验等能力;创造性思维包含创造、分析、生成、想象和假设等能力;实用性思维涵盖实践、使用、运用和实现等能力。

1.5　数学思维与数学思维能力

1.5.1　数学思维与数学思维能力的表现

数学思维从属于一般思维,它是人脑和数学对象交互作用并按照一般的思维规律认识数学本质和规律的理性活动。具体来说,数学思维就是以数和形及其结构关系为思维对象,以数学语言和符号为思维的载体,并以认识发现数学规律为目的的一种思维。

关于数学思维能力,《普通高中数学课程标准(实验)》做了如下阐述:

人们在学习数学和运用数学解决问题时,不断地经历直观感知、观察发现、归纳类比、空间想象、抽象概括、符号表示、运算求解、数据处理、演绎证明、反思与建构等思维过程。这些过程是数学思维能力的具体体现,有助于学生对客观事物中蕴涵的数学模式进行思考和做出判断。数学思维能力在形成理性思维中发挥着独特的作用,所以提高学生的数学思维能力是数学教育的基本目标之一。

1.5.2　数学思维的智力品质

数学思维不仅包括各种具体的思维方法,即如解题策略等,而且也涉及思维品质。例如,数学的形式特性(严谨性)决定了数学思维的严谨性,思维的"调节水平"(元认知水平)又集中反映了思维的灵活性、深刻性。

个人思维的发生和发展,既服从于一般规律性,又表现出个性差异。不同的个体具有不同的思维特点,这种个性差异体现在思维的智力特征方面就是思维的智力品质,它决定思维的质量。

根据数学的学科特点及思维特征,数学的思维品质主要有思维的深刻性、灵活性、广阔性、敏捷性、独创性和批判性。

思维的深刻性也称为分清实质的能力,它是一切思维的基础,表现为洞察每一个研究对象的实质,以及揭示这些对象之间的相互关系。思维深刻性的反面是思维的肤浅性。

思维的灵活性是指思维的灵活程度,主要表现为具有超脱习惯处理方法界限的能力,即能根据客观条件的发展与变化及时地改变先前的思维过程,寻求解决问题的新途径。

思维的广阔性是指思路宽广,善于多角度、多层次、全方位地进行探究。表现为既能把握问题的整体,抓住问题的基本特征,又能抓住重要的细节和特殊元素放开思路进行思考,善于发现事物间多方面的联系,找出多种解决问题的方法,并能推广到类似的问题中去,从而形成具有普遍性的方法。

思维的敏捷性是指思维过程中的快速性。敏捷性使人能够适应在紧迫的情况下进行思考,并迅速做出判断。在数学上表现为反应快、推理迅速、运算简捷等特征。

思维的批判性是指思维活动过程中善于严格地估计思维材料,精细地检查思维过程的智力品质。它是思维过程中自我意识作用的结果。思维的批判性表现在有主见地评价事物,能严格地评判自己提出的假设或者解决方法的正确或优劣与否;喜欢独立思考,善于提出问题,发表不同的看法,既不人云亦云,也不自以为是。

思维的创造性(或称独创性)是指在思维活动中的创造性精神,是在新颖地解决问题中表现出来的智力品质。人类对世界的认识、对知识的更新以及社会的进步都离不开思维的创造性,思维的独创性是个体思维的最高形态,是智力的最高表现。

概而言之,深刻性是指思维深度及严谨性,广阔性指的是思维的宽度,敏捷性主要表现为思维的敏锐程度和反应速度,灵活性体现为能否在几个思考方向上做灵活调节,批判性指是否具有自己的思考、质疑与反思,独创性具有独特性、发散性和创新性的特点。

2　数学思维能力的发展是数学教学的根本目标

2018 年 9 月 10 日习近平总书记在全国教育大会上指出,培养什么人,是教育的首要问题。我国是中国共产党领导的社会主义国家,这就决定了我们的教育必须把培养社会主义建设者和接班人作为根本任务,培养一代又一代拥护中国共产党领导和我国社会主义制度、立志为中国特色社会主义奋斗终生的有用人才。这是教育工作的根本任务,也是教育现代化的方向目标。习总书记强调,要在增强综合素质上下功夫,培养学生综合能力和创新思维。

要落实好习总书记的讲话精神,必须深刻反思当前我国的教育现状,才能做到有的放矢,精准发展。

2.1 当前我国基础教育的教育教学现状

众所周知,我国的基础教育,尤其是数学教育有许多令人称道的优良传统,如注重基础知识的夯实和基本技能的训练。然而,当前数学教学的某些现状及效果令人担忧,最大的问题是课堂的思维含量低。

在学的层面上,学生的思维没有得到有效的引发和训练,相当多学生的思维表现出明显的单一和同一。他们只会解决基础的、常规的并且训练了多次的问题,对改变了情境的或思维能力要求稍高的问题就束手无策,更不用说是创新思维的问题了。

在教的层面上,相当多的教师还是严守长年不变的教学方式,极少关注到学生的思维;有些教师虽然也意识到了思维能力培养的重要性,但如何引导学生有效地思维没有进行深入的思考和探索,也就缺乏科学的措施和策略。他们认为,数学思维教学就是让学生跟住老师的思维,就是将解决问题的思路详详细细地告诉学生。尤其需要指出的是,信息技术的发展又带来了一些新的甚至是更严重的问题,比如,一些教师对多媒体等教学资源的使用存在误区,课件很精美,很动感,很吸引学生,可整节课是在展示 PPT,教 PPT,很少让学生自主思维。我认为,这样的课,先进的信息技术在提高数学课堂某些方面效率的同时也成了剥夺学生思维机会和权利的帮凶。

在数学教学中,产生种种错误认识与偏颇行为的根源正是教师违背数学教学本质,结果是学生的大脑要么成为"思维的荒地",要么思维过多地由老师控制着,或者说学生是在"被思维"着。

2.2 数学教与学的实质

数学是研究数量关系和空间形式的一门科学。数学源于对现实世界的抽象,基于抽象结构,通过符号运算、形式推理、模型构建等,理解和表达现实世界中事物的本质、关系和规律。

关于什么是数学教学,至今依然沿用斯托利亚尔在《数学教育学》的论述:"数学教学是数学(思维)活动的教学。"它指出了数学教学的实质。

相应地,数学学习实质上就是学生在教师的指导下,通过数学思维活动,学习数学家思维活动的结果(知识),并发展数学思维。

2.3 发展学生数学思维能力是数学教学的核心任务

思维作为一种能力和品质,是人的智力、智慧高低的主要标志。

思维,是人性之光,是人的活力之本。离开思维,人生不能成长,人类不能进步。人类社会的一切成果,不仅是人民艰苦奋斗劳动的结果,也是思维焕发活力,引发人类创新,促进人类进步的结果。教育,要传承的不仅仅是知识,而且是在传承先辈创造的传统文化的过程中,把人的思维之光熔铸在里面,促进人的完整发展。

杜威认为,"学习就是要学会思维"。"就学生的心智而论(即某些特别的肌肉能力除外),学校为学生所能做的或需要做的一切,就是培养他们思维的能力。"

美国全国教育协会在论思维培养时指出:"强化并贯穿于所有各种教育目的的中心目的——教育的基本思路——就是要培养思维能力。"(美国全国教育协会《美国教育的中心目的》,汪安圣《思维心理学》,第370页,华东师范大学出版社,1992)

对于最受人们关注的数学学科,爱因斯坦说过,为什么数学比其他一些科学受到特殊的尊重。一个理由是它的命题是绝对可靠和无可争辩的;数学之所以获得高于其他学科的声誉,还有一个理由,那就是数学给予精密的自然科学以某种程度的可靠性,没有数学,那些学科是达不到那么高的可靠性的。

正是数学语言和命题的高度可靠、精确的特性,使得数学成为训练学生思维的最好途径。也就是,数学可以使人的思想"纪律化",能教会人们合理地去思维。即数学是锻炼思维的"体操"。体操能使人的身体健康,动作灵敏,数学能够使人的思维正确敏捷。

当前,我国基础教育正进行新课程改革,改革的创新点很多,但无论怎么改,如何创新,发展学生的思维依然是不变的根本,培养学生创新思维和创新能力是不变的方向。

《普通高中数学课程标准(实验)》指出,高中数学课程应注重提高学生数学思维能力,这是数学教育的基本目标之一,数学思维能力在形成理性思维中发挥着独特的作用(课程理念4)。

《普通高中课程标准》(2017版)指出,数学在形成人的理性思维、科学精神和促进个人智力发展的过程中发挥着不可替代的作用。数学素养是现代社会每一个人应该具备的基本素养。

数学教育承载着落实立德树人根本任务、发展素质教育的功能。数学教育帮助学生掌握现代生活和进一步学习所必需的数学知识、技能、思想和方法;提升学生的数学素养,引导学生会用数学眼光观察世界,会用数学思维思考世界,会用数学语言表达世界;促进学生思维能力、实践能力和创新能力的发展,探寻事物变化规律,增强社会责任感;在学生形成正确人生观、价值观、世界观等方面发挥独特作用。

教育之根本在于发展学生思维,不重视或忽视思维发展的教育,是形而上的教育,是脱离教育本质的教育。

发展学生数学思维能力,是数学学科的使命,也是数学教学的核心任务。

3 思维的发展是培育数学核心素养之着力点

教育部在《关于全面深化课程改革,落实立德树人根本任务的意见》中明确把核心素养的内涵定义为"学生应具备的、能够适应终身发展和社会发展需要的必备品格和关键能力"。根据数学学科特点,《普通高中数学课程标准(2017 版)》做如下表述:"数学核心素养是数学课程目标的集中体现,是具有数学基本特征的思维品质、关键能力以及情感、态度与价值观的综合体现,是在数学学习和应用的过程中逐步形成和发展的。"基于高中数学课程性质和教育价值,数学核心素养包括数学抽象、逻辑推理、数学建模、直观想象、数学运算和数据分析。这些数学核心素养既相对独立,又相互交融,是一个有机的整体。

课程标准还用"三会"来概括数学教育终极培养目标:会用数学的眼光观察世界,会用数学的思维思考世界,会用数学的语言表达世界。有专家认为"三会"是核心素养的精髓。史宁中教授在《高中数学课程标准修订中的关键问题》(《数学教育学报》2018.2)对"三会"做了明确的解读:数学的眼光就是数学抽象,数学的思维就是逻辑推理,数学的语言就是数学模型,并且将抽象、推理和模型称为数学基本思想。与数学抽象关系密切的是直观想象,直观想象是实现数学抽象的思维基础,是人在思维的过程中逐渐形成的思想方法和思考能力。数学运算是逻辑推理的一种特殊的形式,其重要性不言而喻,因此在高中数学阶段,把直观想象和数学运算作为数学核心素养的要素提出。

为了突出"素养",课程标准将上述要素按"数学抽象是……的素养"的模式来描述,而之前文献基本上都采取如下表述:

数学抽象是指舍去事物的一切物理属性,得到数学研究对象的思维过程,主要包括数量与数量关系的抽象、图形与图形关系的抽象。逻辑推理是指从一些事实和命题出发，依据规则推出其他命题的思维过程。数学建模是对现实问题进行数学抽象，用数学语言表达问题、用数学知识与方法构建模型解决问题的过程。

由此看出，数学抽象、逻辑推理是数学素养，其本质是一个"思维过程"。而模型的思想是建立在抽象和推理之上，所以，数学建模也离不开数学思维。一直关注数学建模的北京师范大学刘来福教授特别强调，数学建模需要坚实的数学思维功底。由此，我们可以看出六大核心素养中每一个都离不开数学思维。

与数学核心素养极度相关的一个概念是"四基"，在课程标准中作为课程目标之一提出："通过读高中数学课程的学习，学生能获得进一步学习以及未来发展所必需的数学基础知识、基本技能、基本思想、基本活动经验（简称'四基'）。"在课程标准的实施建议中进一步指出："数学核心素养是'四基'的继承和发展，'四基'是培养学生数学学科核心素养的沃土，是发展学生数学学科核心素养的有效载体……"

我们都知道，基础知识、基本技能是老"双基"，那么，数学基本思想是什么？

其实《普通高中数学课程标准（实验）》（2003 版）在前言中就提到："……数学教育在学校教育中占有特殊的地位，它使学生掌握数学的基础知识、基本技能、基本思想，使学生表达清晰，思考有条理，使学生具有实事求是的态度、锲而不舍的精神，使学生学会用数学的思考方式解决问题、认识世界。""四基"的正式提出，出现在《义务教育数学课程标准》（2011 版）在课程总目标中："通过义务教育阶段的数学学习，学生获得适应社会生活和进一步发展所必需的数学基础知识、基本技能、基本思想、基本活动经验。"

这里的"基本思想"是不是指我们熟悉的函数与方程、数形结合、分类与整合、转化与化归、特殊与一般、有限与无限、统计与概率等？史宁中教授认为，这些只能叫作具体的数学思想方法，不能称为数学基本思想。

史教授建立了两条判定数学基本思想的原则。第一个原则：数学产生和发展必须依赖的思想；第二个原则：学习过数学的人应当具备的基本思维品质。基于这两个判断标准，他认为数学基本思想就是指人在进行数学思维的过程中表现出了的本质特征，或者说，数学基本思想是数学产生和发展过程中人的内心活动的核心要素，包括抽象、推理和模型。

初看"四基"中的最后一个"基本活动经验",好像没有被一线老师重视,以为"活动"就是"实践活动",而实践活动虽然被提倡,但在基础教育阶段依然存在的"应试"背景下所占的比重不太。郭玉峰、史宁中在《"数学基本活动经验"研究:内涵与维度划分》(《教育学报》2012.1)指出了数学基本活动经验包括"实践的经验"和"思维的经验","实践的经验"主要是从外部世界抽象出数学、将形式化数学用于外部现实中获得的经验;"思维的经验"主要是进行数学符号化过程中获得的经验,日常学习学生主要获得"思维的经验"。二者不是截然分开,各自有不同侧重。积淀数学基本活动经验仅仅依赖教师的讲授是不行的,更主要依赖学生亲自参与其中的教学活动、亲身经历和感悟,以及归纳推理和演绎推理的过程,依赖学生的独立思考。长期经历和感悟的结果形成一定的思维模式,进而建立一定的数学直观,这是数学基本活动经验的内涵。史宁中教授还不断强调,"过程教育"所说的"过程"……而是学生自己理解数学的思维过程。一个人会想问题,不是学习的结果,而是经验的积累,是学生在独立思考过程中逐步形成的思维习惯。因此,在基础教育阶段,一个好的数学教育,应当更多地倾向于培养学生良好的思维习惯。

吕世虎教授在《数学核心素养的内涵及其体系构建》(《课程教材教法》2017.9)中将数学核心素养的体系划分为由低到高的四个层面:数学双基层、问题解决层、数学思维层和数学精神层,构建了"数学核心素养体系塔"(如图)。该体系以《高中数学课程标准》提出的六个核心要素为基础,向下引申出了数学双基层,向上拓展出了数学精神层,既包含数学核心素养的显性方面(知识与技能),也包括隐性方面(应用数学解决问题的能力、数学思维以及数学精神等)。

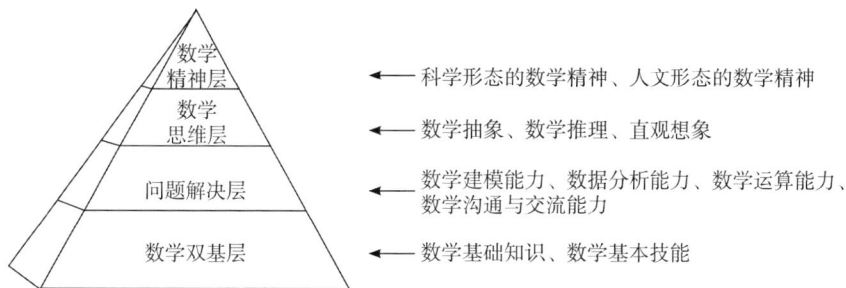

数学精神层 ← 科学形态的数学精神、人文形态的数学精神
数学思维层 ← 数学抽象、数学推理、直观想象
问题解决层 ← 数学建模能力、数据分析能力、数学运算能力、数学沟通与交流能力
数学双基层 ← 数学基础知识、数学基本技能

在数学核心素养体系中,各层不是并列、各自独立的,而是从低到高,逐次递进,构成了一个相互联系、密不可分的整体。双基层是数学核心素养体系的基础;问题解决层以"双基层"中的知识和技能为基础和工具,连接着双基层和

数学思维层,具有承上启下的作用。借助复杂情境下问题的解决,使个体对数学的理解由浅层次的双基层提升到了更深层次的数学思维层;数学思维层以双基层为依托,以问题解决层为平台,对具体的数学知识与方法进行了更深层次的内化;数学精神层是数学双基层、问题解决层、数学思维层的深化和升华,也是数学核心素养体系形成和持续发展的动力机制。因此,在某种程度上,数学核心素养体系是一个自我循环、螺旋式上升的动态系统。在数学核心素养体系中,数学思维的培养需要以双基为载体,数学精神的形成则要以问题解决为抓手,在问题解决过程中体验、感悟。如果失去了对数学思维和数学精神的关注,则问题解决和"双基"就缺乏了对人的精神层面的抚慰和激励。

"数学精神层"主要包括个体通过对数学的深度理解和把握,将自身对数学的理解与认识内化而形成的科学形态的数学精神和人文形态的数学精神。科学形态的数学精神,即个体在数学学习和数学问题解决过程中所形成的普适性的思维方式、思维策略等认知心理因素。其形成多基于数学自身的科学性和逻辑性,较为客观。它有助于个体发展思维能力,完善认知结构,形成缜密而有条理的思维方式,统筹优化意识,形成对规则和条件的遵从意识等。

"数学思维层"主要包括个体在经历系统的数学学习和利用数学知识与方法解决特定情境中的问题后,通过体验、认识、内化形成较为稳定的数学化地理解问题和解决问题的思维方式。基于以理性思维为主要构成的数学思维在数学核心素养中的独特地位,有必要将数学思维层作为数学核心素养体系的重要构成部分。由于数学思维主要体现为抽象、逻辑和直观思维,所以足以说明数学思维层(包含数学抽象、逻辑推理、直观想象)的地位。

我们再回顾数学核心素养的定义:"数学核心素养是具有数学基本特征的思维品质、关键能力以及情感、态度与价值观的综合体现。"这"情感、态度、价值观"在六个核心要素如何得到体现?

突出"三维目标"的《普通高中数学课程标准(实验)》中课程目标最后 2 条做了如下表达:"5.提高学习数学的兴趣,树立学好数学的信心,形成锲而不舍的钻研精神和科学态度。6.具有一定的数学视野,逐步认识数学的科学价值、应用价值和文化价值,形成批判性的思维习惯,崇尚数学的理性精神,体会数学的美学意义,从而进一步树立辩证唯物主义和历史唯物主义世界观。"

突出"核心素养"的 2017 年版课程标准做了概括:通过高中数学课程的学习,学生能提高学习数学的兴趣,增强学好数学的自信心,养成良好的数学学习习惯,发展自主学习的能力;树立敢于质疑、善于思考、严谨求实的科学精神;不断提高实践能力,提升创新意识;认识数学的科学价值、应用价值、文化价值和审美价值。

郑毓信教授就数学核心素养中的"情感、态度与价值观"提出了自己的看法,认为这主要体现了文化的视角,但这又正是"文化"最重要的一个特征:人们行为方式与价值观念的养成并非一种完全自觉的行为,而是主要表现为潜移默化的影响,即主要是通过人们的日常生活与工作(就学生而言,就是学习活动)不知不觉地养成的。例如,就数学教育而言,就是这方面最为重要的一个事实:人们正是经由"理性思维"的学习与应用逐步发展起了"理性精神",也即由"思维方法"不知不觉地过渡到了"情感、态度与价值观"。

据此,郑毓信教授对"数学核心素养"做出如下解读:我们应当通过数学教学帮助学生学会思维,并能逐步学会想得更清晰、更深入、更全面、更合理,包括由"理性思维"逐步走向"理性精神",并把"思维的发展"看成"数学核心素养"的基本含义[郑毓信.数学教育视角下的"核心素养"[J].数学教育学报,2016(6)]。

章建跃博士(人教社中学数学室原主任)进一步认为,理性思维是数学核心素养的灵魂。

综合以上学者的论述,本人提出自己的理解:思维的发展是培育数学核心素养之着力点。

4　活力数学秉持的教学原则

教学原则是教学规律的反映,是教学经验的结晶,是指导教学工作的基本要求,也是教师在教学工作中必须遵循的基本准则。

对中学数学教学原则的研究与制定,不同研究者有不同的见解,但是一般都必须基于两个基本前提:一是数学内容的抽象性、严谨性和应用广泛性的特点;二是中学生认识发展的基本特点及数学教学的基本目的。

在我国中学数学教育界,《数学教育学》(苏联斯托利亚尔,人民教育出版社,1985)提出的教学的科学性、掌握知识的自觉性、学生的积极性、教学的直观性、知识的巩固性、个别指导六原则在新中国成立初期及较长的一段时期内产生了良好的影响,对于我国数学教育学的数学与课程建设起了一定的作用。

此后,我国的一些著名数学教育学家以及他们的团队结合我国的数学教学实际在这一领域做了深入的研究,分别在《中学数学教材教法总论》(十三院校协编,1980)、《中学数学教材教法》(钟善基,1982)、《数学教育学概论》(曹才翰、蔡金法,1989)中提出了各自的观点,得到了发展和完善。

《数学教育概论》(张奠宙、宋乃庆,2009)一书中关于数学教学原则的表述为:学习数学化原则、适度形式化原则、问题驱动原则、渗透数学思想方法原则。这里对前三个原则做简要解读。

数学化是世界著名数学家和数学教育家弗赖登塔尔(荷兰,1905—1990)提出来的。"人们在观察、认识和改造客观世界的过程中,运用数学的思想和方法来分析和研究客观世界的种种现象并加以整理和组织的过程就叫数学化。""与其说学习数学,不如说学习数学化。"

用一套表意的数学符号,去表达数学对象的结构和规律,从而把对具体数学对象的研究转化为对符号的研究,并生成演绎的体系,这就是数学的形式化。数学的形式化包括"符号化、逻辑化和公理化"。

心理学研究表明,学生思维活动是从问题开始的,在解决问题中得到发展。"问题是数学的心脏"(美国数学家保罗·哈尔莫斯,1916—2006),它促使人们对数学本质的探索,推动人们对数学真理的发现,没有问题就不会引发思考;问题是贯穿数学教学活动的一条主线,是学生学习数学的驱动力之一。从学习的角度看,"数学是做出来的"。数学学习是"解决问题",课后练习是"演练问题",数学考试是"回答问题",研究性学习是"研究问题"。

在遵循数学学科特点及中学生认知发展规律的基础上,学习和参照上述数学教学原则,活力数学提出了以下个教学原则。

4.1　发展性原则

为什么提出发展性原则呢?这关乎教学定位问题。

纵观国内外先进的教育理论对教育功能的理解,虽然有"一般发展""个性的全面发展""和谐发展"等主张,但也不难看出,这些主张逐步趋于相同,即教育的基本功能是使个人获得发展。

党的十九大明确提出:"要全面贯彻党的教育方针,落实立德树人根本任务,发展素质教育,推进教育公平,培养德智体美全面发展的社会主义建设者和接班人。"

《普通高中数学课程标准》(2017年版)(以下简称《课程标准》)指出:高中

数学课程以学生发展为本,落实立德树人根本任务,培育科学精神和创新意识,提升数学学科核心素养。高中数学课程面向全体学生,实现人人都能获得良好的数学教育,不同的人在数学上得到不同的发展(基本理念1)。

学习了很多数学知识,表面上有很大"收获",实质上发展了吗?发展的指标是什么?

《课程标准》在课程目标中指出:

通过高中数学课程的学习,学生能获得进一步学习以及未来发展所必需的数学基础知识、基本技能、基本思想、基本活动经验(简称"四基");提高从数学角度发现和提出问题的能力、分析和解决问题的能力(简称"四能")。

在学习数学和应用数学的过程中,学生能发展数学抽象、逻辑推理、数学建模、直观想象、数学运算、数据分析等数学学科核心素养。

通过高中数学课程的学习,学生能提高学习数学的兴趣,增强学好数学的自信心,养成良好的数学学习习惯,发展自主学习的能力;树立敢于质疑、善于思考、严谨求实的科学精神;不断提高实践能力,提升创新意识;认识数学的科学价值、应用价值、文化价值和审美价值。

所以,纯粹的"知识本位"的教学,对"发展"没有什么实质意义。

当然,一节数学课很难做到(或不太可能)面面俱到地涉及上述所有目标。如果能有效地、质量较高地做到几条,那么,这节课就能较好地促进学生某些方面的发展。

现实中,不少学生一直很疑惑:自己上课都能听得懂,可是作业和考试遇到类似的问题还是不会做,问题出在哪里呢?

问题在于,听懂课是不是意味着掌握了?是不是意味着就能灵活应用了?听懂了,多属于"了解"层次。

数学理解是数学教育界所关心的一个话题,近年来更是引起了国内数学教育者的广泛关注和积极研究。受到普遍认同的观点认为,数学认知理解水平可分为三个层次:其一,操作性理解,即学生懂得了数学的基本概念、原理和方法,能够运用所学知识解决一些识记性与操作性步骤比较强的简单问题;其二,关系性理解,即学生对数学知识的本质有比较深刻的认识,能够把握数学知识之间的内在联系和规律,能够运用所学知识解决一些综合性问题;其三,迁移性理解,即学生深刻理解数学知识,能够将数学思想、方法以及所学数学知识迁移到别的情景,能够灵活运用数学知识解决问题。

听懂,这是老师或别人告诉他的,理解水平大多是属于操作性理解,甚至还没达到这一层级,在思维上没有得到真正有效的训练。如果一个学生只满足于听懂老师上课所讲的内容,可以敢断定,长此以往,学生能力的发展一定是有限的。如果老师只要求学生能听懂课,这样的课学生的收获一定不会理想,学生虽然"吞"下了,也许没法消化或消化不良,也就没法变为学生自己的东西,对学生的发展未必就有作用。如果是自己想通或是在老师的适当帮助下想明白,情况就不一样了,这样才能真正学活知识,用活知识。这样的课营养价值才高。为此,教师力求给学生最少的帮助学生就能想明白,在这个过程中,学生不单掌握了知识和技能,而且对知识的理解由操作性理解逐步上升到关系性理解和迁移性理解,有效地促进了数学学科核心素养的形成和发展。

所以,我们不能仅以学生是否"听懂"来衡量学生是否有收获,更不能以"听懂"作为教学目标。将教材给学生解释清楚,让学生"听懂",这是很初级的教学水平。教学中,要关注学生的自主性思考,学生能自主思考了,他认识就深化了,理解就透彻了,能力也就发展了,学生能自主思考的课堂是最有活力的课堂。

"活力数学"提倡教师着眼于学生发展。通过多角度、多层次激发学生自主、积极、能动的思考,促进学生思维能力、数学能力的全面发展,努力提升学生的数学素养,引导学生会用数学眼光观察世界,会用数学思维思考世界,会用数学语言表达世界。

4.2　开放性原则

针对时下还存在的封闭式、满堂灌、储蓄式等不利于数学思维发展的教学现象,活力数学提出了开放性原则。

"开放"的本意是解除"封锁、禁令、限制"等。教学中的开放性是指解除教师对学生的"封锁、禁令、限制"等,营造宽松、和谐、民主的教学氛围,让学生在这"润泽"的空间愉悦自主地学习。

开放性原则指导下的课堂,要求教师突出学生的主体地位,赋予学生充分的民主,给学生提供更多的时间和机会,让他们经历感知、体验、顿悟的过程;鼓励学生独立思考,动手实践,自主探索,合作交流,倡导学生不唯师、不唯书、不唯上,勇于发表自己的观点,使他们形成自主独立的意识和学习动力,充分发挥他们的主动性、积极性和创造性。

当然,我们无法(也无须)将课堂变为"全开放"的"无政府主义状态",也就是说,开放性原则指的是"适度开放",即开放的程度控制在最合理的范围内。

而现实的数学教学中,大多数教师还没有认识到开放性教学的重要性,有些老师虽有"放"的意识,但缺乏勇气。该放就放,该收就收。

数学教学是思维活动的教学,思维能力的培养与发展是数学教学的重要任务。理论和实践都充分证明,在专制、封闭的课堂中,学生的思维犹如一潭死水,不会流动,没有浪花;只有在民主、和谐的开放性课堂里,学生的思维才不受条条框框的限制,自由地想象,大胆地思考,求知欲望也达到最佳状态,激起思维的层层波浪,迸发澎湃的创造活力。这样的课堂,学生们常常会冒出一些教师意想不到的、富有创造性的思维火花,这火花能引发积极思维的热情,激起思维创新的欲望,并在思维的交流、碰撞中促进思维协调、平衡地发展。

4.3 科学引导原则

"不愤不启,不悱不发,举一隅,不以三隅反,则不复也。"这是孔子论述启发式教学的重要名言,对后世影响非常深远。

"愤"就是学生对某一问题正在积极思考,急于解决而又尚未弄通时的矛盾心理状态。这时教师应对学生思考问题的方法适时给以指导,帮助学生开启思路,引导学生解除疑惑,而不直接告诉结论,这就是"启"。"悱"是学生对某一问题已经有一段时间的思考,但尚未考虑成熟,处于想说又难以表达的另一种矛盾心理状态。这时教师应帮助弄清事物的本质属性,开导学生通畅语言表达而不代替学生表达,这就是"发"。"不愤不启,不悱不发"可以理解为:不到学生努力想弄明白,但仍然想不透的程度时,先不要去开导他;不到学生心里明白却又不能完整表达出来的程度时,不要去启发他。

启发式教学是中国的教学瑰宝,是当今国内外的教学改革都无法绕开的一个教学指导思想。

数学启发式教学是指教师从学生已有的数学知识、经验和思维水平出发,力求创设"愤悱"的数学教学情境,以形成认知和情感的不平衡态势,从而启迪学生主动积极思维,引导学生学会思考,使学生的数学思维得以发生和发展,数学知识、经验和能力得以生长,并从中领悟数学本质,达成教学目标。

当前的数学教学,浮躁和急功近利使得启发引导的含金量很不理想。为达到学生容易听懂的目的,教师会努力地把问题解决的思路详详细细地告诉学生。表面上看,是达到预期的目的,但其过程缺乏学生的独立思考,缺少来自学生的那种"愤"和"悱",也就是说,这样的教学误解了启发性原则。从学习能力培养和思维发展角度看,这样的课也是低效的。因为教师几乎承包了思维的所有工作,留给学生的也只是知识的记忆或问题解决的最教条的部分。即便学生参与了一些思维活动,也只触及思维的最表层而无法真正深入内核。

我们不妨把这样的指导称为"指导过度",好比给小孩喂饭,咀嚼很细,孩子并不一定会得到充足的营养。教育也是一样的道理,尤其是数学学科的教学。

关于指导,杜威曾在《儿童与课程》中下过一个天才的定义:指导(guidance)并不是从外部强加的,而是把生活过程解放出来,使它最充分地实现自己。所以,理想的数学思维教学应该把学习的自主权还给学生,使学习过程成为在教师科学引导下的再创造过程。在这个过程中,教师的主要工作是为学生创设问题情境,在最近发展区内提出有价值的问题,激发和诱导学生积极主动思维;在这个过程中,教师不必急于指点和展示自己的见解,而是为学生提供思考的时间和空间,甚至可以让学生陷入思维的疑惑、迷离或困顿状态,以便学生养成自己主动思考、决策的思维习惯。教师必要时的"导"也要讲求科学性、启发性和艺术性,形式上的引导很容易变成牵着学生的鼻子走,也就没有达到引导的真正目的。

要做到恰到好处的启发引导着实不容易,这是一个既科学又艺术的问题,也是衡量教师教学水平的一条重要指标。

4.4　过程性原则

有意义的学习首先是指意义的学习过程,然后是意义学习的结果。

所谓过程性教学原则,是指数学教学必须以知识的发生发展和认知形成的内在联系为线索,充分展现和经历其中的思维活动,使学生真正参与到发现的过程中来。

由于数学学习对象的抽象性及数学推理过程的严谨性等特点,加上中学生正处于思维发展的关键期,数学的学习需要学习者经历一系列复杂的认知探索过程。"活力数学"在关注学生数学学习结果的同时,更加关注过程。这种"过程"不仅指所学数学知识的生成过程,也指学生积极主动参与数学活动的过程,更包括学生深层次的数学思维活动的过程。

学生数学思维活动的发生、思维的发展及知识和能力的生长,本身就体现过程性,因为思维的完整过程包括起点、中介、终点,不但需要相应的思维对象和空间,而且需要有必要的时间维持这一活动。若忽视数学知识获得的思维过程,则思维就失去了中介,此时的思维犹如断线的风筝,难以与已有的数学认知结构建立实质性的联系。

许多名家都关注思维过程。波利亚在《怎样解题》中自始至终都围绕这一观点,他在解题教学中让学生看到思维过程,而不直接出示哪怕是绝妙的解答,意在使学生能从教师的分析引导中懂得怎样去变更问题,怎样引入辅助问题,怎样进行联想、类比。希尔伯特的老师富克斯习惯在课堂上现想现推,有时把自己置于困境,再"突围"出来,这使希尔伯特有机会看到高明的思维是如何推进的。华罗庚批评"结果教学""只把现成的饭拿上桌,而没有做饭的过程",正说明了这一道理。

在实际的教学中,许多课堂对"过程"不够关注。比如,必修 2 中"点到线的距离公式",由于推导过程需要较强的思维能力,有些教师担心学生难以掌握,估计高考也不一定会考到,因此也就放心地跳过这一极有思维训练价值的环节了,接着就安排学生套公式、代数字等简单的模仿操作训练。一些薄弱校的老师由于实际情况这么处理教学有一定的道理,遗憾的是许多非薄弱学校,甚至一些重点学校的教学也是如此重结果轻过程。这样的教学只重视知识的传授而忽视了知识的形成过程,浪费了思维的培养和锻炼的机会,学生的学习是机械的,必定缺乏后劲,缺乏活力。

有了众多关注"过程性"的理论的有力支撑,活力数学有底气地倡导"过程性原则"。数学过程性原则认为,数学教学应充分展示知识的形成及知识体系的构建过程。理解教材编写的意图、依据及必要性、合理性。弄清概念的深层含义,公式、定理产生的背景及其应用。在学习过程中把握问题的实质,使知识构成有机整体,明确知识点在知识结构及系统中的地位与作用以及与相关知识点间的联系,达到纵向深入概念知识的系统内部,横向扩大到知识间的关联。

数学教学应是挖掘教学思想方法的过程教学。教材中外显的知识点是数学结构系统的躯体,而隐含在体内的数学思想方法却是数学的灵魂,它支配和驾驭着整个知识系统,统帅着数学活动的过程,对传导数学的精神,塑造人的品质有着深刻、稳定和持久的影响。立体几何研究的手段是将空间问题转化到平面问题,解析几何借助于坐标系将几何问题转化为代数问题,它们遵循的是转化与化归思想。同时,在几何教学中,可以渗透公理化与演绎推理的思想方法;在推理论证中,可以介绍分析法、综合法、反证法等。在代数教学中,以方程为主线可以引出字母代数的思想方法;在数式运算和解方程时,可以介绍等值变形和同解变形的思想方法,可依据数轴、坐标系、函数图像等内容推出数形结合的思想方法。另外,在解题教学中,可以适当地归纳一般数学思想方法,如换元法、待定系数法、配方法、参数法、图像法、特殊化法、割补法等。

"过程教学"是学生元认知能力的培养过程。从认知论来看,突出教学的过程性,就是突出主体的认知进行过程。这就要求主体能善于自我观察和自我监视,善于总结经验与教训,改进学习方法,善于调节和培养认知因素与非认知因素,所有这些都取决于主体的认知水平。认知心理学认为,思想方法属于元认知范畴,它是对知识认知的认知,对认知活动起着监控、调节作用,不少学生在数学问题解决过程中找不到解题思路,解答烦琐费时,特别遇到新颖且有一定深度的问题便束手无策,其重要原因之一就是缺乏运用数学思想方法的意识和能力。为此,数学思想方法的挖掘与渗透的过程从某种意义来讲就是学生元认知能力的培养过程。从数学思维论看,思维由五大系统构成,即思维的目标系统、材料系统、操作系统、产品系统和监控系统,这五大系统中,属元认知的监控系统处于支配的地位。因此,"过程教学"突出的思维暴露很重要的成分是元认知的培养。

4.5 "再创造"原则

弗赖登塔尔认为,没有一种数学的思想,以它被发现时的那个样子公开发表出来,一个问题被解决后,相应地发展为一种形式化的技巧,结果把求解过程丢在一边,使得火热的发明变成冰冷的美丽。因此他说教材是"教学法的颠倒"。为了彰显数学知识的过程性,散发出数学的巨大魅力,教师应着力通过数学"冰冷的美丽"焕发学生"火热的思考"。

所以弗赖登塔尔提倡"数学化"。他认为,人们应用数学的思想方法来观察现实世界,分析研究各种具体事物,并加以整理组织,经过进一步形式化、抽象化形成新的数学概念、方法、思想等,这个过程就是数学化。根据数学化的对象(现实客观事物、数学本身),数学化可以分为横向数学化和纵向数学化。横向数学化——对客观世界进行数学化,结果是数学概念、运算法则、规律、定理和具体问题而构造的数学模型等;纵向数学化——对数学本身进行数学化,既可以是某些数学知识的深化,也可以是对已有的数学知识进行分类、整理、综合、构造,以形成不同层次的公理体系和形式体系,使数学知识体系更系统,更完美。

数学的产生和发展本身也是数学化的过程。

当前,一些数学教师依然秉持"知识本位"的观点,认为数学化是数学家的职责,学生学习数学的任务是掌握知识(数学化的结果),这就造成了学生所学知识与实际背景相脱离,结果是他们对一些概念、定理、法则虽然能倒背如流,却不懂得如何运用它们,即便面对日常生活中的简单问题也常常束手无策。要改变这种局面就应让学生学习数学化。

弗赖登塔尔认为存在两种数学,一种是现成的或已完成的数学,另一种是活动的或者创新的数学。现成的数学在人们面前以形式演绎的面目出现,它完全颠倒了数学的思维过程和实际创造过程,给予人们的是思维的结果;活动的数学则是数学家发现和创造数学过程的真实体现,它表明了数学是一种艰难曲折又生动有趣的活动过程。

他还认为,数学教育方法的核心是学生的"再创造"。每个学生都可能在一定的指导下,通过自己的实践来获得这些知识。教师不必将各种规则定律灌输给学生,而是应该创造合适的条件,让学生在实践的过程中"再创造"出各种运算法则,或是发现有关各种知识,让学生通过自己的"再创造"学习过程获得知识。

"再创造"和我们常说的"发现法"有相似之处,"发现法"是"再创造"的一种形式,而一般而言,"发现法"并未真正接触数学思维本质,只是教师设置一些"圈套"牵着学生的鼻子走,学生还是处于被动状态,并且"发现"的内容往往只限于某个狭窄的题材、难度不高的内容,或是用一些具体的材料。所以,"发现法"只能理解为带有一定限制条件的"再创造",或者说是处于低水平的一种"再创造"活动。

学习数学唯一正确的方法是实行"再创造"。

二、活力数学的课堂特征

指向思维发展的活力课堂具有如下特征：

1　润泽的课堂

在一些数学课堂里，教师表情严肃，居高临下，学生小心翼翼，不敢交流。

虽然现在这样的课堂不是主流，但要求学生静静地跟住老师思维的课也不在少数。

在这样传统的授受式学习的课堂里，学生的思维基本是在教师规定的航道上运行，思维发展难有成效。我们必须承认（知道），学生思维的诱发不仅来自教师的启迪，而且也来自于学生之间的相互启发，这需要一个开放的教学环境。

美国著名教育心理学家罗杰斯认为，一个人的创造力只有在他感受到"心理安全"和"心理自由"的条件下，才能获得最优的表现和发展。所以，营造宽松民主的教学氛围，消除学生在课堂上的紧张感、压抑感和焦虑感是思维发展的必要前提。

"润泽的教室"出自于《静悄悄的革命》（佐藤学著），"润泽"这个词表示的是湿润程度，也可以说它是表示了那种安心的、无拘无束的、轻柔滋润肌肤的感觉。"润泽的教室"给人的感觉是教室里的每个人的呼吸及其节律都是那么的柔和。大家安心地、轻松自如地构筑着人与人之间的关系，构筑着一种基本的信赖关系，在这种关系中，即使耸耸肩膀，拿不出自己的意见来，每个人的存在也能够得到大家自觉的尊重，得到承认。

"活力数学"努力倡导营造润泽的教学氛围，教室中没有阴暗冰冷的"死角",课堂上充满着流动的阳光,平等、和谐与交流共存,发现、挑战与沉思同在。在这个和谐民主的思维乐园里,学生有话可说,有话敢说。他们的思维可以充分敞露,他们自由地想象,大胆地思考,充分展示自己的个性观点,在思维的交流、碰撞中相互获得发展,成为课堂真正的主人。

宽松、民主、和谐的课堂氛围,是传授知识的无声媒介,是开启智慧的无形钥匙,是陶冶情操的潜在力量。只有在民主、和谐的氛围中,师生平等对话,学生才能张扬个性,培育起探索未知的信念、意志和品质,学生在课堂教学中才敢于发现问题、提出问题。只有这样,才能激活学生的思维,才能看到学生充满智慧、充满灵气的闪亮东西。

活力数学追求的和谐润泽的课堂是学生思维发展、生命成长的肥沃土壤。

2 参与程度高

在课堂教学中,学生的参与度问题一直备受关注,教师们也都在努力营造高参与度的数学课堂。

关于学生参与,可以分为显性参与和隐性参与。所谓显性参与,即说、写、听、看、做,所以显性参与也叫作行为参与;所谓的隐形参与,即思维参与,就是我们常说的"想""思考"。

曾经一段时间里,课堂中让学生说、写、看、做等行为参与成为教学的一种时尚,许多专家敏锐地发现,表面上甚是热闹的课堂由于忽视了学生的自主思维而没有真正地充满活力,甚至将生动活泼的数学思维淹没在形式化的海洋里。

从认知的角度来看,由于新的知识对于学习者来说是一种外在的存在,而要把外在的知识转化为内在的存在,关键是学习者积极参与的思维活动。只有通过积极的思维活动,学习者才能在现有知识与经验的基础上,理解、消化、吸收新知识,使其成为学习者知识结构中的新的组成部分。只有显性参与而没有思维参与的学习活动只能使认知活动处于模仿和感性认识层面,达不到理性的认识层面,无法使知识与自身和谐地融为一体,这样的学习者只能作为知识的容器,不能成为知识的主人。

"活力数学"在重视学生行为参与的同时,更加关注学生的思维参与,认为思维的参与是主体参与的核心,行为参与最终要落实到思维参与中去。

在活力数学追求的高参与度的数学课堂里,学生表现出浓厚的学习兴趣与热情,有积极主动的参与欲望,课堂上学生情绪饱满,积极踊跃;在这样的课堂里,学生广泛且有效地参与教学活动,师生、生生之间多向交流,形成互动,每个学生在原有的基础上都得到发展。

活力数学认为,学生数学思维的真正主动积极性并不在于频频举手和猜中教师所期待的答案,而在于教师有目的地引导学生"想数学"。在这样的课堂里,学生自始至终都是积极的思考者,他们珍惜一切的思考机会,在倾听中思考,在交流中质疑,在问题解决后自觉反思,理性思维与批判精神在思考中获得了发展。

我在教学中,会努力给学生创造思考的机会。每当看到学生沉浸在思考中的时候,我总是舍不得去打扰他们;每每听到学生说"老师再等一下讲,我快想出来了"的时候,我就特别欣慰,特别满足。有时确实迫于快到下课时间,只好忍痛割爱做提示或讲解时,我就感到遗憾,好像自己做错了事。我很欣赏学生在认真思考时的表情,有的若有所思,有的眉头紧锁,有的笑容舒展,有的似有所悟……真的,观察学生思考是一件特别有意思、特别享受的事情。

我认为,爱思考的课堂是最具活力的课堂。思考,是学生成长的真正力量,是教育之根。

3　思维的挑战

教学最重要的目标就是引导学生思维;数学教学是数学思维活动的教学;数学学习实质上就是学生在教师的指导下,通过数学思维活动,学习数学家思维活动的结果(数学知识),并发展数学思维的过程。

当前的许多数学课堂,教师会努力地把解决问题的思路详详细细地告诉学生,学生听起来也比较轻松,体现出了教师有较高的数学素养及教学水平,这样的课一定会得到不少人的认同和欢迎。

一方面看,教学是达到了学生听懂的目的,但从学习能力培养和思维发展角度看,这样的课似乎显得不够"给力"。也可以说,这样的课明显有一个缺憾,那就是:学生的思维没有受到挑战。

　　心理学家研究认为,当学生的思维遭遇到理智的挑战时,他们学得最好。可是,在上述课堂里,教师没有给学生挑战的机会,因为教师自己几乎承包了思维的所有工作,留给学生的也只是知识的记忆或问题解决的最教条的部分。即便学生参与了一些思维活动,那也只触及了思维表层而无法真正深入内核,这样的教学,如此"指导过量"的教学,使学生发现与探索的思维没有得到有效的训练,甚至还受到了限制。久而久之,还将使学生养成思维依赖性,遇到稍有思维挑战的问题,不是勇于思考,而是等待老师的讲解,学生独立思考的能力将逐渐丧失,更不要说挑战有思维价值的数学问题了。

　　其实,我们的感受和学者的研究成果是一致的。如果数学课上思维风平浪静,学生可能会昏昏欲睡;而一旦思维受到了激活,接受了问题的挑战,他们就会很来"劲",个个跃跃欲试,这也是我们最愿意看到的情境,也是课堂活力的体现。

　　道理很简单,如果一个人长期置于没有刺激、没有挑战的环境中,即便原本素质多么优秀,也将逐渐沦为平庸。因此,作为教师,尤其是数学教师,要特别关注和反思自己的教学行为对学生思维发展的影响。同时,要知道,"传授式"的教学,学生获得的是思维的结果(知识),思维的发展无法通过传授达成。如果意识到了这一点,那就要对自己的教学方式做必要的改变。

　　其实,调整教学方式也不是很难的事,主要是观念的问题。比如正弦定理的教学,教材中展示的是通过考查 Rt△ACB 的边与对角,发现有 $\dfrac{a}{\sin A}=\dfrac{b}{\sin B}$ $=\dfrac{c}{\sin C}$,而后在锐角三角形和钝角三角形中进行探究,发现具有同样的关系,定理证明结束。接下来的教学处理大概有两种策略:一是通过例题和习题来巩固定理,二是对定理的证明做进一步的探究。采用策略一的老师不在少数,但不急于马上应用本定理的老师会把问题引向学生:比值是什么?学生思考之后继续追问:还有其他证明方法吗?若教师还是不急于马上展示自己的想法,而是把机会留给学生,这时,学生的思维就受到了挑战。无须多言,采用策略二的教学在学生思维的激发和学习能力的培养上一定优于前者。

　　当然,于每个个体而言,挑战可能会成功,也可能不成功。成功者在享受成功的快乐之后,更有信心和兴趣去迎接下一个挑战。要让学生明白,没有一个学习(研究)数学的人遇到所面对的问题都能迎刃而解(高斯和欧拉也经历了无数次的失败与成功)。在教学中,笔者让成功者展示他的成果,同时也十分珍惜学生在思维挑战过程中的"不成功",和学生一起认真分析,找出不成功的症结,鼓励学生"你的不成功对你自己以及同学有很好的价值"。

活力数学认为,数学课堂的活力,主要体现在思维的活性,而思维的活性需要教师的激发。所以,在教学中,教师要善于根据教材和学生实际创设富有思维价值的问题情境,在最近发展区内提出能够激起思维火花的问题,在宽松、和谐的学习氛围中,激发学生积极主动的参与欲望,一步一步递进式地开启思维,自然而充分地展开思维、交流思维、优化思维、发展思维。

活力数学提倡并努力呈现具有思维挑战性的课堂。

4　教学方式活

当前的数学课堂,讲授仍是传授知识的主要的教学方式,有的教师智库里也只有"讲授"这一法宝,他们的课堂也只能"满堂灌""填鸭式",这样的教学效果如何呢?

我们来看看学习金字塔理论。

"学习金字塔"是美国学者艾德加·戴尔 1946 年发现的。

美国缅因州国家科学实验室做过类似的研究,他们的金字塔如图:

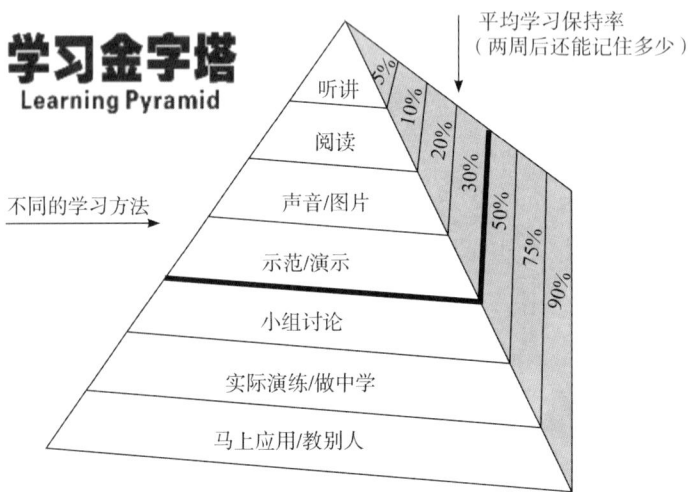

学习金字塔理论告诉我们,不同的学习方法达到的学习效果不同;研究表明,在两周之后,学生对知识的保持率,从 5%～90% 不等。即:

只听讲授,知识保留只能在 5% 左右;用眼去阅读,知识保留约为 10%;视听结合,知识保留大约为 20%;用演示的办法,知识保留在 30% 左右;分组讨论法,知识保留约为 50%;练习操作实践,知识保留将有 75%;向别人讲授相互教,快速使用,知识保留高达 90%。

由此可以看出,纯粹的讲授式教学的效率极其低下,改变教学方式是迫切的要求。

当然,目前大部分老师都已经意识到"满堂灌""填鸭式"课堂的不足,可在实际教学中,只有为数不多的老师会自觉地改造自己落后的教学方式,也就是穿新鞋走老路的现象还相当盛行。如何改变这种落后的教学行为呢?

《普通高中数学课程标准》(2017 年版)强调:教师要把教学活动的重心放在促进学生学会学习上,积极探索有利于促进学生学习的多样化教学方式,不仅限于讲授与练习,也包括引导学生阅读自学、独立思考、动手实践、自主探索、合作交流等,教师要善于根据不同的内容和学习任务采用不同的教学方式,优化教学,抓住关键的教学与学习环节,增强实效。例如,丰富作业的形式,提高作业的质量,提升学生完成作业的自主性、有效性。教师要加强学习方法指导,帮助学生养成良好的数学学习习惯,敢于质疑,善于思考,理解概念,把握本质,数形结合,明晰算理,厘清知识的来龙去脉,建立知识之间的关联。教师还可以根据自身教学经验和学生学习的个性特点,引导学生总结出一些具有针对性的学习方式,因材施教。

怎样让课堂充满思维活力?

以下是我校优秀青年教师许波老师代表福建省参加中国教育学会中学数学教学专业委员会"2014 年高中青年数学教师优秀课展示与培训活动"的展示课"空间几何体的结构"的教学设计。

首先为学生提供足够的图片和实物模型,通过学生的课堂活动,帮助学生确认和巩固对空间几何体结构的认识,同时,在活动过程中发展学生运用图形语言进行交流的能力,按照几何体的不同特征自然分成 7 个小组,进行小组合作探究,小组内成员共享资源,分享成果,小组间互相探讨、互相补充、互相促进。教师通过启发性的问题引导学生观察、分析、总结,探索和理解空间几何体的概念和结构特征。这样,课堂上学生从静态变为动态,按照手中图片的结构特征自行分组,在合作的基础上讨论、归纳,进行二次调整,最后归纳出小组的结论,形成几何体的概念。

这样的设计,学生不再局限于自己的座位,合作的对象不再是预设的同桌或者是前后桌,而是动态变化的。从心理上来讲,学生是比较热切的,因为比较新鲜。同时,合作也是比较充分的,坐在一起的学生会互相比较手中的图片,发现它们之间的异同,无形中也促进了学生的思考和讨论的积极性。

这节课的内容本来很难上出新意,经过许波老师和学生的和谐配合,精彩纷呈,点评专家用了一个几何体(球)和一个词(气)对此做出高度评价:球代表本节课的教学灵活,气则体现在引入接地气,分类涨人气,总结很大气。

灵活的教学方式并非都可以从他人那边复制而来,而更需要教师根据自己的教学风格及实际的教学内容去开发。我常常创设机会与学生角色互换,通过学生举手、同学推荐、随机叫号或有意指定等形式让学生上讲台和大家分享他们的思维过程与结果,变换角色后的我就坐在他的座位上倾听他的讲解,时不时向他提出问题:你是怎么想的? 请把这一步讲清楚些……每每这样的教学方式学生都会更兴奋,课堂也因此常常传出了鼓励、赞许、佩服的掌声。

指向思维发展的活力数学,在和谐润泽的课堂氛围中,倡导有利于学生思维发展的教学方式,尤其关注对话教学、探究性学习、协同性学习、反思性学习(具体将在活力数学倡导的教学方式章节中逐一展开叙述)。

5　有效的互动

灵活的教学方式,少不了一个关键词:互动。

互动就是根据教学内容和任务,有效设计师生、生生、生本之间的对话互动,精心组织合作学习,激发学生在实现学习目标过程中相互帮助,引导学生负责地承担共同任务中的个人责任,促使小组成员相互尊重与信任,完成合作任务,分享互动成果,实现共同发展。

课堂是一个复杂的“生态系统”,互动是这个生态系统的一个重要元素。“互动”一词对于教师而言并不陌生,可当前不少课堂中教师依然只顾单向传授知识而基本没有互动;一些互动形式单一,内容单调,一些课堂的互动频繁、热闹,但偏离互动的应有之义。如合作之前缺少独立思考,合作时缺少必要的分工,合作之后的交流往往又少了互相倾听。这种情况下的课堂要么是少数优秀学生表演的舞台,要么成了大家自说自话的场所,合作交流在这里几乎只是营造出一种"虚假的繁荣",鲜有"效率"可言。交流合作完全流于形式,缺乏实效。

"课堂提问"应是最常用的一种师生互动方式。提问的方式不同,作用和意义也不同。如"什么是指数函数?","这道题你的答案是什么?"等,这种"什么是"和"是什么"式的提问是以事实为基础,它的功能主要是引起学生注意,起到复习旧知识及反馈学习结果的作用。如果改问:为什么?你是怎么想到的?你是如何理解的?有没有其他想法?……这样的提问是以思维为基础的,能激发学生积极思维,让学生的思维自然地敞露出来,较前者有更深层的意义。

除了以思维为基础的课堂提问之外,活力数学还倡导小组(或同桌)交流讨论、汇报展示、相互质疑、辩论、对话、头脑风暴等多种生生互动形式,有效激发学生积极思维,促进思维品质的发展与完善。

在数学课堂上开展名副其实的"实质性"互动,使学生对所学知识有自己的认识,鼓励开展讨论和各种观点间真诚的交锋,这是思维发展的有效方式。

还有一种目前没有引起足够重视的互动——生本互动。生本互动是指学生对教科书、课外读物等文本的阅读理解。许多教师用自己的讲授取代了引导学生阅读文本,忽视了学生与教材的对话,浪费了教材的丰富资源。我们知道,在一些教学内容,如统计与概率中的一些章节,让学生阅读教材后教师再做些总结提升,其效果要比纯粹由教师讲授好得多。况且,阅读自学是一种重要的学习能力,关系到学生未来的发展。

互动意味着对话,意味着参与,意味着相互建构,课堂如果缺少互动就缺少了生命的气息和生命的灵动。

关于互动的有效性,"活力数学"认为最重要的是要让学生有自己积极地、独立进行数学思考的空间。不管是那种形式的互动,只有学生能自主、积极、灵动、有效进行思维,自主地位得到充分体现,数学教学才能充满活力。

6 生成与创新

在课堂观察的过程中,我们发现许多老师的课基本上还是中规中矩地按照教案中的充分预设进行的,虽然也安排了互动环节,但这样的课是好课吗?

6.1　关于预设与生成

教学是发展、变化的动态过程,一方面要进行充分、有针对性的预测和设计;另一方面要根据教学过程的具体实际情况,进行灵活、适时、有效的生成。

预设是预测与设计,是课前进行有目的、有计划的、清晰理性的、超时空的设想与安排,是教师对自己课堂方方面面可能出现的问题的预见与对策的准备。预设需有弹性和留白,预设并非是一份详尽的教案,并非是在上课前对课堂的每一个环节都进行了"完美"的设计,然后在课堂上教师按部就班将教案完美地演示出来。否则,预设将严重限制学生的主动性。

生成是生长和建构,是根据课堂教学本身的进行状态而产生的动态形成的活动过程,具有丰富性和生成性。"学生发展为本,立德树人,提升素养"是新课程标准的首要理念,而"发展"却是一个动态的生成过程,这个过程中的因素和情景无法预见,也就产生出许多的生成性问题。生成可分为两种:一类是我们预设下的现象,成为常理下的生成;另一类是不曾预设到的现象,是意外的生成。生成是新课程理念下课堂教学的主要特征,它强调课堂教学要改变传统课堂教学固定不变、按部就班、机械僵化的教学模式,主张课堂教学必须构建生成性的探究性活动过程。

6.2　对学生而言,学习就是生成

数学新知识不是通过外部强行嵌入学生的知识结构中,学生也不是把数学知识原原本本地搬到自己的头脑里,而是以学生的已有的数学知识和经验为基础,在教师自然、合理科学的启发引导下,通过新旧知识和经验的相互作用生成新的理解。

教师的工作重在创设"愤悱"的教学情境,激活学生头脑中与新知识有实质性联系的已有经验和知识,并以此作为新知识的生长点进行启发和引导,从而生成数学新知识的意义。在这一过程中,学生获得的已不是教师所教的内容,而是经历了自身的思维构造,使数学知识获得了心理意义,经历了由不知到知、由迷茫到解惑的生成过程。从这一角度理解,数学学习过程即是生成的过程。

数学课堂是有计划、有目的的活动,这就意味着数学课堂必须具备一定的预设性。但"人们无法预料教学所产生的成果的全部范围,没有预料不到的成果,教学也就不成为一种艺术了"。(布卢姆)这必然要求教学活动突破预期目标和既定教案的限制,而走向生成、开放的创造天地。当前的数学课堂更加注重学生的主体地位,强调师生的互动与合作。这互动的过程意味着更多的不确定性和生成性,因此生成性成为数学课堂的重要特征。

预设是生成的基础,生成是预设的提高,二者是相辅相成的,是矛盾的统一体。在数学教学中,必须正确处理这一矛盾,审视教学资源,弹性设计教学,进而促进课堂的动态生成,在感悟、积累、运用的动态过程中,实现教学设计与课堂教学的和谐共振。

作为数学教师,务必注重课前精心预设,关注课堂动态生成,构建有利于学生思维发展的新课堂教学结构,使数学课堂焕发生命的活力,涌动生命的灵性,这正是新课程改革所期待、所追求的理想境界。

活力数学关注课堂教学中的生成资源,特别是"意外"生成资源。生成就像植物养护一样需要肥沃的土壤,需要精心的栽培、用心的呵护,所以教师要细心观察,用心倾听,随时捕捉新信息,选择有效的信息及时转化为教学资源,调整预设的教学环节,进行生成性教学。

关注生成,还必须关注教学的开放性。如果课堂依然是封闭式的,只是教师独自传授,只是让学生跟着老师的思维,这样的课难以有生成。反思自己的教学,我们也曾上过不少自己满意的课。真正让自己激动或兴奋的课往往不是按照教案中的预设进行,而是在课堂"脱缰"以后,在与学生思维有效互动时的新的生成。

6.3　生成是创新的前提

创新思维是思维的最高形式,是学生发展的核心目标。

我们发现一些教师的教学缺乏创新,原因之一是他的课堂几乎没有生成。而生成是创新的前提,没有课堂上的种种生成,创新犹如无本之木,无源之水。

活力数学反对教学上的墨守成规、循规蹈矩,倡导开放性教学原则,在和谐润泽的氛围里采用灵活的教学方式,激发学生积极思维,捕捉生成,鼓励创新。

7　智慧与灵动

我们发现,许多数学老师的数学素养是很不错的,课堂也很充实,可总感觉到课堂对学生的吸引力不够;还有一些课堂,教师也比较注重教学方式的转变,有较好的互动,学生的参与度也较高,但也总感觉缺点什么。

现在,学校和教研部门都比较重视教师的在职学习与培训,与新课程改革相关的教育教学理念,包括国内外的一些先进的教育学、心理学理论,老师们也不陌生。而且,随着国力的逐渐增强,国家加大了对教育的投入,先进的教学设备也进入了课堂。可以说,目前的大多数课堂教学,不是缺乏设备,也不是缺乏理念。那缺什么呢?

有些东西很难靠财政投入及培训学习得到提升,如教师基于自身体验、感悟、反思、实践形成的教育智慧。许多教育名家认为,当前课堂最缺的正是教育智慧。

研究表明,随着年级的升高,课堂对学生的吸引力越来越倾向于教师的学识水平和教学艺术,是否有教育智慧也成了维护"教师形象"的一个关键因素。这样,在"教育智慧"方面有缺陷的教师就很难继续维护在学生心目中的良好形象了。学生一旦开始不崇拜你了,教师的日子就不好过了,甚至会遭学生嫌弃。

那么,哪些教师可以称为智慧型教师呢?

余文森教授认为,智慧型的教师,其特点是术业有专攻,对学术、专业有专门的研究,不仅有学问,而且具有教育智慧。正因为拥有智慧,他才能真正做到启迪学生的智慧(智慧属个性范畴,只能启迪,而不能直接传授)。在传授知识的过程中会经常地、时不时地冒出智慧的火花,学生会从中受到熏陶、感染、启迪,并有所感悟,从而逐步地提高悟性,增长智慧,变得越来越聪明。

拥有教育智慧的教师在教学过程中常常表现为深刻、独到和广博。

深刻,体现在讲述简单明了,讲在点子上,直指问题本质,做到一语破的、一语解惑、一语启智、一语激情,使人有豁然开朗、茅塞顿开、悠然心会的感受。

独到者,常常有真知灼见,能够于平凡中见新奇,发人之所未发,见人之所未见,其课如同一首诗、一幅画,学生听这样的课就像是在独享一片风景。从心理学角度说,独到见解实际上是一种创造性思维,独创性是思维最宝贵的品质,任何新见解、新观点、新理论、新方法都是独创性思维的产物。

广博的教师,讲起课来就纵谈古今,陈述东西,左右逢源,信手拈来,旁征博引,妙趣横生,使学生如同进入一个辽阔、纯净甚至可以嗅到芬芳的知识王国,令学生身心陶醉,流连忘返,从而收到"听君一席话,胜读十年书"的奇效。

智慧的教师课堂里还表现出机智、幽默和启发。

面对偶然性问题和突发的意外情况,富有教育智慧和机智的教师总能灵感闪现,奇思妙策在瞬间激活,从而机动灵活地加以处理。

幽默是智慧课堂的一道风景。拥有智慧的教师常常能根据教学实情、教学内容,灵活运用含蓄精练、诙谐有趣、意味深长、富有哲理,能给人启迪的语言进行教学。在这样的课堂里,教师幽默风趣,妙语迭出,常引得学生忍俊不禁,让学生在轻快的气氛中领悟深刻的哲理,步入知识的殿堂。幽默语言不仅可以将事物穷形尽相,而且能够入木三分,唤醒学生的好奇心、自尊心,促进探究性、挑战性等个性心理品质的发展,从而形成良好的思维品质。

启发性教学是我国传统教育教学的瑰宝。启发的最高境界是灵性启迪悟性。富有智慧的教师善于激疑布惑,诱导学生向着未知领域探幽发微,把学生带进"山重水复疑无路"的困境,然后或抛砖引玉,或画龙点睛,或点拨指津,或目示点头,或取喻明理,使学生对问题心领神会,如入幽微之境,突见"柳暗花明",豁然开朗。

关于智慧教学,朱永新教授在《朱永新教育文集》中说,知识并不等于智慧。知识关乎事物,智慧关乎人生;知识是理念的外化,智慧是人生的反观;知识只能看到一块石头就是一块石头,一粒沙子就是一粒沙子,智慧却能在一块石头里看到风景,在一粒沙子里发现灵魂。

活力数学,追求智慧与灵动的课堂。在这样的课堂里,教师和学生融为一体,智慧而灵活地完成教学任务。可以看到老师大气而不失细节关怀,严谨而不失幽默诙谐,于寻常中体现深刻,于平凡中映照哲理。他们在教学中时而表现独到与深刻,令人耳目一新,受益匪浅;时而又装作不懂,大智若愚,让学生会从中受到诱发和启迪。在这样的课堂里,学生的思维不受条条框框的限制,可以"异想天开",常常迸发出令人惊奇的思维火花。

8　师生共成长

学生最有价值的青春时光是在课堂里度过的。所以,在做教学观摩及自己的课后反思中,我常常在想,在数学教学中,应该让学生有哪些收获?

可以简要地认为,在数学课堂上,教师不单关注学生是否学到了数学知识,更重要的是,通过数学知识的学习,学生数学思维能力和理性精神是否得到了发展。或者说,我们的教学有没有达到或多大程度上达到"人人都获得良好的教育,不同人在数学上得到不同的发展"这一基本目的。

于教师而言,课堂是我们职业人生中最重要的舞台,也是生命中最有意义的构成部分。在关注学生成长的同时,教师也应关注自己的发展。

教师的专业成长离不开课堂。刚入职时候的我们,备完课写了详细的教案忐忑地走进课堂,当我们完成这节课的教学时感觉到自己对这一部分知识的理解比上讲台前深刻多了,在与学生讨论问题时受到了启发,发现自己成长了,这就是课堂的魅力。

可是,随着教龄的增长、经验的积累,上述感觉好像逐渐减弱,许多教师在课堂上的角色只是知识"输出者""传授者",成了"点燃中的蜡烛",蜡炬成灰泪始干,也就在课堂上逐渐老去。遗憾,可悲!

如何让自己在课堂上持续获得发展呢?

当然,不同阶段有不同的发展内容,刚入职的教师在课堂教学中获得的发展主要体现在通过自己的讲授(表达出来,能够让学生明白)加深了对教材的进一步理解;当你逐步成熟时,就得思考每堂课该怎么上效果会更好,有些老师敢于尝试不同的教学方法,在引发学生思维的同时,自己的思维也获得了提升。有的教师敢于挑战自己,敢于开放课堂,这样的课堂会涌现更多的生成与创新,双方的收获可能又上了更高层次,许多数学教育名家的"神来之思"就是在与学生思维相互碰撞中受到启发而产生的。

活力数学倡导的课堂,其最突出、鲜明的特点就是根据数学本质及其教学内容,灵活采用多种教学策略,调动学生的知识、经验,揭示数学思维的独特性,开启学生思维的灵活性、广阔性、深刻性、批判性和创造性,启发学生观察、发现、分析、解决数学问题的多端性、变化性和应用性,共同欣赏,享受数学学习的独特风采的思维魅力。因而,它是"永动"的课堂,是生命的课堂。我们不单在"教"学生,我们也和学生一样在课堂中实现生命价值和自身发展。

这是活力数学的使命。

附录 1

在基本完成本章节写作时,我突然产生一个想法:找几位学生回忆回忆我的课堂。让早年的学生回忆起课堂的细节来可能比较吃力,在校的学生也不太合适,所以,我给 2018 届的几位同学布置了"作业",请他们回顾我的课堂中最有印象的几个特征。以下是他们提交的文字材料。

图 2-1　和学生共同拥有课堂

李思扬:

2017 年 9 月赵祥枝老师获得"福建省首届最美教师"称号之后,"赵美丽"这个称呼在双十中学的老师中就叫开了。我们这届同学还送他一个昵称——"枝枝",原因之一是我们和赵老师特别亲近,取他名字最后一个字叠音表示更亲切;还有一个原因是,他从校园里找来了一截小树枝,这树枝看上去普通,实际上既是赵老师上课用的教具,又是引导学生参与课堂教学、与学生进行交流的纽带,同学们称之为"枝枝的枝枝"。在赵老师手中时,这根树枝是教鞭,是戒尺,同学们上课时注意力会自然而然地跟着这根与众不同的教鞭走,不敢有丝毫的走神,因为走神的下场是被枝枝的枝枝开玩笑般地挠痒痒。

高二上学期赵老师接任我们班,起初他并没有和我们提及他的教学主张,但是我们总是能感觉到他的课堂处处渗透着"活力数学"。

赵老师的课堂最不缺的就是同学的发言,他一有机会就让同学上台发表自己的见解和思路,这时候"枝枝的枝枝"就到了同学的手中。我们会把这根树枝当作赵老师对自己的信任,模仿赵老师使用时的样子,尽力将自己的思路解释得清晰易懂。

在赵老师的课上,同学们时时刻刻都在积极思考。记得一节课上,对一个难度较大的多元函数的最值问题(具体题目不记得了),赵老师组织我们进行"头脑风暴",希望我们能想出尽可能多的解决问题的方法。同学们都踊跃发言。当一位郭姓同学发言时提到拉格朗日乘子法时,显然引起了赵老师的注意,将其邀请上讲台当"小老师",讲授这种他没有想到的方法。尔后新的声音此起彼伏,利用不等式的几何意义,运用柯西不等式……在大伙把各自的思路展现完之后,赵老师各自做了画龙点睛的点评后介绍了最基本的解法——利用基本不等式进行求解,并着重强调了等号成立时的条件以及相应的答题规范。

赵老师的课堂也总是充满着智慧与灵动,于我而言印象最深的就是赵老师的解析几何课。一开始我对这门学科的印象就是运算量大,而这恰是我最怕的,由此对解析几何怀有先天的恐惧感。直到上了赵老师的课后,我才领悟到圆锥曲线之美,即便大运算也是很美的。在赵老师的引导下,我们发现了椭圆、双曲线和抛物线之间的相似处和联系,这极大地激发了我对圆锥曲线的学习兴趣。而在后继的课中,我们又在赵老师的带领下在圆锥曲线的知识海洋中遨游,一个个性质,一条条结论,一个个惊喜扑面而来,可我们没有被吓倒,因为它们经赵老师的梳理后就像海洋中的鱼群一般,相似又有活力。但可惜的是,老师的智慧我还没有学透就毕业了,不知道何时才能再上一节赵老师的"活力数学"课。

谁说数学课只能在教室里面上?赵老师的活力数学每时每刻都能上演,走廊、操场甚至是食堂,只要有赵老师的身影就有可能出现活力数学。印象最深的是一次放学后,赵老师约了我们几个同学去操场上跑步,跑着跑着,赵老师就开始关心我们的学习,接着就聊到了当时正在教的与复数有关的东西,当赵老师讲到平面坐标的旋转可以通过乘以相应的单位根时,我不禁联想到了矩阵,在赵老师的点拨下我似乎发现了其中的联系,紧接着又畅聊了空间对称性等方面的内容……到最后我跑得没体力了,但大脑还在飞速地运转,整理着跑步过程中收获的数学知识。而赵老师还在继续,他可是全校知名的马拉松健将,我想他数学课上的活力可能与他坚持长跑的活力有着密不可分的联系吧。

吴曼绮:

赵老师课堂的自由与活泼是全校闻名的。你从不会在他的课上感到干涩和枯燥无味,不会对黑板上满满的公式与定理感到厌恶,而是会被赵老师诙

图 2-2　活力数学课堂

谐、活力及特有的人格魅力所吸引,甚至生怕少听一节课。在解释抽象而又乏味的概念或定义时,赵老师常常拿生活中的点点滴滴作为例子——之前大热的人工智能 AI 或者"神舟"飞船,他总是将时事与数学相结合,拓展我们知识面的同时又生动形象地解释了数学中烦琐而又抽象的概念。在赵老师的课堂上,从不是居高临下的"填鸭式灌输",而像是与一位朋友交流般轻松自由的谈话,充满了对思维的拓展、思想的鼓励;充满活力的课堂也充分调动了同学们对数学学习的积极性,提升了同学们对数学的兴趣,更因赵老师有趣的上课形式而爱上数学、爱上思考、爱上思维的迸发。

　　赵老师的课堂对我们班同学来说更像是一场讨论课,课上同学若有更优解或巧妙的想法,赵老师总是邀请他和同学们分享。正是在这样一个集思广益的课堂中,我们能够领略到不同思维方式的奥秘,体验到不同大脑的思考方式,从而对自己的思维发起挑战。赵老师从不会枯燥地灌输知识,而是通过观察同学们的神态、表情,"点点头","笑一笑","眨眨眼"——他常利用同学们的反应来猜测(推断)对知识的接受和理解程度。在这样高参与度的活力课堂中,同学们少有走神、少有发呆,也少做白日梦的,而是更积极地参与课堂的讨论,主动接受课堂不同数学思维的精华,因而在之后的考试中也受益良多。

　　我们班是理科实验班,几乎每节课赵老师都会提出对我们思维构成挑战的问题。他常常提醒我们:"你们要努力思考,如果被我讲了,你们就没有思考的机会了。"当同学陷入困境时,赵老师会旁敲侧击做一丝丝的暗示,在迫不得已时赵老师才开讲,但他也不是直白告诉我们怎么解,而总是不断引导我们进行思考,并不断提出新思考、新方法,对我们数学思维进行一次次考验。除了挑战性问题外,赵老师还特别重视我们思维规律和思维品质的培养,如对定义的二次思考、定理的发现与证明、推理漏洞的搜寻、反例的构造等。在教科书上的边边角角,赵老师提出的问题,都能让我课下大费周折好好思考一番,可想而知,其上课的例题将会是怎样一场脑力风暴。

当我们思维受到挑战时,赵老师常引导我们以不同的数学思维去思考问题。从多个角度思考,不仅开拓了思维的维度,还挑战了理解的深度。用不同的方法解决同一问题便是课堂上智慧的运用、思维的灵动,赵老师常引导我们做此练习,长此以往,面对难题,我不再"一路摸黑走到底",而是不断"开辟分支与捷径"。我于此方法也受益匪浅——紧张考试中面临困境,挠破脑袋也没想出来解答的题目,我常常将思维转个弯,派生出不同的解决方法,在脑中对不同方法进行评估后,便利用思维的灵活性解决了考试中的难题。

不仅如此,赵老师在课上常常使出他的绝招。如立体几何的复习课上,赵老师采用了一种焕然一新的教学方式——利用画思维导图,将冰冷的字符变为鲜活的图像,将抽象的条件象化,来梳理不同条件与定理之间的关系。不同于我以前的数学学习,仅仅将符号与脑中想象对接,不利用具体的图像进行记忆,这将在解题时耗费大量时间,且也许会漏过题中某些隐藏条件;而赵老师针对不同知识制定的特色教学方式,将思维进行具体化的转换,同时运用学生的各种感官,利于他们对教材知识的记忆巩固,也加速了知识的提取与应用。对于空间想象思维较弱的同学,这样的学习方法不仅是思维方式的提升,更是掌握立体几何能力的绝佳捷径。

赵老师的智慧还体现在对每个学生学习状态及心理的准确把握上。几乎每次考试过后,我总会拿着圈圈点点、勾勾画画的答题卡向赵老师询问答题的意见。当然,在交流前我必定会将自己的卷子认真订正,做上细致的批注;在与赵老师快速而又有效的交流中,赵老师总能点出我每次考试思维的漏洞、格式的不规范,抑或是时间安排的不合理,可谓一针见血。即便是在高三紧张的复习时间中,我从不会错过任何一次交流。赵老师轻松诙谐的语言总能令我舒张绷紧的神经,短暂的一次次交流就如紧张复习中的大脑休息。从一字一句中,收获满满的答题经验,同时也能为紧张的复习调整适当的节奏,舒缓焦虑的心情,以便迎接未来更大的挑战。

钟煜炜:
枝枝老师的课堂是融入感情的,而不是单纯地照本宣科念课本,也不是机械死板地讲解。每次上枝枝的课,他总是会在讲题过程中穿插和同学们交流,有时会问还没进入状态或注意力不集中的同学:"我刚刚说的对不对啊?"然后用小树枝挠挠他的头,引起班级同学们哄堂大笑;有时可能是将题目与生活相联系,方便大家更好理解。

枝枝老师的课堂既严谨又温馨,还常常表现出特有的幽默。记得有一次课上讲一道有关古印度移金片的递推数列的题,说当64块金片移到另一根针上时,就会发生世界末日。结果枝枝在讲完此题解法之后,还顺带说:"按这题这么说,在经过×××(省略一连串数字)年后,才会发生世界末日,而这离我们还非常遥远,所以大家不要担心,晚上可以安心吃饭。"这样的玩笑话,还有很多,不仅让课堂增添了许多的欢笑,也大大激发了我对数学课的兴趣。

枝枝老师的性情特别好,他也常常和同学开开小玩笑,班上几位同学的昵称与枝枝老师有直接的关系。郭同学常常有创意的想法,一次赵老师在"点赞"时随口说句:你的解法和你的鼻子一样帅,从此郭同学便有了"帅鼻子"美称;在学复数时,凯拓同学几次忘带课本,枝枝故意激他说:你以为自己是欧拉呀?那你就叫"拓拉"吧;罗炜涛是我班数学竞赛高手,有的问题其他同学"卡了",赵老师常常说:那就请罗神来吧。在称呼这些外号时,不仅令人感到亲切,也使课堂更加的生动、和谐。这样的授课方式,令刚入高二的我感觉耳目一新,逐渐对数学课充满着期待。

枝枝上课的方式也是独具一格。他常常挑选有代表性的作业放到展台上展示。这名同学可能作业做得非常好,枝枝将他的作业拿来让大家作为范本学习;也有可能作业并不是做得很好,但是其中某些题错得很有特点,枝枝希望大家引以为鉴。这种方式对被拿走作业的同学有很大好处,就拿我来说,一旦我被拿走作业,这节课上我都会高度集中精力,并不断反思自己是不是昨天作业做得不太好。当发现自己作业写得确实不太好时,就会暗暗下决心在接下来一段时间一定要用心学习,不再犯这些错误。除此之外,如果一些非常愚蠢的错误被展在投影仪上,在很长一段时间内对于这种错误我都会印象深刻,基本不会再犯类似的错误。而对于其他同学来说,通过这种方式,可以了解到不同同学的写题格式,以便完善自己求解大题的书写步骤,还可以了解其他同学可能出错的方面,从而明白某些题目出题人可能设置的易错点,更有利于掌握对应知识点。

在重视通行通法解决问题的同时,枝枝老师还特别重视我们创新能力的培养。在课上,他经常问大家有没有不同的想法、你是怎么想的这样的提问,不仅可以提高同学们的专注力,也有利于培养同学们的数学思维品质。曾经一道解析几何小测的题目是:椭圆与一条直线相交,交点与原点连线呈 $90°$,求直线交椭圆的弦长。同学们就有好几种不同的解法:有些同学直接用公式求长度,有些用参数方程求长度,还有同学敏锐地发现题目中的条件可以套用二级结论,从而直接得出答案。枝枝在课堂上展示这几种不同的方法,并进行比较,引导我们悟出每一种想法的所蕴含的数学思想方法。枝枝通过鼓励我们积极参与课堂讨论,促进了我们在课堂上思考,进而活跃了解题的思路,很大程度上提高了创新水平,让我们在面对难题时,敢于大胆地思考,而不是拘泥于课本、标准答案上的解法,展现了数学解题的奇妙。

最令人感动的,还是枝枝对教学的全心付出和对我们的真诚关爱。每天早晨7点不到,枝枝就早早地坐在了办公室桌前,批改前一天的数学作业。同学有错误的地方,他总会在旁边将其稍加订正或"点醒"。如果发现同

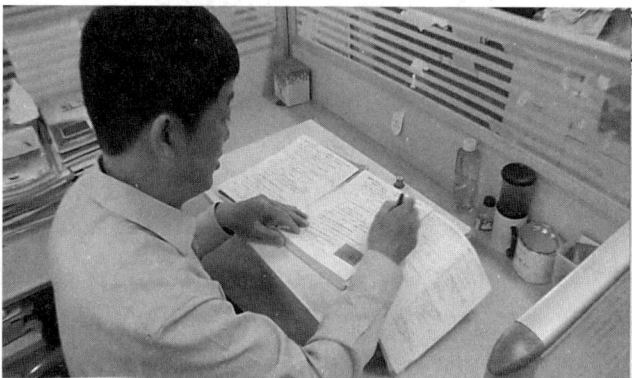

图2-3　一天工作的开始

学写作业十分随意,应付了事,他往往会在作业上写上一句叮嘱话,提醒他要认真对待作业。因为枝枝非常看重同学们日常作业的订正,所以,在每天数学课前,我们都会收到已经批改好了的前一天的作业,我们会抓紧时间订正,然后在上课时能够更有收获、更有针对性地听枝枝对于作业的讲评。而当假期我们在学校自习的时候,枝枝时不时来学校察看我们的自习情况,并问我们假期作业完成状况如何,有什么不懂的问题可以询问他。有时也会邀请同学们和他一起跑步,边跑步边谈心,梳理同学们最近学习上乃至生活上遇到的问题。除此之外,枝枝老师还多次和我们探讨同学们喜欢哪样的教学方式,每当这时,他都会仔细聆听,认真思考,从而不断调整改进教学策略。枝枝对于教书的态度不仅仅视其为工作,更将其看作一种生活,这也成为他润泽万物、惠及后生的汩汩之源。

陈子湄：

在赵老师的课堂上，同学常是洋溢着微笑，或是突然大笑，因为赵老师会在课堂里融入有意思的笑点。他还善于激发学生的学习兴趣，鼓励学生自由思考，大胆交流，学生有任何自己的思路和见解都可以站起来或到讲台上表达、交流。比如，在上解析几何的时候，有一位同学提到了利用拉格朗日法解一道圆锥曲线的题，他便让这位同学上台讲解，他下来和同学坐在一块听。大家会在他引导下进行有意义而热烈的讨论，加上他的幽默风趣，课堂上总是充满和谐而快乐的气氛。在课堂上和课下的讨论中，我们和他的相处总是很轻松，快乐自由。

枝枝老师每天总会在作业中给我们留下一两道同学们最喜欢做的思维挑战题。在第二天的课上，他也不直接告诉大家答案，而是引导大家一起探究。赵老师还注重引导我们将解决困难问题的经验提升为普遍的解决方式，在他的引导下，我们可将数学之内的矛盾演绎到数学之外，思维得到了提升。

枝枝上课的出发点，从来不在于解某一道题，而在于拓宽大家的思路。当有挑战性问题出现，讲台就不再是枝枝一个人的舞台，而是请上"罗神""鼻子"等班里各路"大佬"，八仙过海，各显神通。也许有的方法会超纲，但这让我们看到了更广阔的思维空间，见识到了更多的可能性，在考试的时候便思路如泉涌。当然，不是所有人都能够突破思维的桎梏，枝枝就会拿出他的"万能钥匙"。何谓万能钥匙呢？比如在圆锥曲线的题目中，只要掌握了关键的模型，无论题设如何"装饰"，基本上都能解开，就仿佛一把万能钥匙。几页笔记，就能触类旁通，举一反三，几十几百道题又有何惧？最令人哭笑不得的就是习题课了，真是几家欢喜几家愁，只要作业一点不认真，就会被选中成为"反面教材"，在全班面前投影。其他人自然乐呵呵，被选中的倒霉孩子就尴尬万分了。这也让错误更加深入人心，刺激大家不要再犯。

陈雨菲：

圆锥曲线是高中数学学习过程中的一大重难点。记得在初学圆锥曲线时，我面对繁杂的计算和性质不免有些畏难情绪，逐渐丧失了之前学习数学的耐心与信心。但令人印象深刻的是，赵老师的数学课堂不同于传统的授课模式，取而代之的是极高的参与度。与其说课堂上的赵老师是"授课者"，不如说他是"引导者"，站在我们的水平线上，鼓励探索，循循善诱，一步步引领我们探寻数学的美妙。如此的"角色设定"，使得我们更有自信提出自己的想法，进行大胆的思考。赵老师善于控制课堂节奏，不急不缓，张弛有度，为我们留足了

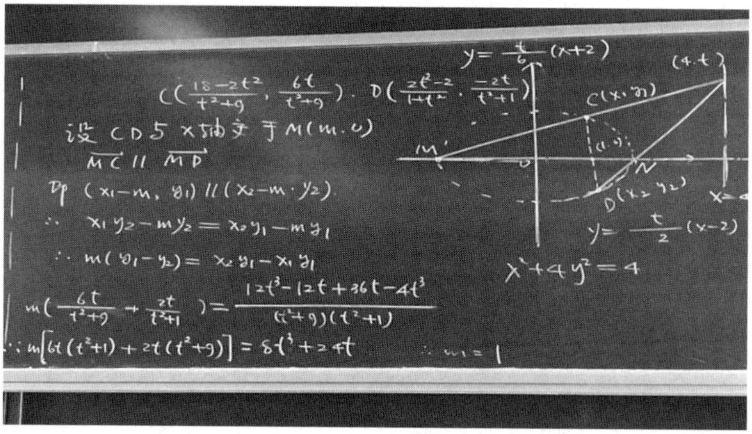

图 2-4　板书

充分思考的机会。从"焦点三角形"的特殊性质,到涉及焦点与准线的诸多性质,甚至椭圆、双曲线和抛物线许许多多的异同点,我们都是在课堂或课后通过自己的演算推导出来的,这无疑提高了我们对知识的熟悉程度和对计算的自信心。有时,一个结论可以从多个角度进行证明,老师从不拘泥于单一的标准,而会将大家不同的解题过程展示在投影上,在调动课堂积极性的同时拓宽我们的思路;即便有的想法存在瑕疵,他也会鼓励我们发现其中值得借鉴的闪光点,并注意到可能犯下的错误。

每次找他询问问题,赵老师都不会给我们一个简单粗暴的"判断式定论",而会给出一些问题和提示,引导我们自己解决问题。于是,为了一道不懂的题目,也许会前前后后找老师交流很多次才得到解决:询问老师,得到提示,自己钻研,遇到困难再询问……如此往复。这样的互动方式看似进展缓慢,但实际上十分有效,它把学生对老师的依赖性转换成学生钻研问题的主动性,当我们经历完整的探索过程而终于"柳暗花明"的时候,我们不仅获得了眼前的知识,也提升了解决问题的能力,更得以亲身体会数学之美。

他一向鼓励我们拓宽思考的边界,大胆地尝试。正因为这样,同学们有新颖的想法都乐于与老师交流,老师也时常惊讶于同学们各种各样巧妙的解题思路,并且鼓励同学们向全班分享。"教学相长"大概如此。

他了解每个同学的个性,会在需要的时候给予恰到好处的关心而不给人太大压力,给我们"一切尽在掌握之中"的心安。记得一次数学周考,我因为状态不佳,反常地只得到了一半的卷面分,感到十分沮丧、慌张。当我拿着卷子找到他时,他并没有任何批评,却拍拍我的肩,告诉我"没关系,相信你的能力"。正因此,我很快地从那次打击中走了出来。

他不仅关注我们的数学学习情况,更关心我们在学习和生活上的近况。他有长跑的习惯,时常能看见他约上几个同学一起跑步,了解同学们的想法或烦恼,并给予大家支持与鼓励;晚自习时,他有时会来班级里"随意地"转转,不经意间出现在同学的桌前,留下一两句抑或警醒抑或鼓励的话;高三后期,班里有些同学被其他科目拖了后腿,他知道情况之后,会找同学了解近况,聊天解压。

附录2　教学案例

让数学课堂焕发出生命的活力
——一次课堂突发事件的处理及反思

前不久留给学生的课后作业中有这么一道题：

不等式$(1+x)(1-|x|)>0$的解集是（　　）。

A.$\{x|0\leqslant x<1\}$　　　　　　　B.$\{x|x<0$且$x\neq-1\}$

C.$\{x|-1<x<1\}$　　　　　　　D.$\{x|x<1$且$x\neq-1\}$

这是一道很平常、很传统的题目（全国高考题）。试题不难，学生完成的情况也很不错。

作为选择题，分析比较四个选择支的特征，发现只要取$x=-2$，就可排除A和C；再取$x=\dfrac{1}{2}$，继续排除B；因此选D。这种方法称为排除法。

常规解法是讨论$x\geqslant0$和$x<0$两种情形，分别得出结果后取并集。

我想，有一定教学经验的老师都会要求学生掌握上述两种基本解法，讲评课上我也是这么处理的。当我简要地点评完后准备继续下一个问题时，Z同学举手说："老师，我还有其他解法。"当时，我不禁一愣，心想：这样的常规题还有妙招吗？（请读者别急于看下文，也不妨想一想）

全班同学都和我一样感到十分好奇，一时还是在云里雾里，都渴望分享Z同学的成果。

赵："请说说你的妙招，好吗？"

学生Z："变更主元。"

"变更主元"这种策略学生并不陌生，我在课上做过介绍并经常应用。如在解决"已知不等式$mx^2-2x-m+1<0$对一切$m\in[-2,2]$都恒成立，求x的取值范围"时就采取这种方法。而这里的是关于x的不等式，显然x为主元，难道？

经Z同学这么一"点击"，全班同学都瞪大了眼睛。这时我并没有让他继续说下去，而是让全班同学一起思考，不轻易放过这一难得的机会。我本人也需要时间再想一想。

短时的安静后，同学们就讨论开了。从学生面部表情看，好像有几个似乎悟出了其中的奥妙，但是，绝大部分同学还是很茫然。

还是让Z同学来点破了吧！

学生 Z：“把 1 看为主元，并设 $1=t$，原不等式就变为 $(t+x)(t-|x|)>0$。由于 $|x|\geqslant-x$，所以它的解为 $t>|x|$ 或 $t<-x$，即 $1>|x|$ 或 $1<-x$，从而得 $x<1$ 且 $x\neq-1$。”

“太妙了！太强了！”

教室里响起了掌声。

赵：“真了不起！在不等式 $mx^2-2x-m+1<0$ 中，若视 x 为主元，m 为参量，则 $y=mx^2-2x-m+1(m\neq0)$ 是关于 x 的二次函数；同样，若视 m 为主元，则 $y=(x^2-1)m-2x+1$ 为关于 m 的线性函数，这不太难理解。然而，不等式 $(1+x)(1-|x|)>0$ 中的'1'明明是一个不变的常量，要将它看成变量，确实需要勇气，而且，这还不单是勇气的事，简直是独具慧眼，是创造！”

一个很平常的问题，经这么一处理，便有了崭新的感觉。一个静止的“1”，似乎动了起来，好像有了生命。

一个可爱的生命出现总让人倍感珍惜，说实在的，此时大家都舍不得离开这道题了。原先打算在这里一闪而过，这时却不由自主地停了下来，还想再认真看看，再细细品品。

赵：“我们一起来看看这个问题本身有什么特殊性，好吗？”

学生继续思考。

学生 D：“不等式左边的两个因式都出现了 1。”

学生 C：“若将它改成 $(2+x)(1-|x|)>0$，主元策略还能奏效吗？”

学生 T：“将原式变形为 $(1+\frac{1}{2}x)(1-|x|)>0$ 就可以了。”

学生 Y：“也可以将原式变形为 $(2+x)(2-2|x|)>0$。”

⋯⋯

赵：“顺着这思路继续探讨无疑是有价值的。然而，在做了几个变形之后，我们也发现了'主元策略'未必就一定是通用的最佳方案。但是，在 Z 同学别具一格的创造以及后来我们的思考和探索的整个过程中，我们都在做一件具有深远意义的事情，那就是我们在尝试变换角度思考问题和辩证地看问题。这是综合素质培养的一个重要方面，它的价值已远远超过解决这平常问题的本身了。”

因为以上这些镜头是突发事件，课前我备课时根本没有考虑到这一点。如果就这个问题再继续下去，这时已说不出什么“道道”了，因此我与学生商量：“关于主元策略这个问题课后我们还可以一起合作探讨，请大家从自己的记忆仓库里搜索出可以通过这种策略进行简便处理的问题,将搜索的结果交给科代表或直接交给我,我们另外找个时间将结果做个展示。"

虽然这一节课还留下一点后续,但课堂上的"意外"让我兴奋不已。下课后,我迫不及待地把刚才课上发生的事件告诉了我的同事,把我的喜悦传导给他们,让他们和我一起分享。

在兴奋和激动之余,这节课也给我留下一些思考:

说实在的,有经验的老师对待这道题的态度可能都比较"冷漠",不过是一个简单的绝对值不等式吧,只要对变量 x 分负数和非负数两种情况讨论就很容易解决。如果题后提供了答案,有些老师可能就懒得动手了,更不用说去研究它。我承认本人就是这么想和这么做的。但回想起来,以往每次我以这种态度对待时,心里感觉总是有那么一点奇怪。这一次的突发事件发生后,我再回过头去看这道题,发现它已变得既熟悉又陌生,既平凡而又不寻常了。同时我也觉得自己似乎有点愧疚于它,因为在这之前每次遇到它时都只是不那么认真地看看它的外表,而对它的内涵没有引起足够的、必要的重视,甚至还轻视了它。在此真想对它说抱歉,太对不起这道题了,太对不起这个有"生命"而又"文静"的"1"了。

认真解题的老师对本题的印象和认识可能会深刻些,但我想很少会有老师从"主元策略"这个角度入手,会把"1"看成矛盾的主要方面,因为老师们大都是按常规、凭经验解题,在这种情况下,思维也就受到了"惯性力"的牵引(即思维定式);而学生没有那么多的条条框框约束,他们有比较广阔的创造空间。为此,我们要摒弃不科学的做法,转变传统中过时的教育观念,创设营造宽松、和谐的氛围,鼓励学生大胆尝试,允许他们异想天开,不宜强调过多禁锢思维的解题套路和解题"纪律",否则,学生的思维将变成"定式",严重的将会"思维定死"。

然而,在现实里,由老师"承包"课堂的现象还真不少。老师追求的是安静的课堂,认为越安静的课师生配合就越默契,教学效果就越好。在这种理念的指导下,许多的课堂已没有学生说话的份,学习的主人成了被动的容器,他们的唯一任务是坐在座位上张大嘴巴等着老师喂给被嚼得细烂的食物(知识),学习主人的思维是平静的,表情是木讷的,这样的知识有营养吗?这样的课有活力吗?符合时代的要求吗?

叶澜教授郑重指出,要"让课堂焕发出生命的活力"。为此,要改变我们原有那些落后的做法,更新我们的教学理念,开放我们的课堂,要让学生有话可说,有话敢说。只有这样,才能激活学生的思维,才能看到学生充满智慧、充满灵气的闪亮的东西。

关于这一点,本人自认为做得比较好,在我的课上,气氛也比较活跃,也比较民主。我鼓励学生大胆提出自己的观点,因此常常会听到学生的独特、富有创意的见解,有些实在是令人耳目一新,令人欢欣鼓舞。它对于激发学生思维、开拓学生视野起到了很好的促进作用。我也十分珍惜这样的时刻,因为,这也是我提升自己的绝好时机。

注:以下是课后学生提供给我的几个有价值的问题。

题目 1.证明:不论 m 为何实数,直线 $(m-1)x-y+2m+1=0$ 必过一个定点,并求此定点的坐标。

分析:视 m 为主元,将直线方程改写为:$(x+2)m-(x+y-1)=0$,题意即为该等式对一切实数 m 都恒成立,它等价于 $x+2=0$ 和 $x+y-1=0$ 同时成立,可以得到 $x=-2,y=3$,即直线恒过一点 $(-2,3)$。

题目 2.已知 $|a|<1,|b|<1,|c|<1$,求证 $ab+bc+ca+1>0$。

分析:该不等式可变为 $(b+c)a+bc+1>0$。

令 $f(a)=(b+c)a+bc+1$,

则 $f(1)=b+c+bc+1=(b+1)(c+1)>0,f(-1)=bc-b-c+1=(b-1)(c-1)>0$,

由于 $f(a)=(b+c)a+bc+1$ 是关于 a 的线性函数,所以有 $f(a)>0$,即 $f(a)=(b+c)a+bc+1>0$。

题目 3.已知 $x^2+y^2+z^2+2xyz=1$,则 $k=(x^2-1)(y^2-1)+(y^2-1)(z^2-1)+(z^2-1)(x^2-1)$ 的值必满足( )。

A.$k\leqslant 0$ B.$k\leqslant -1$ C.$k\geqslant 0$ D.$1\leqslant k\leqslant 2$

分析:将 $x^2+y^2+z^2+2xyz=1$ 改写为 $x^2+(2yz)x+y^2+z^2-1=0$,视 x 为主元,则此方程是关于 x 的一元二次方程,由于该方程有实数解,所以其判别式 $\Delta=4y^2z^2-4(y^2+z^2-1)\geqslant 0$,即 $(y^2-1)(z^2-1)\geqslant 0$,同理 $(x^2-1)(y^2-1)\geqslant 0,(z^2-1)(x^2-1)\geqslant 0$,从而 $k\geqslant 0$。

三、活力数学的动力源泉

1 数学的学习兴趣

1.1 兴趣与学习

兴趣是人认识某种事物或从事某种活动的心理倾向,它是以认识和探索外界事物的需要为基础的,是推动人认识事物、探索真理的重要动机。

根据兴趣的倾向性可分为直接兴趣和间接兴趣。直接兴趣是指由事物或活动本身所引起的兴趣。如数学中众多公式定理本身体现数学的美以及在数学推理过程中特有的数学思维是学习数学的直接兴趣。间接兴趣是指人对活动的结果及其重要意义有着明确认识之后所产生的兴趣。这种兴趣是由于认识到学习的意义和价值而引起了求学的状态,具有理智色彩和持久的定向作用。

兴趣是人类特有的一种心理倾向,是学生学习积极性中最为现实、最为活跃的心理成分,是学习的内在动力,它直接影响着学习效果。

"兴趣是最好的老师",兴趣是学习的最佳营养和催化剂,兴趣能激发大脑组织加工,有利于发现事物的新要素并进行探索创造。

列夫·托尔斯泰说:"成功的教学所需要的不是强制,而是激发学生的兴趣。"顾明远认为"无兴趣就无学习"。无兴趣的学习,是被动的学习,低效的学习。有了学习兴趣,即便学业负担重了些,学生也会乐于完成,辛苦的学习也是快乐的。

1.2　活力数学与学习兴趣

数学由于学科自身特点,兴趣因素的作用尤其突出。

课堂是激发学生数学学习兴趣的主阵地。"活力数学"尤其关注课堂,认为课堂是师生生命成长的沃土,是心灵对话的舞台。倡导将课堂创设成和谐民主、充满活力的精神家园,在这魅力无穷的空间里,引领学生探索数学的奥秘,和他们一起积极地、用心地感受数学美,追求数学美,从而激发学生的学习数学的兴趣和潜能。

"活力数学"认为,无论是直接兴趣还是间接兴趣,对于学习都是必要的。没有直接兴趣参与的学习将变得枯燥无味;没有间接兴趣的支撑,学习也很难长久坚持。只有直接兴趣和间接兴趣的有机结合,学习活动才充满活力。

兴趣是可以培养的,外力的作用可以促进兴趣发展,但通过数学自身特有的、美妙的思维来激发兴趣最有活力。也就是通过数学自身的美激发学习兴趣,有了兴趣便会更加积极深入地思考具有挑战性数学问题,更高层次体悟数学思维魅力,从而产生更浓烈的学习兴趣。兴趣—思维—兴趣,循环反复,螺旋上升。

在教学过程中,"活力数学"努力做到以下几点:

首先,通过灵活多变的教学策略,努力创设良好的教学情境,在情感、态度、价值观上引导学生主动地投入数学学习中来,引导学生从数学角度发现和提出问题的能力、分析和解决问题,并在过程中获得"快感"产生直接兴趣。

其次,在教学过程中逐步培养学生的学习能力,养成独立思考的习惯,鼓励学生敢于面对具有思维挑战的问题,逐步建立起深入学习数学的信心。

最后,在独立思考的基础上鼓励学生主动和老师、同学讨论问题,在思维的相互碰撞中发展和完善思维品质,培养积极的思维热情。

1.3　兴趣培养案例

以下是2016届学生张雨荷同学在数学学习过程中的体会。

如何培养学习数学的兴趣

记得在参加2015年中国女子数学奥林匹克的时候,妈妈对我感叹,她和别的家长聊天,得知大部分数竞厉害的孩子很小就对数学有浓厚兴趣,从小学开始参加奥数培训及学习。她在一旁默默听着,感觉我和他们差距太大——

因为我是从高中才逐渐对数学有了兴趣。

高中之前，我和大多数同学一样，对复杂的数学问题抱有畏难情绪，比起思考数学问题，我更乐意看小说来打发时间。数学考试时，我总是固定地放弃最后一道大题，只尽量拿到基础分。所以到初中毕业，我的数学辅导书和练习册基本都是空白的，初中老师也无奈地说我太懒了，如果努力一点，成绩会好看得多。

后来想想这段日子，我发觉自己缺乏学习和钻研数学的动力，数学并不能给我带来轻松和乐趣，同时因为不够努力，自然没有好看的成绩来激励我发奋学习。直到我上了高中，对数学的感情才有了改变。

大概是运气好，我被勉强分进了双十的科技班，并且在妈妈的撺掇下，随便报了个数学竞赛。刚开学的我，还想用初中的学习方法蒙混过关，但是第一次月考的成绩就给了我当头一棒——高中数学学习有承前启后性，基础不稳后面就越学越糊涂。我沮丧极了，连周末的数学竞赛培训也没有去，想着我连课内知识都没掌握透彻，高难度的竞赛怎么能学得来呢？

幸好我们的数学老师赵祥枝给我妈妈打了电话，他没有责怪我翘课，而是告诉我数学学习贵在坚持，鼓励我继续跟学一段时间。我考虑了几天，决心改掉我对待数学随便的态度，好好学一次数学，看是否能跟上大家的步伐。

从此，我开始上课认真听讲，课后花时间来整理不太明白的问题，还会预习第二天的功课。同时，赵老师生动有趣的授课方式，能把概念定理讲得清晰易懂，也激发了我对数学的兴趣。赵老师能对我们独特解题思路给予肯定及鼓励，在已经有标准答案的情况下，还让我们上黑板去讨论自己的想法，这都大大激发了我的学习兴趣。我每周末也会准时去上竞赛课，了解一些比课堂内容深的数学，慢慢地，课内数学对我已经不再是难题了。

这是我对数学产生兴趣的开始，我发现还是需要老师和家人的督促和鼓励，才能让我坚持思考数学问题，也需要名师的引导，让我体会到数学学习的美妙。

升上高二后，由于学习压力变大，很多同学退出了竞赛班的学习，我成为数学竞赛班唯一的女生。我心里也彷徨不已，因为自己的成绩在这些人中并不突出，就算坚持下去可能也没有很好的结果，我是不是应该放弃数学竞赛，专心备战高考呢？

在这个犹豫的时候，指导数竞的赵老师和许波老师分别找我谈了心，他们拿学长的例子鼓励我，告诉我坚持下来，就能领略别人领略不到的风景，体会别人体会不到的乐趣。再加上我因为一年的竞赛培训,在课内数学成绩也提高了很多,对自己有了一些信心。就这样,我留在了数竞班。

由于做了一定量具有思维挑战性的题,我发现我能够听懂较难的数竞课了,以前需要请教别人的问题,变成了同学来找我讨论。此时,数学对我来说,不再是必须要学习的学科,而是我能够小小炫耀的资本,我对学习数学的兴趣越来越浓厚。

高二的努力是有回报的,伴随着运气成分,我在暑假女子数学奥林匹克中获得了金牌(是福建省参赛以来的第一块金牌),并且取得了参加冬令营的资格,这大概是我学习数学最美好的经历了。然而学习数学的过程并不是一帆风顺,付出与收获不总是对等的。我经历过清华自主招生考试的失败,也有等待成绩的煎熬,和竞赛结束后回归高考的不适应。每当发生上述情况,在对数学学习不自信的时候,我总是拿出一本数学书,静下心多做练习,重新找回对数学的感觉。

现在我在上海交通大学致远学院学习数学,回顾高中学习数学走过的路,仍然有很多的回忆。我还记得赵老师带我们竞赛班下午去操场练习长跑,叫我每天给班级同学出些有挑战的问题供大家思考。这些关心和肯定激发了我的数学学习兴趣,使我主动钻进数学这座大楼中,随着时间投入,感受它迷人的一面。

常听人说兴趣好比一口井,只要你钻研到一定深度,它就会像井水一样迟早会喷涌而出。这句话确实很对,但如何克服困难钻研到一定深度,这也是需要条件的。对我来说,这就是学科热情、数量积累、积极回报,三个条件一个也不能缺。在我对数学产生了浓厚的兴趣,进入一个主动学习良性循环过程中,由老师引导并激发我对学科的热情,是这个良性循环中重要的第一步。"教育不是灌满一桶水,而是点燃一把火",赵老师引人入胜的授课方式激发了我对数学学习的热情。但如果没有后续的时间投入,一定题量积累,每天高兴听着名师授课,懒于动脑动手做题,成绩肯定是不会得到提高的。而没有阶段性甚至里程碑式的成绩肯定,最初兴趣也很难以为继。也就是在兴趣培养过程中,一次次成功,对努力给予肯定回报,才能激发持久兴趣。一旦形成对某个学科持久兴趣,那么也会更积极,更愿意投入更多时间,付出更多的努力。

(张雨荷,2018 年 10 月)

2 数学问题意识

现代教学论研究认为,学习发生的根本原因是问题。"学起于思,思源于疑",问题是学生认识活动的启动器和动力源,是思维和创造活动的前提,也是主动学习的起点。

2.1 问题是数学的心脏

巴尔扎克说:"打开一切科学的钥匙都毫无异议的是问号,我们大部分的伟大发现都应归功于'如何',而生活的智慧大概就在于逢事都问个'为什么'。"

思维过程始于问题的发现和形成,任何思维过程总是指向某一具体问题,没有问题,思维就成为无源之水,无本之木。数学之所以能成为锻炼思维的体操,是因为数学发展始终都在不断地提出问题和解决问题。

"问题是数学的心脏"在数学教育界似已成为尽人皆知的"至理名言",每一个数学学习者都可以从中体味出几分道理。美国当代数学家哈尔莫斯在《数学的心脏》一文中指出:"诚然,没有这些(指公理、定理、证明、概念、定义、理论、公式、方法)组成部分,数学就不存在;这些都是数学的必要组成部分。但是,它们中的任何一个都不是数学的心脏,这个观点是站得住脚的。数学家存在的理由,就是解决问题。因此,数学的真正组成部分是问题和解。"数学的产生及发展都是为了回答人们提出问题的需要,是问题的不断提出与解决在向数学输送着"新鲜的血液",促进着数学的"生长与发育",所以说,"问题是数学的心脏"。

2.2 问题怎么产生的

在实际的教学过程中,我们常常看到一上课教师就直白告诉学生"今天我们要学直线的斜率,先介绍直线的倾斜角","今天我们学习平面向量基本定理","下面我们看这道例题",给人的感觉是这些问题是从天上掉下来的,缺乏必要的先行组织者来激活学生原有的认知结构相应观念,未与学生已有的知识和观念建立实质性的联系,学生体味不到学习内容的价值。为什么要学这知识?怎么会想到研究这问题?在没有知识和情感的铺垫和没有感受到学习需要的情况下,学生的思维活动自然缺乏积极性和主动性,不太容易提起学习的兴趣,灌输式的教学继续进行,没精打采的课堂继续重演。

　　思维不是凭空产生的,思维起于岔路和疑难,起于两歧的取舍。疑难和问题是思维的"催化剂",是开启学生思维器官的钥匙,能使学生的求知欲由潜伏状态进入活跃状态,从而有力地调动学生思维的积极性和主动性。

　　抽象的数学问题的发现与提出,常常依赖于某些直观的背景和情境,疑难和问题生于情境,离开了数学情境的创设,数学问题的产生就失去了肥沃的土壤。在教学中,要使学生处于"欲知还未知,欲言还未能"而又不甘心于这种困惑的"愤悱"状态,就需要使认知冲突或困惑条理化以形成问题,就需要为学生创设一个形成问题的数学情境来引发学生思维,通过积极主动的思维,将经历到的模糊、疑难、矛盾和某种纷乱的情境逐步转化为清晰、连贯、确定、和谐的情境。

　　"从现实生活中引入问题"有其积极的意义,也是许多老师津津乐道的。但这只是引入问题的一种方式,未必所有的问题都能这样或必须这么去处理,有时"为生活而生活""为童话而童话"就显得别扭、生硬。数学情境中涉及的内容不局限于现实生活内容,还可以是相关学科中的内容,我们要注重数学的本质和学科特点,善于创设源于数学知识本身的问题情境,提高数学教学的实效性。

　　以下以"充分条件与必要条件"的教学为例,探讨教学情境的创设.

1.2.1　充分条件与必要条件

　　前面我们讨论了"若 p ,则 q"形式的命题,其中有的命题为真命题,有的命题为假命题. 例如,下列两个命题中:

　　(1) 若 $x>a^2+b^2$,则 $x>2ab$,

　　(2) 若 $ab=0$,则 $a=0$,

命题 (1) 为真命题,命题 (2) 为假命题.

　　一般地,"若 p ,则 q"为真命题,是指由 p 通过推理可以得出 q . 这时,我们就说,由 p 可推出 q ,记作

$$p \Rightarrow q,$$

并且说 p 是 q 的充分条件 (sufficient condition),q 是 p 的必要条件 (necessary condition).

　　上面的命题 (1) 是真命题,即

$$x>a^2+b^2 \Rightarrow x>2ab,$$

所以" $x>a^2+b^2$ "是" $x>2ab$ "的充分条件," $x>2ab$ "是" $x>a^2+b^2$ "的必要条件.

> 因为命题 (1) 的逆否命题"若 $x \leqslant 2ab$,则 $x \leqslant a^2+b^2$ "也是真命题. 这就是说,要使 $x>a^2+b^2$ 成立,就必须有 $x>2ab$ 成立. 因此," $x>2ab$ "是" $x>a^2+b^2$ "成立的必要条件.

这是现行教材(人教社 A 版)中的处理。

关于"充要条件与必要条件",教学的重点是让学生理解充分条件与必要条件的意义。$p \Rightarrow q$ 可以解释为只要 p 就有 q,或者说 p 可以充分保证 q 成立,所以称 p 是 q 的充分条件;那么,此时为什么说 q 是 p 的必要条件呢?教学时不宜在此一带而过,要给学生思考和交流讨论的时间,必要时启发(暗示)学生写出命题 $p \Rightarrow q$ 的逆否命题($\neg q \Rightarrow \neg p$)并解释其意义,即没有 q 就没有 p,也就是说,q 对 p 来说是很必要的。这是教学的难点和关键点!而本节课最难处理的是课的引入(情境创设),也就是为什么要学习"充分条件和必要条件",这对教师来说是一个不小考验。笔者曾在一节观摩课上做了尝试,首先展出学生已经学过的必修五 3.4 基本不等式的教材(人教版)中的相关内容:

要证 $\dfrac{a+b}{2} \geqslant \sqrt{ab}$ $(a \geqslant 0, b \geqslant 0)$ $\cdots\cdots\cdots\cdots\cdots\cdots\cdots\cdots$ (1)

只要证 $a+b \geqslant 2\sqrt{ab}$, $\cdots\cdots\cdots\cdots\cdots\cdots\cdots\cdots\cdots\cdots\cdots$ (2)

要证(2),只要证 $a+b-2\sqrt{ab} \geqslant 0$, $\cdots\cdots\cdots\cdots\cdots\cdots$ (3)

要证(3),只要证 $(\sqrt{a}-\sqrt{b})^2 \geqslant 0$, $\cdots\cdots\cdots\cdots\cdots\cdots$ (4)

因为(4)显然成立,

所以(1)成立。

另一种表示形式是:

因为 $(\sqrt{a}-\sqrt{b})^2 \geqslant 0$,

所以 $a+b-2\sqrt{ab} \geqslant 0$,

所以 $a+b \geqslant 2\sqrt{ab}$,

所以 $\dfrac{a+b}{2} \geqslant \sqrt{ab}$。

以上两种方法分别叫作分析法和综合法。你知道分析法和综合法的实质吗?这就是我们今天要探究的问题。

创设数学情境的目的在于引发与数学学习的内容有实质性联系的"问题",使数学学习内容与学生求知心理之间产生一种失衡状态,以形成认知冲突,激活学生的兴趣和思维,从而产生内心强烈的学习心向和认知需求,最终有效地把握数学的本质。

2.3 保护和培养学生问题意识

一些老师常常因"学生的问题都解决了,没有新问题了"而心满意足,这是对数学教学肤浅的认识。学生在学习上有"疑"有"问",是学习进入高级境界的一个重要标志,也是自主性、能动性、独立性学习的一种具体表现。

古语云:学起于思,思源于疑;疑是思之始,学之端。

疑问是思维的火种,思维以疑问为起点,有疑问才有思维,经过思维才能解疑。探索知识的思维过程总是从问题开始,又在解决问题中得到发展。

宋朝教育家张横渠(张载)说过:"在可疑而不疑,不曾学;学则须疑。"他认为,在学习的时候,对于应该怀疑的地方而不怀疑,就等于没有学;学习必须要有怀疑的精神。也可以理解为,把一切学问都看得容易,而自觉无一可疑的人,一定是未曾学习的人。

宋代著名学者陆九渊的观点则更精辟,他说:"为学患无疑,疑则有进,小疑则小进,大疑则大进。"这充分肯定了培养学生问题意识的价值。

如果说,数学课堂教学中创设良好的问题情境,通过恰当的交流可以激活学生的潜在智能,是诱发思维萌芽的一种重要手段,那么,鼓励学生勇于质疑问难则是启迪思维的一把金钥匙。教育家布鲁巴克认为:"最精湛的教学艺术要遵循的最高准则就是学生自己提问题。"任何发明、创造无不是从发现问题开始的。

在日常教学中,问题大都由教师设计而提出,导致学生只会解题而不会发现问题、提出问题,所以,《普通高中数学程标准》(2017 版)在课程目标里特别提出"四能",即通过高中数学课程的学习,提高从数学角度发现和提出问题的能力、分析和解决问题的能力(简称"四能"),具有深远的意义。

数学教学不仅要解决眼前的数学问题,而且在解决问题的过程中要有新的思考,生成新的问题。学生越会思考,越会产生新的问题,这是我们最想看到的。我们发现,思维品质优秀的学生"问题意识"都较强,脑中没有问题的学生很难有创新精神,学习也缺乏潜力。

案例:童哲是一个思维非常广阔、敏捷的学生,他酷爱数学和物理,满脑子都是"问题"。他的问题经常让人有点"想不到",有些问题并非老师能立即回答的,有时要想很久,有时要和他讨论后才能解决,甚至还无法圆满解决。课堂上他爱"插话",因为问题的"独特",同学们都会好奇地听他发表见解。他善于数学知识的迁移与应用,尤其是用数学方法解决物理问题。2004 年获得全国高中物理竞赛获福建省第一名,保送北京大学,法国巴黎高师硕士毕业后回国创办万门大学。

当前许多数学课堂教学,由于种种原因,学生主动提问、探求创造的意识与能力没有得到应有的保护和重视。如果课堂教学仅仅局限于师生的单方传授或一问一答,学生的思路只能囿于教师设定的框框内,课堂教学未能体现主动性,学生就会处于被动状态,久而久之就会产生依赖、顺从的思想,缺乏敢于质疑问难的精神,思维不用之而僵化。在数学学习中,只有使学生意识到数学问题的存在,并内化为自己的问题,产生内心的探究需求,才能激起思维的火花。所以,在教学中,教师不但要有意识地创设问题情境,设计一些带有一定启发性和一定难度的问题,不断激起学生心中产生疑困,还要通过多种方法培养学生质疑问难的能力,使之善于在学习中发现问题,敢于提出问题,从被动学习变为主动学习,从被动接受变为主动探索,从而达到激发创造思维的目的。

2.4 问题意识培养案例

以下是 2016 届学生叶子逸在学习过程中对问题意识的理解。

我在 2013 年进入厦门双十中学高中部就读,并有幸连续三年成为赵老师的学生。赵老师的教学给我最大的收获就是形成和增强了我的问题意识,使我能够客观地认识问题的本质、产生的条件及解决问题的途径,进而发现、提出、分析和解决问题,由此提升了思维能力,完善了思维品质,为人生的后续发展打下了坚实的基础。

在数学学科的学习过程中,发现和提出问题、分析问题、解决问题都是必不可少的,问题对于数学的学习而言就像海风之于帆船,它可能在某些时候阻碍了你继续学习的航线,但当你调整好了风帆的朝向,它就是你前进的最佳动力。

在我看来,数学问题可以被归纳为三类:第一类是教科书上、练习册上的基础习题,这类数学题与老师布置给我们的作业题类似,需要通过所学的数学知识去解决,往往有着单一的答案和一般的解法(通法)。第二类是所谓的"挑战性问题",这些问题可以是教科书上提出的思考题、数学竞赛题,甚至可以是未解的数学之谜。与第一类问题不同,它们可能是开放的。第三类问题则是自己在学习过程或者在解决第一类和第二类问题的思考过程中产生的新的问题。这类问题可以很粗浅。比如说是对书本上某一个概念的理解不到位;也可以很有深度,涉及教科书上所没有覆盖的内容乃至人类尚未解决的难题。对第一类问题需要通过一定的训练,掌握系统的解法;而第二类问题则是提升数学思维能力的关键之一,通过解决这类问题可以加深对数学知识的掌握,开阔自己的眼界。在实际的数学情境和数学测验中,我们遇到的问题往往是变化的、组合的，要解决这样的问题，就需要提升自己的数学思维能力。

与前两类问题相比，第三类问题要珍贵得多，对数学学习的帮助也更大，这是因为这样的问题本身能给自己留下更深刻的印象，解决这类问题恰恰能够补全自己的不足，同时还能激发自己做深入的思考。第三类问题的难度与深度也是随学习过程循序渐进的。以我个人为例，在刚刚接触某一个数学知识的时候，我的疑问往往始于概念的理解，比如"定义的方式有没有歧义？""有没有等价的定义方式？"。随着学习的深入，需要通过这些数学概念来解决第一类问题，我的思考又变成了"有没有更好的解答方式？""如果更改某个条件会怎么样？"通过这样的方式可以在解题过程中寻找数学的真谛，发现问题的本质，使解题过程成为对问题的理解体悟。在进一步的学习中，第二类问题也会逐步产生，这需要将学与思结合，既要通过交流讨论和查阅资料来丰富数学知识，又要不断思考体悟解题的诀窍。在这类问题的启发下，你会对数学知识有更深刻的理解，并在解决过程中自然而然地就提出了新的问题，通过解决这些问题来完成"挑战性问题"，甚至提出和解决更难更有意思的问题。

在高中数学的学习历程中，有时候容易被各科加起来的"题海"蒙蔽了思考的心，把完成作业、解决第一类问题当成是重中之重，而忽视了作业题之外的必要思考，进入了思维麻木的状态。殊不知完成作业仅仅是巩固知识和培养能力的一个手段，而数学思维能力的提升恰恰在于从学习中发现问题和解决问题。在学习的过程中保持怀疑的心理和探究的意识去提出和解决问题，这就是数学学习中的问题意识。在学习过程中，要通过刻意地培养自己的问题意识，才能掌握较好的学习方法，培养良好的创新意识，在提出与解决问题的过程中有所收获。我在做数学题的时候，往往不仅仅满足于计算出答案，还会去思考解决这个问题还有哪些方法，哪种方法的准确率和效率更优，以及这个问题是否和之前做过的题目类似或者有什么不同，更改或删去这个问题的某个约束条件会怎么样，等等。通过一个问题演变出多个问题并思考解决之，在这个过程中方能更好地提升自己的解题能力和思维品质。

除了重复的作业所导致的"思维麻木"之外，问题意识培养的第二个难点在于提升提出问题的信心。在高中数学的学习阶段，信心的不足既有害怕同学嘲笑和老师批评的外在因素，也有妄自菲薄地认为自己的思考没有价值，自己的问题没有意义的内在成分。我在高中阶段的数学成绩算是很不错的，也非常喜欢思考问题，热衷于提问，但有些时候因为种种原因也难免会有这样的心理瓶颈，而把问题憋在心里，可能久而久之就忘记了这个问题而成为自己在数学学习过程中的一个漏洞。因此,有疑问应该敢于提出,乐于和同学老师交流,培养起对于问题的正确态度和心理状态,才能取得提高。

从高中升入大学,我进一步感受到了高中时培养起的问题意识对于学习和科研的重要性。在数学知识由浅入深的过程中,最关键的在于思维,而问题的存在正是思维的起点,没有问题的思维是被动的思维,也不能由此迸发出强烈的驱动力去解决问题、提升能力,更不能有所创新。大学的学习没有了高中时的题量,题目也更加千变万化,系统性的解题手段捉襟见肘,这种时候就更需要通过问题性的、启发性的学习来完善和构建自己的知识体系和脉络,总结解题的思维模式,并进行创新性思考。

总而言之,对于数学学习过程中的三类问题,我们需要慎重对待,尤其是需要培养起针对第三类问题的问题意识,只有对问题有着自己的独立见解和思考,才会有创新意识,才能有效提升自己的数学思维能力、思维品质,为今后的发展打下良好的基础。

3　反思的力量

反思,是当今人们十分常用的一个词语,尤其在教育领域。在指导学生学习过程中,老师们特别爱用这个词,那么,反思是什么? 在数学学习中,反思有什么威力?

3.1　对反思的理解

历史上,关于反思的定义出现了许多种。

《论语·学而》里有一句话:"吾日三省吾身:为人谋而不忠乎? 与朋友交而不信乎? 传不习乎?"这里的"省"即"反省",虽然没有给出反省的定义,但指出了反省的意义。

反思,回头、反过来思考的意思,是近代西方哲学中广泛使用的概念之一,又译为反省、反映。这是百科上的解释,比较简洁。

《辞海》采用约翰·洛克(John Locke,1632—1704,英国哲学家)的定义,他在《人类理解论》中,谈到"反省"(即反思)是对获得观念的心灵的自照,是人们自觉地把心理活动作为活动对象的一种认识活动,是对思维的思维。这里把反思看成了一种"内省"的心理活动。

巴鲁赫·德·斯宾诺莎(Baruch de Spinoza,1632—1677,犹太裔荷兰籍哲学家)把自己的认识论方法称作"反思的知识",而"反思的知识"即"观念的观念"是认识所得的结果,它本身又是理智认识的对象。对于认识结果的观念的再认识和对于这种再认识之观念的再认识——这种理智向着认识深度的不断推进,即"反思"。他以既得观念为对象,通过不断反思抽象使既得观念不断升华形成新的认识。因而思维的结果是他"反思"的对象,获得新的观念是其反思的目的。这里把反思当作一种认识论方法。

伯莱克(J.Berlak,德国哲学家、教育家)认为"反思是立足于自我之外的批判性地考察自己行动及情景的能力,它与思维的批判性是一致的",即反思是一种能力。

约翰·杜威(John Dewey,1859—1952,美国哲学家、教育家,实用主义的集大成者)在1933年出版的《我们这样思维》一书中对反思的概念做了界定:反省思维是思维的一种形式,是个体在头脑中对问题进行反复、严肃、执着的沉思。在杜威看来,思维起源于某种疑惑,但思维未必就是反思性的,只有人们心甘情愿地经受疑难的困惑,不辞辛劳地进行探究,才能有反思性思维。即反思是一种思维形式。

3.2　反思与元认知

心理学理论认为,人的思维结构包括目标系统、材料系统、操作系统、产品系统和监控系统五大成分。其中,监控系统处于支配地位,对其他四个系统起着定向、控制和协调作用。这种监控系统也就是元认知,它的发展水平直接制约着思维其他方面的发展。

元认知,又称反省认知、监控认知、超认知、反审认知等,是指人对自己的认知过程的认知。学习者可以通过元认知来了解、检验、评估和调整自己的认知活动。一般来说,元认知包括元认知知识(个人关于与自己的认知活动、过程、任务和方法等有关的知识)、元认知体验(伴随认知活动的展开个体所产生的认知体验或情感体验)和元认知监控(主体将自己正在进行的认知活动作为意识对象,不断地对其进行积极、自觉的监控和调节)。

由此看出,"反思"与"元认知监控"极为相近。当代认知心理学认为,"反思"属于元认知的概念范畴。

熊川武教授用"元认知"这个术语来代替反思这个概念。他指出,从元认知理论的角度来看,反思就是主体对自己的认知活动过程,以及活动过程中涉及的有关的事物(材料、信息、思维、结果等)特征的反向思考,通过调节,控制自身的认知过程,以达到认知的目的。

尽管在不同时期和不同场合(背景)人们理解和应用反思的含义不同,但对反思所思考问题的角度以及反思对象和反思目的的认识是共同的。反思的对象是思维本身,而反思的目的是指导未来的思维活动。

3.3　反思是数学思维活动的核心与动力

学生学习过程中的思维是不连续的,学习过程是由各种水平来构造的。学生在较低水平的活动,成为较高水平上的分析对象;较低水平的可操作的内容成为较高水平的学科内容,或者说,这个活动变成有意识的并且成为反思的学科内容。从较低水平上的可操作内容转变到较高水平上的学科内容的方法是:让学生有意识地进行反思。在不断升级的层次中学生才能学会反思,并学会学习的方法。反思是连接两个水平间的桥梁。

就数学学习而言,学生的思维活动至少包括以下两种过程:一种是对数学问题的表述,另一种则是对自己的想法进行监测、控制和调节。前一种我们称为客体水平(指向外部世界),后一种我们称为元水平(指向主体内部)。"元水平通过与客体水平进行信息的往返交流达到认知目标。"(汪玲,首都师范大学教授)也就是说,在主体的认知活动中,主体和客体之间存在交互作用,主体内部"较低层次过程"与"较高层次过程"之间也存在交互作用。所以,学生的学习过程并不仅仅是对所学材料的识别、加工和理解的认知过程,同时也是对该过程进行积极监控、调节的元认知过程。在实际的认知活动中,这两种过程往往交织在一起,密不可分。所有这些元认知水平的差异使得学生在数学学习中表现出思考问题的速度、解决问题的方法灵活性、对数学概念和问题的理解是否达到深刻等数学思维品质的差异。

"任何数学都是数学化的结果。"(弗赖登塔尔语)而数学化和反思是相互紧密联系的,反思是数学化过程中的一种重要活动,它存在于数学化的各个方面。数学的不少发现来自于直觉,而分析直觉并将其数学化必须让学生学会反思,对自己的判断与活动甚至语言表达进行思考并加以证实,以便有意识地了解自身行为后面潜藏的实质,只有这样的数学教育——以反思为核心——才能使学生真正深入数学化过程之中,也才能真正抓住数学思维的内在实质。

理解是学好数学基本的行为之一。理解也存在层次之分,真正的理解或深层次的理解要靠学生自己的领悟才能获得,而领悟又靠对思维过程的不断反思才能达到。就数学解题教学而言,如果解题后不对解题过程进行反思,那么解题活动就有可能停留在经验水平上,事倍功半;如果每次解题之后都能对自己的思路做自我评价,探讨成功的经验和失败的教训,那么学生的思维就会在更高的层次上进行再概括,并促使学生的思维进入理性认识阶段,事半功倍,跳出"题海"。所以,著名的数学教育家波利亚认为:"如果没有了反思,他们就错过了解题的重要而有益的方面。"

在数学教学实践中,我们也发现,不论是作为一种特殊的思维形式还是一种能力,"反思"在学习中都是极其重要的,任何有意义的学习方式都不应该回避它,即便是接受学习,如果学生能进行有效的反思,这时学生的学习也就由被动变为主动。

当代建构主义认为,学习要在活动中进行建构,要求学生对自己的活动过程不断地进行反省、概括和抽象。学习中的反思如同生物体消化食物和吸收养分一样,是别人无法代替的。

反思是一种积极的探究行为,是促进知识同化迁移的可靠途径;反思是思维的驱动器,能促使学生从不同方面多角度观察事物,质疑问题,有利于创新思维和创造能力的培养;反思可以沟通新旧知识间的联系,深化对知识的理解。

反思,是数学元认知在数学思维建构过程中发挥作用的基本形式。反思习惯的缺乏和反思能力的薄弱,也就是数学元认知的薄弱,必将形成数学思维的缺陷。

杜威认为,思维的最好方式是"反思性思维"。

荷兰著名数学教育家弗赖登塔尔郑重提出:"反思是数学思维活动的核心和动力。"

3.4　数学学习过程中反思的案例

以下是 2016 届学生陈宇凡的感悟。

高中毕业已经两三年了,但以前数学竞赛的笔记一直放在我手边,闲暇之时就翻开看看,回顾从前学习过程中的点点滴滴,偶尔也为自己随手写下的奇思妙想而感到惊喜。我想,对我来说,笔记就是我反思的开始。

高中时,因为准备竞赛,我在学习过程中做了很多整理。我的数学笔记大概分两种:整理新知识的笔记和记录各种题目解答方法的笔记。整理新知识的笔记中,大部分内容都是书本的抄写,但我经常会在学习时用蓝色或红色的笔记录下当时的所思所想。这样的习惯让我在第一遍学习的时候,就有意无意地去表达自己的心得和体会,或者是试图用一句话去总结所学的内容。至于题目的记录,我则更注重反思自己的思路。对于竞赛解题来说,知识储备足够后就要以技巧为上,见到题目第一时间能想到的思路和方法特别重要。所以我会把每一次重新看到这个题目的新想法或者是联想到的其他题目记录下来。

但仅仅通过做笔记来进行反思,可能并不适合所有的学习,或更准确地说,笔记只是反思的一种形式,而不是本质,蕴含在其中的主动整理、主动思考的态度才是核心。这也是我进入大学后,继续记了一段时间笔记之后意识到的问题。

大一刚刚入校时,我延续着一贯的记笔记习惯。但有一天我突然发现,逐字抄写几乎耗尽了我所有的时间,但理解效果不佳。尤其是在学习抽象代数的时候,课本的内容不像高中时一看就领悟了,甚至抽象到光是读懂就要耗费大半的精力,根本没有自己的想法,更别说解题了。身边的同学其实都不怎么记笔记,但在同他们的探讨中,就会发现,他们的"笔记"都在脑中,是建立在多次阅读文本有了深刻理解之后,对知识自主的重新叙述和建构,而非我这样流于表面的抄写。

注意到这个以后,我就取消了"随堂笔记",把原本花在整理笔记的时间更多用在阅读课本理解课本上,而在考试前做一个"考前总结",就是考试之前自己试着把学过的东西自己整理成一个小文章或者PPT,再回想一些平时做的印象深刻的题目。这其实已经从"被动接受"变成了"主动整理"。事后来看,效果也斐然,不说别的,我可以自信地说,我学过的课,过一年给下一届的学弟讲一节复习课,完全没有问题。

所以这么看来,反思,要先思才能"反",没有思考的能力作为基础,谈论反思能力就是逼巧妇为无米之炊。面对困难的新学科、新知识时,不应急着记笔记或是急着要自己做全新的思考,而是应该放下笔来,去看看课本原文是怎么叙述的,去看看老师是怎么理解的。先有被动的吸收,在足够的反复思考后,才能有属于自己的反思。

四、活力数学倡导的教学方式

1　数学探究性学习

1.1　探究性学习的内涵

所谓探究,就其本意来说,是探索和研究。探究精神是人性的自然要求,也是教育中最宝贵的精神。

最早提出在学校科学教育中要用探究方法的是杜威(1909 年)。从 1950 年到 1960 年,探究作为一种教学方法的合理性变得越来越明确了。教育家施瓦布指出:"如果要学生学习科学的方法,那么有什么学习比通过积极地投入到探究的过程中去更好呢?"他认为教师应该用探究的方式展现科学知识,学生应该用探究的方式学习科学内容。

施瓦布、杜威等人的研究,包括布鲁纳和皮亚杰在 20 世纪 50 年代和 60 年代的研究,影响了从 50 年代直至 70 年代早期的课程教材。这些教学材料的一个共同点是使学生参与到做中去,而不仅仅是被动地听讲或只是阅读有关科学的材料,对学习科学的过程比掌握科学知识给予了更多的重视,之后这种观点得到广泛的传播。

20 世纪末,我国上海的部分高中学校进行了的"研究性学习"的实践和研究,之后各地效仿上海也开设了"研究性学习"校本课程。课程偏重解决实际问题,"实践的探究"成分占较大的比重。

在实际的日常教学中,我们面对的更多是学科知识的学习和能力的培养。为此,许多研究者和实践者将探究的方法移植到日常学科教学之中,认为学科的本质是探究,知识的本质也是探究,便提出了探究性学习。

探究性学习是学生在教师指导下,以类似研究的认知方式和心理过程进行学习,即"学生围绕一定的问题、文本或材料,在教师的帮助或支持下,自主寻求答案、自主建构意义或理解、自主寻求所需信息的一种学习方式"。

探究性学习是一种由科学研究的方式推演而成的学习方式。它并不神秘,没有必要把它与常规的教学割裂开来。而且,课堂是教学变革的主战场,探究性学习只有根植于课堂,变成课堂教学中的一种常用方式,才能由一种开放的教育思想变为可行的教学实践,才能真正发挥其应有的价值。

1.2 从探究性学习的视角认识数学教与学的本质

学科的本质是探究。学科之"鱼",只能是通过探究结成的"网"来捕获,体验供给"氧气",以使学科之"鱼"保持鲜活并不断生长。

知识的价值是探究,最有价值的知识是有助于人的经验的改造并有助于人主动探究世界的知识。知识的学习必须探究地进行,这包括对知识本身的探究,也包括运用知识探究社会生活。

教与学的本质也是探究。没有探究的教与学只能是训练。探究学科知识与日常生活,提出并解决自己的问题,建构自己的思想和意义,在此基础上不断修正、拓展、完善自己的思想和意义,这是学生学习的本质。教学是教师和学生合作探究学科与生活、合作建构思想和意义、合作创造知识的过程。

最有价值的学习也是探究性学习,探究性学习是启发式教学的基本模式。

探究性学习一般包括以下环节,即提出问题、猜想假设、设计实验、进行实验、分析结论、评价交流。数学学习是以问题的解决为核心的思维活动过程,问题解决一般也要经历以下五个步骤,即生成问题、理解问题、制定计划、实现计划、反思回顾。对照二者,可以看出探究性学习和数学问题的解决在程序上很相近。所以,从某种意义上理解,数学学习即为探究学习。

《数学课程标准》倡导积极主动、勇于探索的学习方式。作为一种学习方式,数学探究性学习把学生推到了主体位置,促使学生主动参与(包括行为的参与和思维的参与)到教学活动中,鼓励学生独立思考、动手实践、自主探索、合作交流,激发学生探究欲望和对数学学习的兴趣,逐步形成锲而不舍的钻研精神和科学态度,促进学生数学思维品质的优化和理性思维的提升。

1.3 数学探究性学习的特征及基本形式

数学探究性学习具有如下特征:

（1）问题性。探究性学习是一种以问题为中心的学习。现代教学论研究指出，从本质上讲，产生学习的根本原因是问题。没有问题也就难以诱发和激起求知欲望，没有问题，感觉不到问题的存在，学生也就不会去深入思考，那么学习也只能是表层和形式的。探究性学习强调问题在学习中的重要性，一方面，强调通过问题来进行学习，把问题看成学习的动力、起点和贯穿学习过程的主线；另一方面，通过学习来生成问题，把数学学习学习过程看成是发现问题、提出问题和解决问题的过程。

（2）开放性。人是开放性的存在，人是不可限定的。陶行知的"六大解放"实质上是解放学生的心理，给学生创造一个宽松、和谐、民主的心理氛围，给学生一种心理安全感，在这样的环境里，学生能自由地想象而不担心其怪诞离奇，能大胆思考而不考虑其是非正误，能充分挖掘自己的潜能，全面展示自己的个性。

（3）过程性。探究性学习追求学习过程和学习结果的和谐统一。探究性学习非常注重学习过程中潜在的教育因素，它强调尽可能地让学生经历一个完整的知识的发现、形成、应用和发展的过程，让学生尽可能地像科学家那样，发现问题，解决问题，经历一个完整的科学研究过程，体验发现知识、再创知识的创新过程

（4）自主性。探究性学习是相对于授受式学习而提出，授受式学习是学生被动地接受老师传递的知识，探究性学习在教学过程中把学生作为活动的主体，立足于学生的学，以学生的主体活动为中心来展开教学过程。学生在积极主动的参与教学活动的过程中以自己的经验和知识为基础，经过积极的探索和发现、亲身的体验与实践，以自己的方式将知识纳入自己的认知结构中，并尝试用学过的知识解决新问题。

（5）创新性。传统学习过分强调继承和掌握，又由于应试的强化作用，学生唯书、唯师，不敢越雷池半步，思维上墨守成规，循规蹈矩，人格上听话顺从，唯唯诺诺，从而造成创新素质的极度贫乏。

数学探究性学习的基本方式：

（1）在操作中发现问题。数学不单是一门演绎学科，还具有实验科学的特征。动作性表征、形象性表征和符号性表征是头脑对事物经验表征的三种方式。实物操作（如折叠纸片）是最传统的探究方式，深入学科的信息技术在探究性学习中的作用与地位越来越显著。

（2）在观察中发现规律。观察是最平常的探究方式。如，数列的学习，可

以呈现多个数列,让学生在观察中发现各自规律特征,然后再做推广,并将推广过程中发现的问题进行修正或巩固。

(3)在比较中联想。比较可以类比和反比。类比有利于发现共性和规律性的东西;反比则有利于发现不同,体现不同的个性特点。这种探究的方式在数学学习中具有相当重要的意义。

(4)通过猜想和验证来解决问题。数学教学鼓励学生大胆猜想。学生的猜想会激起学习学习的欲望,是发现数学本质规律的有效手段。猜想是一种探究行为,是思维创造性的表现;同样,验证也是一种探究,有利于培养学生严谨的科学态度。

1.4 数学探究性学习与思维发展

数学探究性学习与活力数学所提倡的思维的发展有哪些实质性的联系呢?

(1)数学思维教学与探究性学习都共同关注问题性、过程性和开放性。注重提高学生数学思维能力是数学教育的基本目标之一。我们发现,探究性学习内涵凸显的问题性、过程性和开放性也是数学思维教学所重点关注的方面。首先,"问题是数学的心脏",它促使人们对数学本质的探索,推动人们对数学真理的发现。其次,数学的学科特点决定了数学教学应努力揭示知识的发生、发展过程,使学生在"过程"中逐渐体会并掌握获取知识的方法,体验数学的"再创造"历程,思维也只有在这样的"过程"中才有机会得以充分而自然地开启、交流、优化和升华。最后,理论和实践都充分证明,只有在民主、和谐的氛围里,学生的求知欲望才能达到最佳状态,这时思维才最活跃,才最富有创造性。

(2)反思是一种重要的思维方式,又是一种探究学习行为。反思在教育领域作为一种重要的思维,由杜威最先提出。他指出,思维的最好方式是"反思性思维",它是"对某个问题进行反复的、认真的、不断的深思"。

从数学探究性学习的内涵看,反思是一种积极主动的探索(探究)行为,是多层次、多角度地对问题及解决问题的思维过程进行全面的考察、分析和思考,从而深化对问题的理解,优化思维过程,揭示问题本质,探索一般规律,沟通知识间的相互联系,促进知识的同化和迁移,并进而产生新的发现。

(3)数学探究性学习促进思维品质的完善。首先,探究对学生的思维构成了挑战,并有利于思维能力的培养。

思维发展心理学认为,思维是在实践活动中发生和发展的。数学探究性学习强调动手做(hands-on),但更强调动脑筋(minds-on)。这包括强调学生在观察中的思考,对探究结果的猜测(假设),探究计划的制订,对获得的数据进行整理、分析等处理,在与同伴的对话和交流中相互质疑和评价,反思自己的预设,考虑可能的其他解释,最终得出结论,并向其他人展示或陈述,等等。这些对思维有较高的要求。

同时,数学探究性学习促进了思维的发展。如习题课教学,在注重一题多解、问题变式、引申和推广的教学活动中,由于学生被激发起好奇欲望、探索欲望和创造欲望,所以他们就积极地去探索、去研究,并且将所获得的材料、信息在自己的大脑中进行"分析和综合、抽象和概括、归纳和类比、实验和猜想、一般化和特殊化等一系列新的、高级的、复杂的思维操作",有利于思维能力的培养。

其次,探究性凸显学习的过程性是数学思维教学的一条重要原则。授受学习重视学习的结果,探究性学习更加关注学习的过程。在"过程"中,引导学生深入挖掘教材知识体系,领会知识;挖掘与渗透数学思想方法并以此统帅知识;引导学生从不同的角度深刻而全面地认识问题,抓住问题的规律和本质;鼓励学生勇于探索,勇于创新,并且能辩证地处理问题,及时发现错误、纠正错误,总结经验,自我调节,多层次培养思维的广阔性、深刻性、灵活性、创造性与批判性,有效地发展思维能力。

1.5　探究性学习教学案例

学了圆锥曲线与方程这一单元之后,我都会为学生们开设几节与所学知识相关的校本选修课,引导学生对一些问题做进一步的探究。《神舟九号飞船飞行椭圆轨道的近地点和远地点的理解及探究》引起了学生的广泛兴趣。

我要求几位学生查找相关资料并在课上做展示。

1.5.1　背景知识及问题提出

16、17 世纪之交,开普勒发现了行星绕太阳运行的轨道是一个椭圆。每一个行星都沿各自的椭圆轨道环绕太阳,而太阳则处在椭圆的一个焦点处。

航天器在天体引力场作用下,基本上按天体力学的规律在空间运动。它的运动方式主要有两种:环绕地球运行和飞离地球在星际空间航行。环绕地球运行轨道是以地球为焦点之一的椭圆轨道或以地心为圆心的近圆轨道。在椭圆轨道上运动时,航天器的地心距离和速度都在变化,距地心最近的点称为近地点,最远的点称为远地点。

　　神舟飞船是中国自行研制的,具有完全自主知识产权,技术达到或优于国际第三代载人飞船技术水平。资料显示,神舟九号飞船于 2012 年 6 月 16 日 18 时 37 分发射升空,随后,进入距地球表面近地点高度 200 公里、远地点高度 330 公里的椭圆形轨道。

　　关于行星(航天器)运行椭圆轨道的近日(地)点、远日(地)点的问题引起高中数学课程标准试验教科书的编者们的广泛关注,特别为此配制了占较大比重的例题或习题,但在问题的陈述中都是直接告知近日(地)点和远日(地)点是椭圆长轴的两个端点,如下图所示。

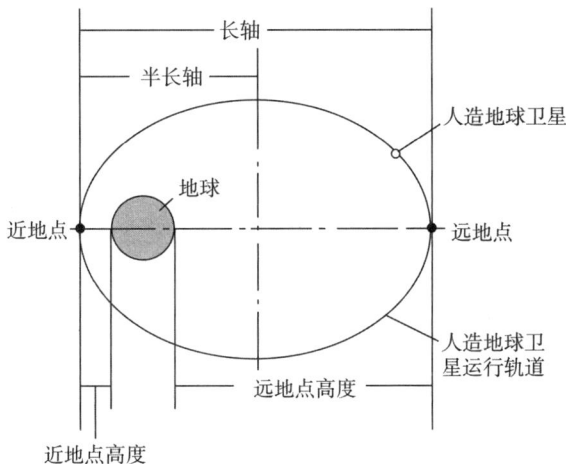

　　至于为什么长轴两端点是近地点和远地点,教材中没有给出解释。编者们似乎有意把这个很有价值的探究机会留给有兴趣的学生。因此,在选修课上,我和大家一起探究这个问题。

1.5.2 问题的数学化及探究

　　我们将上述的实际问题表述为如下数学问题:

　　问题 已知 $Q(x_0, y_0)$ 是椭圆 $\dfrac{x^2}{a^2} + \dfrac{y^2}{b^2} = 1 (a > b > 0)$ 上的动点,$F_1(-c, 0)$ 是该椭圆左焦点,求证:当且仅当 $x_0 = -a$ 时,$|QF_1|$ 取得最小;当且仅当 $x_0 = a$ 时,$|QF_1|$ 取得最大。(这里 $c = \sqrt{a^2 - b^2}$,下同)

　　这实际上就是研究椭圆上的点和焦点连成的线段(椭圆焦半径)的最值问题。

　　分析 $|QF_1|^2 = (x_0 + c)^2 + y_0^2 = x_0^2 + 2cx_0 + c^2 + b^2 - \dfrac{b^2}{a^2} x_0^2$

$$=\frac{c^2}{a^2}x_0^2+2cx_0+a^2=(\frac{c}{a}x_0+a)^2,$$

所以 $|QF_1|=\left|\frac{c}{a}x_0+a\right|=|ex_0+a|$,

由于 $0<e<1$, $-a\leqslant x_0\leqslant a$,

所以 $|QF_1|=|ex_0+a|=a+ex_0$。

由此知道,当且仅当 $x_0=-a$,即 Q 点与左顶点 A_1 重合时,$|QF_1|$ 取得最小;当且仅当 $x_0=a$ 时,即 Q 点与右顶点 A_2 重合时,$|QF_1|$ 取得最大。(不妨称取得最小值、最大值的点 A_1、A_2 分别为最小值点和最大值点,下同)

以上讨论解决了椭圆上的点到其焦点距离的最值问题,也就解决了神舟飞船飞行过程中的近地点和远地点为什么就是其椭圆轨道长轴的端点的问题。然而,学生们并不满足这已有的成果,他们还想弄清以下问题:

探究 1 已知 $M(m,0)$,$Q(x_0,y_0)$ 是椭圆 $\frac{x^2}{a^2}+\frac{y^2}{b^2}=1(a>b>0)$ 上的动点,那么 $|QM|$ 的最值又会怎样呢?

我们不妨只考察 $-a<m<0$ 的情况,由图形的直观性及上文的推导结果,我们可以推测:当 $M(m,0)$ 在左焦点 F_1 左侧时,左顶点 A_1 估计还是最小值点;问题是当 M 从 F_1 处开始逐渐向右移动,情况可能会发生变化,我们猜测椭圆长轴上有一个"分界点"M_0,当 M 运动到 M_0 右侧后,A_1 就不会是最小值点了。

我把学习的主动权完全交给了学生,教室里有陷入沉思的,有埋头运算的,也有交流讨论的……几分钟之后,我请几位学生上台展示他们的成果。

陈同学:$|QM|^2=(x_0-m)^2+y_0^2=x_0^2-2mx_0+m^2+b^2-\frac{b^2}{a^2}x_0^2$

$$=\frac{c^2}{a^2}(x_0-\frac{ma^2}{c^2})^2+b^2(1-\frac{m^2}{c^2})。（暂停展示）$$

因为有焦半径公式的推导经验,较多的同学都沿着这一思路的方向进行,即将问题转化为研究关于 x_0 的二次函数的最值。但由于变形过程涉及较多字母符号,不少学生还是无法将代数式化简到最后。等价变形是一个难点,接下来的分类讨论更能体现学生的数学素养。(继续展示)

由于 $-a\leqslant x_0\leqslant a$,所以

若 $\frac{ma^2}{c^2}\leqslant-a$ 即 $m\leqslant-\frac{c^2}{a}$,当 $x_0=-a$,$|QF_1|$ 取得最小;当 $x=a$ 时,

$|QF_1|$ 取得最大。

若 $\dfrac{ma^2}{c^2} > -a$ 即 $-\dfrac{c^2}{a} < m < 0$，当 $x_0 = \dfrac{ma^2}{c^2}$ 时，$|QF_1|$ 取得最小；当 $x = a$ 时，$|QF_1|$ 取得最大。

刘同学对此做了改进，他用参数法设点 $Q(a\cos\theta, b\sin\theta)$，则

$$|QM|^2 = (a\cos\theta - m)^2 + b^2\sin^2\theta = c^2\left(\cos\theta - \dfrac{ma}{c^2}\right)^2 + b^2\left(1 - \dfrac{m}{c^2}\right)$$

由于一些不了解椭圆参数方程的学生对此比较茫然，为此我引导他们观察椭圆方程的特点，即平方关系 $\left(\dfrac{x}{a}\right)^2 + \left(\dfrac{y}{b}\right)^2 = 1$，联想到 $\cos^2\theta + \sin^2\theta = 1$，因此设 $\dfrac{x}{a} = \cos\theta$，$\dfrac{y}{b} = \sin\theta$，$\theta \in [0, 2\pi)$，同样得到 $Q(a\cos\theta, b\sin\theta)$。

上述两种方法本质上是相同的，区别在于第二方案把椭圆 $\dfrac{x^2}{a^2} + \dfrac{y^2}{b^2} = 1$（$a > b > 0$）上较为复杂的 x, y 关系用三角函数紧密联系在一起，使得化简过程变得容易些。

在探究过程中，还发现学生的思路富有创意。

苏同学：以 $M(m, 0)$ 为圆心且过 $A_1(-a, 0)$ 的圆的方程为：$(x - m)^2 + y^2 = (m + a)^2$，将该方程与椭圆 E 的方程联立并整理得

$$c^2 x^2 - 2ma^2 x - 2ma^3 - a^2 c^2 = 0,$$

$x = -a$ 是此方程的一个根，设另一个根为 x_0，由韦达定理知：$x_0 + (-a) = \dfrac{2ma^2}{c^2}$，所以 $x_0 = \dfrac{2ma^2}{c^2} + a$。

要使 $A_1(-a, 0)$ 到 M 距离最小，意味着 $x_0 = \dfrac{2ma^2}{c^2} + a$ 这个根将不存在，也就是 $x_0 < -a$，从而得 $m < -\dfrac{c^2}{a}$。

这样，我们预测的"分界点"找到了，即 $M_0\left(-\dfrac{c^2}{a}, 0\right)$，当且仅当点 M 与点 M_0 重合或在点 M_0 右侧时，左顶点为最小值点。

我们知道，从定义和方程的形式看，双曲线与椭圆最为接近，能否将椭圆关于"分界点"的性质推广到双曲线呢？这是大家期盼的事情。

探究 2　$N_0\left(-\dfrac{c^2}{a}, 0\right)$ 是双曲线 $\dfrac{x^2}{a^2} - \dfrac{y^2}{b^2} = 1$（左支）的"分界点"吗？（这里

$c^2 = a^2 + b^2$）

结论是肯定的，推导方法类似于椭圆，在此不再赘述。

最后，我们来考察方程形式相对简单的抛物线的情况。

探究 3　已知 $Q(x_0, y_0)$ 为抛物线 $x^2 = 2py(p>0)$ 上的动点，$M(0, m)$ 为其对称轴上的点，试确定 m 的最大值，使得当 $y_0 = 0$ 时，$|QM|$ 取得最小。

该问题较椭圆相对容易些，学生还是有能力完成的。我发现，大部分学生不假思索地选择第一条思路（陈同学的方法），一些敢于挑战自我的学生在尝试苏同学提供的创新解法。

洪同学：以点 $M(0, m)$ 为圆心且过原点的圆方程为 $x^2 + (y-m)^2 = m^2$，将该圆方程与抛物线方程 $x^2 = 2py$ 联立并整理得：$y^2 - 2(m-p)y = 0$，要使顶点 O 到 M 距离最小，意味着该方程除 $y=0$ 外的另一个根 $y_0 = 2(m-p)$ 将不存在，即 $y_0 \leqslant 0$，所以 $m \leqslant p$。

以上分析表明，抛物线 $x^2 = 2py(p>0)$ 对称轴上的点 $M_0(0, p)$ 成为一个"分界点"，即当且仅当 M 与 M_0 重合或在 M_0 下方时，最小值点是顶点。

1.5.3　深化探究

对于抛物线 $x^2 = 2py(p>0)$，p 有明确的几何意义，即为焦点到准线的距离（简称焦准距），$2p$ 为抛物线的通径长。同时我们发现，"分界点"$M_0(0, p)$ 到顶点 O 的距离为一个焦准距（半个通径长）。

探究 4　椭圆和双曲线的"分界点"是否也具有这样的性质呢？

容易得到，椭圆 $E: \dfrac{x^2}{a^2} + \dfrac{y^2}{b^2} = 1(a>b>0)$ 和双曲线 $G: \dfrac{x^2}{a^2} - \dfrac{y^2}{b^2} = 1(a>0$，$b>0)$ 的焦准距均可表示为 $p = \dfrac{b^2}{c}$，通径可以统一表示为 $2ep$。

对于椭圆 E，$-\dfrac{c^2}{a} = -\dfrac{a^2 - b^2}{a} = -a + \dfrac{b^2}{a} = -a + \dfrac{c}{a} \cdot \dfrac{b^2}{c} = -a + ep$；

对于双曲线 G，$-\dfrac{c^2}{a} = -\dfrac{a^2 + b^2}{a} = -a - \dfrac{b^2}{a} = -a - \dfrac{c}{a} \cdot \dfrac{b^2}{c} = -a - ep$。

将上述三种情形进行对比，我们发现了一个很有价值的结论：圆锥曲线的"分界点"距较近的顶点恰为半个通径长。

1.5.4　成果应用

做了上述探究之后，我拿出一个透明的抛物线形（轴截面为抛物线）酒杯和一些大小不一的小球（乒乓球、小玻璃球、小钢珠……），并请一位学生来演示:将小球轻轻放入杯中,观察小球是否触到杯底。演示结果是:有的能触及杯底,有些则不能。

我请学生思考以下问题:

问题 求出小球半径的最大值,使半径不超过该值的小球都能落到杯底。

学生们兴趣来了,课堂讨论气氛很活跃。

经过认真观察、思考和讨论之后,学生们悟出了一个事实:小球落到了杯底,意味着酒杯抛物面上到球心距离最小的点是杯底(抛物线的顶点)。

接着,我要求学生把实际问题数学化,即建立直角坐标系,考察抛物线 $x^2 = 2py(p>0)$ 上的点 Q 到点 $M(0,r)$ 的距离的最小值。

由上述探究 3 的结果知道,当 $r \leqslant p$ 时,小球都能触杯底,即小球半径 r 的最大值为 p。

同样地,双曲线型和椭圆形酒杯中的类似问题也就不是难题了。

2 对话教学

关于"对话"与"对话教学",从苏格拉底通过对话探求真理的"产婆术"教学,到 20 世纪巴赫金的对话诗学理论、伽达默尔解释学美学对话理论以及哈贝马斯的交往行动理论,众多思想家对对话理论进行了思考的探索,使对话理论不断发展和趋于成熟,形成了丰富的理论研究成果。对话教学在我国最早可以追溯到春秋时代的教育家孔子,孔子通过与学生的对话来启发学生的思维,增进学生的知识,开启了对话教学的先例。但在专制封建统治中,对话思想未能进一步发育壮大。国内研究者关于对话教学的研究,始于 20 世纪 90年代中期,这一时期,我国中小学教学中虽然也有对话,但那只是教师主宰下以知识传授为目的的提问与解答,不能称之为真正意义上的"对话教学"。到了 20 世纪初,随着新课改浪潮掀起,"对话教学"作为一种全新的现代教育理念进入课堂,在这一背景下,近年来国内也有不少专家学者对此进行了研究。张华教授在《研究性教学论》中用了三个章节分别论述了对话教学的含义与价值、对话教学的知识基础、对话教学的方法论。郑金洲教授在《对话教学》中对"对话教学"概念的界定、对话教学的理论渊源、对话教学的实施条件、对话教学的实施过程、对话教学的评价作了全面论述。

关于如何有效地促进学生数学思维能力培养与发展，一直是困扰我们的一个老问题。通过对话教学理论的学习与思考，我们认为这是一条能够解决困扰的一条明路。

2.1　对话教学的历史发展

孔子作为我国伟大的思想家、教育家，他的有教无类、因材施教和启发式教学的教育教学思想直到今天依然光彩夺目。孔子通过与学生的对话来启发学生的思维，增进学生的知识，开启了对话教学的先例，由其弟子及再传弟子编撰的《论语》是教师与学生间对话的真实记录。

在孔子辞世十年之后，西方先哲苏格拉底在雅典诞生，通过他的学生柏拉图的《对话录》，我们得以知晓苏格拉底和他的追随者们都注重理性知识的传授、解析以及定义的作用，强调发展学生的思维能力。苏格拉底首创了以他自己名字命名的问答法，又称"产婆术"。在他看来，教师的任务不在于臆造和传播真理，而是要做一名知识的"产婆"，把存在于学生内心的知识引导出来，变为学生的实际知识与技能。苏格拉底曾经说过：没有一种方式，比师生之间的对话更能提高沟通能力，更能启发思维技能。

杜威(John Dewey,1859—1952)在20世纪上半叶掀起了教育中"哥白尼式革命"，他是彻底的平等主义者和最伟大的民主思想家之一。杜威重建了知识概念，认为知识的本质是行动与探究，教师和学生都是知识的探究者，二者是完全平等且互动的。杜威认为学校本身是个民主的社区，而教育孕育民主社会的"种子"。因此，杜威的教育学本质上是"关系教育学"和"对话教学论"。

被誉为"拉丁美洲的杜威"的保罗·弗莱雷(Paulo Freire,1921—1997)是世界著名的教育家。弗莱雷1970年提出"对话教学"，既继承了杜威的思想（民主思想、对话与合作的理念），又弥补了杜威思想中全力分析和批判的不足，由此发展了教学民主思想。

在长期的教育实践过程中，弗莱雷探究了学校中的教学关系。他发现，学校教学的一个基本特征是"讲授"。

他认为，这种"讲授"具有一种特殊的弊端，即表明了教学中的师生关系是主体和客体的关系。讲授者教师是主体，听讲者学生是客体。作为主体，教师的主要任务是用讲授的内容来"填满"学生。作为客体，学生的主要任务是听讲，把老师所讲的储存起来。在这种教学中，师生之间没有对话，没有交流，这种不对话表明了教师与学生的一种垂直关系，而不是一种平行的关系。在教师的讲授过程中,讲授的内容往往是远离学生生活经验、脱离现实的。

对于这种传统的教育,弗莱雷有一个著名的十分形象的比喻。他把这种传统的教育比作一种"银行储蓄"式的教育。弗莱雷在《被压迫者的教育学》一书中指出:"这种教育是一种'储蓄'行为,学生就像是银行里开的'户头',教师则是'储户'。教师进行讲授,进行存款,教师不是去交流,而是发表公报,学生则被动地听讲、接受、记忆和重述,进行储存。师生之间以这种'你储我存'取代了相互的'交流'——学生'户头'里的'存款'越多,他们发展批判意识就越少,而这种批判意识可以使他们作为世界的改革者介入于这个世界。"

在这种"储蓄教育观"中,教师至高无上,教学以教师为中心。因此,在教育中就出现了弗莱雷指出的如下一些现象:

教师总是教,学生总是被教。

教师总是无所不知,学生一无所知。

教师总是在思考,学生不用去思考。

教师总是讲授,学生总是顺从听讲。

教师总是执行纪律,学生只有遵守。

教师有权选择并制定规定,学生则遵守规定。

教师有主导作用,学生围着教师转。

教师有权选择教学内容,学生则要适应这些教学内容。

教师成为知识的权威,学生只能听从教师。

教师是教学过程的主体,学生是教学过程的客体。

在这种"储蓄教育观"中,学生被看作是要进行适应和调整的人。学生越是被动地学,越会倾向于去适应世界,而不是去改造世界。

弗莱雷认为,教育目的是要使人觉悟,要具有批判的意识,要学会学习,学会思考,从而获得"解放"。"储蓄式教育观"就是灌输式教育,是不民主的,削弱了学生大胆向权威提问的勇气和能力。而"对话式教学"则是师生民主平等、双向交流的,把学生看作主体,培养他们的创造性和批判意识。

2.2 对话、教学对话、对话教学的内涵

《现代汉语词典》对"对话"的解释是:"两个或更多的人之间的谈话"或"两方或几方之间的接触或谈判"。它是与"一个人的独白"相对应的一种言语方式、言语行为,是纯粹的语言学现象。

美国伊利诺斯大学教育学者尼古拉斯·C.伯布勒斯(Nicholas C.Burbules)与伯特伦 C.布鲁斯(Bertram C.Bruce)在总结西方对话教学理智传统的基础上,曾给"教学中的对话"下过这样一个定义:"对话(dialogue)是一种教学关系,它以参与者持续的话语投入为特征,并由反思和互动的整合所构成。"该定义阐明对话是一种交互主体的、有机的、动态的教学关系(pedagogical relation),而非教学要素间的机械连接;它是所有参与者对共同面对的问题或课题的探究、质疑、解释、评论、重新思考等"话语投入"(discursive involvement)行为,而非把外部确定无疑的知识或规范内化;它是贯彻始终的、持续进行的(ongoing)的言语互动,而非偶尔为之的问答行为;它把参与者个体的反思(reflexivity)和所有参与者彼此间的互动(reciprocity)融为一体,而非将二者割裂开来,使"反思"走向孤独、"互动"沦为盲从。

弗莱雷认为,对话的本质是言语。而真正的话语是两个维度或两种因素的互动,这就是"行动""反思",二者片刻不可分离。离开了"行动","反思"走向空洞的词语主义;离开了"反思","行动"就会流于盲目的"活动主义"。融合"行动"与"反思"的话语,就等于"工作"(work),就等于"反思性实践"

那么,究竟什么是"对话""对话教学"(dialogical teaching)?尽管尚难给出普遍认可的界定,但国内多位学者总结传统与现状、理论与实践并基于跨学科视野,做了较为深入的研究。

郑金洲、刘耀明等学者的观点是:对话是人们彼此间借助言语,以达到交流思想,促进理解的一种行为方式。简单地说,对话就是一种有意义的交流。教学对话是指的是发生在教学过程和教学情境中的对话,也即教学过程中,主体之间以对话的形式表现出来的交往和互动。对话教学是指教学过程中的主体借助有意义的交流,不断探究和解决教学中生发的问题,以增进教学主体间的理解,提升师生教学生活质量的过程。

张华教授的观点与尼古拉斯 C.伯布勒斯与伯特伦 C.布鲁斯的界定比较接近,他认为,对话教学是师生基于关系价值和关系认知,整合反思与互动,在尊重差异的前提下合作创造知识和生活的话语实践。该实践旨在发展批判意识、自由思想、独立人格,关心伦理和民主的社区。

百科上的表述为:所谓的对话教学,就是以对话为原则的教学方式。更进一步讲,对话教学就是追求人性化和创造性质的新式教学思维和理念。

大家知道,给一个概念下定义是件不容易的事情,由于本人水平的原因,在此无力对诸位学者关于"对话教学"的定义做评述。表面的感觉是张华教授的定义比较深奥(这可能是语言表达的方式的缘故),郑金洲教授的表述较易懂,百科上的表述更为直白。

2.3 对话教学的条件与特征

那么,对话教学有哪些条件和特征呢?

对话是建立在一定的基础和条件上的。

(1)对话与平等。对话应在平等的基础上进行。在否认其他人有说话权的人与被否认有说话权的人之间不可能有对话。弗莱雷认为,在进行对话前,必须使被否决了讲话权的人夺回自己的这种权利。不让别人讲话的人是不人道的。

(2)对话与爱。弗莱雷认为,如果不热爱世界,不热爱生活,不热爱人类,那么就不会有对话。爱是对话的基础,爱也是对话本身。

(3)对话与信任。如果不相信他人,也不会有对话。相信别人做事有能力,相信别人有创造力,相信别人有发展力,相信这些能力并非某些精英特有。相信他人是对话的先决条件,它先于面对面的对话。

(4)对话与谦恭。对话的双方要谦恭,如果没有谦恭,就没有对话。假如对话者双方之一高傲自大,瞧不起对方,那么对话就会中断,因为对话是人类的一种相互了解和共同的行动。

(5)对话与倾听。在佐藤学看来,教师和学生就是互相倾听的关系。倾听他人的声音是学习的出发点,越会倾听的学生越善于学习。善于学习的学生都喜欢安静地思考,认真地倾听。

灌输式教学,不是不强调倾听,只是要求学生倾听教师(接受),单向交流。

对话教学里,提问与应答不断转换,双方都要倾听对方的意见,调整自己的思维方式、行为方式,有可能突破原有的体验与理解的局限性,获得新见解。

弗莱雷指出,只有建立在平等、爱、信任、谦恭、倾听的基础上,对话才是一种双方平行的关系。如果缺少爱、缺少谦恭,不相信人,就不会产生信任。如果没有信任,也就失去了对话的条件。信任会使对话双方更加感到在讨论世界的问题中他们是同伴。

对话的具有若干特征:

(1)对话是平行的交流。弗莱雷认为,在交流中有两个前提很重要:一是要真实地表达思想,不要说假话、虚话;二是要积极地参与交流,参与社会活动。如果在交流中尽说假话,或者尽管讲的也许是真话,但却是空话,远离实际,不愿参与社会实践,那么这种交流也就失去了意义。

在教学中,师生间双向性的相互交流是一种平行、平等、民主、真实、积极的交流。在这种交流中,师生双方都是主体,为了共同的目的进行交流。

(2)提问是对话的关键。要使对话有效,提问是关键。教师不应只是知识的传递者。为此,弗莱雷对教师的提问也提出了以下一些要求:

——要提出能够激起思考的问题;

——要能激励学生自己提出问题;

——通过提问,学生不仅仅会回答问题,更重要的是要学会对答案提出疑问。

(3)对话离不开反思。反思与行动是对话的两个基本要素。两者相互关联,相互作用。

反思,倾听自己,与自己对话。

(4)对话需要合作。在对话式教学中,不存在一个主体要使另一个成为客体,对话的双方都是主体,共同去揭示这个世界、去改造这个世界。因此,对话不是强制的,不是被人操纵的,而是双方的一种合作。

2.4 数学学习与思维对话

2.4.1 学习与对话

弗莱雷提出教育具有对话性,教学即对话。他认为,实施对话式教学反映了师生间的一种双向的相互交流。这种交流是平等、民主、真实、积极的交流。在交流中,双方都是主体,为了共同的目的进行交流。这与传统教育中的教师给予知识、学生接受知识的"储蓄"法完全不同。

日本教育学会原会长佐藤学(1951—,日本教育学会原会长)对"学习"进行了再定义,认为学习是"相遇与对话",是对"意义与关系的再编"。他吸取了康德和福柯关于启蒙的思想,认为学习包含三个对话性实践:与课本对话(建构客观世界),与他人对话(建构伙伴关系),与自己对话(探索自身模式)。学习是这三种对话的三位一体。

学习即对话,那么,教学更是对话。

教学是一种特殊的认识活动,但这种特殊性绝非是因为教学是以间接知识为主的学习过程,更重要更深刻的是,教学思维的发生和发展过程,是经由思维对话,学生得以体验知识的生成过程,知识得以转化为智慧,积极的情感体验得以生发,基本的道德素养得以形成,全面发展的教育目标得以逐步实现。从这种意义上来说,教学就是融入了情感、智慧和德行要素的思维对话。

华东师范大学终身教授钟启泉认为,新一轮课程改革强调改造灌输式的"反对话文化",倡导"对话文化"。新课程背景下的课堂教学本身就是一个对话的过程,就是要引导学生与客观世界对话,与他人对话,与自我对话,并且通过对话,形成一种活动性的、合作性的、反思性的学习方式,亦即形成认知性实践、社会性实践、伦理性实践"三位一体"的学习过程。

从本质上讲,数学是一门最关注思维的学科,数学教学是数学(思维)活动的教学,数学学习实质上就是学生在教师的指导下,通过数学思维活动,学习数学家思维活动的结果(知识),并发展数学思维的过程。所以,数学教学呼唤对话教学。

苏格拉底曾经说过:没有一种方式,比师生之间的对话更能提高沟通能力,更能启发思维技能。

2.4.2 有效的思维对话的策略

活力数学针对数学学科的特点及培养目标倡导以下思维对话策略。

(1)基于思维的问答

问答是课堂教学中常见的对话形式。我国当前课堂教学实践中,尽管不乏真正的问答,但"虚假问答"的现象也很普遍。如果教学中的问答仅仅是传递和储存学科知识的一种形式,仅仅是一种教学操练,这种"问答"大都是"虚假问答",这样的对话只能称为"表面对话"或"肤浅对话"。

美国著名心理学家斯滕伯格继三元智力理论之后又提出思维三元理论,他将人类思维划分为三个层面(三种模式):分析性思维、创造性思维和实践性思维。

斯滕伯格还提出了可供选择的三种教学策略,即照本宣科策略、问答策略、对话策略。

第一种是以讲课为主的照本宣科策略。把教材内容呈现给学生,师生之间几乎不存在互动,或者只是稍有例外(如偶尔提出一个问题),学生之间也不互动。

第二种是以事实为基础的问答策略。教师向学生抛出大量问题,这些问题主要是为了引出事实。教师的回答无外乎是"对""好""是"或"不是"之类,师生互动频繁,但这种互动很简短,通常不会对个别问题追根究底。学生之间也不互动。

第三种是以思维为基础的问答策略,或者说是对话策略。对话是这种方法的特征,鼓励教师和学生的交流(可以是口头的,也可以是书面的),教师提出问题以刺激学生的思维和讨论。这种问答通常的反馈也不是简单的"对"与"错"。相反,教师乐于评论和补充学生的发言,甚至会隐藏自己的观点,故意发表一些偏激的意见,扮演一个魔鬼代言人的反面角色。在这种策论中,教师和学生的界限趋于模糊,教师更像向导或协助者,而不是传统意义上的老夫子。

在斯滕伯格看来,教学中以思维为基础的问答才是对话,越能激发思维发展的问答就是越高级的教学对话。

就当前基础教育阶段设置的学科来看,数学是培养和发展思维最有效的学科,数学教学最本质的是通过知识的学习发展学生的思维。问答离不开问题,"问题是数学的心脏",数学的产生及发展都是为了回答人们提出问题的需要,是问题的不断提出与解决在向数学输送着"新鲜的血液"。虽然,以事实为基础的问答在教学中无法回避(有时也很必要),但提出的问题难以达到上述要求,对学生思维的发展也难以起到较好的作用,所以,这样的问答大都是"虚假问答",有时候还存在浪费时间的感觉。

以思维为基础的问答,直指问题的本质,抓住问题的关键,能激起学生思维的浪花,促使学生积极思维。活力数学提倡以思维为基础的问答。

在日常教学过程中,多数的问题是由老师提出(引出)而且老师自己有明确的解答,教学的任务之一是围绕这问题引导学生做指向性明确的讨论并使问题得以解决。在解决问题的过程中,如果教师能赋予学生充分的民主,由于学生思维的开阔性常常会有新的问题的产生,这些问题中有些可能老师事先没有预料到,这时,教师该如何面对呢? 如果问题有价值,出色的教师会抓住时机和学生做进一步的探究,而有的教师可能就假装没听见而继续顺着教案的预设进行,很好的教学时机遭到了浪费,没受到关注的学生情感上也受到的打击。

在数学提高班(兴趣小组)的课上,类似这样的突发事件更是经常出现,生成的问题常常更具挑战性和开放性,教师也未必有十足的信心和把握现场解决问题。面对这种情况,建议老师们把握机遇迎接挑战,在做一定的思考后,先让学生说出他自己的想法,教师在倾听过程中适时给予评价、质疑、追问……当学生遇到关卡想不下去的时候,转问其他同学:你们有什么建议? 如果其他同学摇头了,教师可以提出自己的想法:我们能不能这样想……然后和学生一起思考,在几个回合的问答之后,有的问题可以得到解决,而有些问题依然还"挂着",课后大家再思考。

作为从事多年优秀生培养的教师，我很享受这样的课堂，也感觉到自己在这样的课堂里也获得了成长。

我认为，我们的教学目的不是解某个题目，也不是告诉学生这个题目怎么解，而是通过这个问题的解决获得了相关的学科知识，更重要的是培养和发展学生的思维。上述课堂无疑对学生的成长更有意义，他们收获的也比一般的课堂要多。

（2）讨论学习

讨论学习是对话学习的一种常用的学习策略。讨论学习在学生间或师生间进行，有效的师生间的讨论可以归为"基于思维的问答"。这里主要谈学生间的讨论，成功的讨论学习实质上是思维对话。

学生与学生的思维对话，主要指学生之间就某一共同话题所展开的讨论与交流。这是教学活动成功不可忽视的重要因素。在教学过程中，学生与学生的思维对话往往表现为一种合作探究的关系，包括一对一、一对多和多对多的方式。由于学生在年龄、心理和知识水平等方面具有相近性，因此，在思维对话中更容易产生心理上的安全感。这种安全感能使他们在群体中自由言说和相互倾听，敢于充分表达和展现自我。学生间的思维对话赋予教学浓厚的情意色彩，能充分满足学生的心理需要，小组协作是其主要的对话形式。在小组学习中，小组成员之间可以相互交流，彼此争论，互教互学，共同提高，既充满温馨和友爱，又充满互助和竞赛。同学之间通过提供帮助既满足了自我影响别人的需要，又通过相互关心满足自我归属的需要。学生间的思维对话给每个人提供大量发表自己观点和看法，倾听他人意见的机会，在相互间的交流、讨论和切磋中，他们思维碰撞，智慧则在不时迸发的灵感火花中得以提升。同时，学生又可以在这一过程中体验着愉快，并学会欣赏、理解和尊重他人，学会与他人分享成果，学会与他人沟通合作。

（3）留白与沉默

在学习活动中，与"他人的对话"比较容易受到重视，而"自我对话"常常被忽视。

个体自我的思维对话，通常是指现在的"我"与过去的"我"、现实的"我"与理想的我、"此我"与"彼我"之间思维对话。从实质上看，个体自我的思维对话，就是对自我的反思性理解，是对自我过去所积淀的经验、思想等进行探究和合理性追问，内心的矛盾和困惑促使师生去思、去感悟、去探究。个体自我的思维对话使个体尽可能地调整自己已有的认知结构和思维方式。在这个过程中,矛盾逐渐缓解,困惑走向澄明,自我则在这一过程中不断获得充实发展。可见,个体自我的思维对话,即是开放性的吸纳和建构主体间思维的对话,主体与物思维对话的过程,同时又是个体自我的建构过程。个体自我的思维对话生成和活化各种形式的知识,并在这个过程中使自我凸显出来,走向智慧。

良好的思维技能是可以培养和训练的,但是思维不是靠教师传授的。斯滕伯格认为,学生最终学会思维,但不是教师教他们所致。最终学生必须自己教自己,教师所做的全部事情,只不过是提供一个可能的方法,使得学生可以自己教自己。所以,学生的独立思考和反思在学习中具有特别重要的意义,这才是在有效地培养"自己教自己"的能力。

实际的数学教学中,一些教师可能因为没有这样的意识或是为了赶教学进度而没有为学生创设自我思维对话的氛围与机会,这是得不偿失的做法,是教学上的失误。当学生陷入深刻的思考过程并努力寻找词汇表达自己的时候,当学生需要自己意识到自己行为的问题时,当学生需要自己做出决定的时候,当学生自己需要去体验感受时,当学生自己需要反思的时候……教师要把给他们留足时间(简称留白),要学会等待,学会沉默,要知道"有时沉默也能说话——此时无声胜有声"。诚如加拿大现象学家范梅南所言:"在良好的谈话中,沉默与说话同样重要。机智知道沉默的力量,也知道何时保持沉默。"

"花能解语还(应)多事,石不能言最可人。"(陆游)

(4)对话性讲授

虽然,以思维为基础的问答最能培养思维技能,但在真实的教学中,并非每节课自己始至终都适合这种策略,当教材内容无须通过问答来实现的时候,当学生身处在迷雾之中需要教师指点的时候,当学生呼唤教师进行更正式的信息讲授的时候,讲授法就有着特别的意义。

上述情境下的讲授具有对话性,是学生发出邀请后教师的应答,但是,如果教师直白地展示标准答案,或直白地告诉解题思路,那么本来具备对话情境的教学很快又沦为了"灌输式"。数学教学是思维的教学,对话的目的是让学生的思维得到更有效的激发和发展,所以,在学生需要讲授的时候,该讲授本身就是展开对话的时刻,教师也要做到不失时机地邀请学生一起思维(邀请对话),这样的讲授是"对话性讲授"。教师的讲授,不是只解释具体内容,更重要的是邀请学生对话和质疑。教师所激起学生的问题、质疑、联想越多,教师的讲授就越成功。讲授不仅激发对话,还依赖于对话,通过对话质量而衡量其价值。

对话教学反对"灌输式的讲授",但却不反对"讲授法"本身。恰恰相反,对话教学把讲授法视为重要的方法论要素。对话教学不局限于具体的话语形式,而关注是否体现"对话性"、关系价值。在对话教学论看来,讲授法与对话法不仅是互动的,而且是融合的。

除了上述介绍的几种常用的思维对话策略外,主题探究、辩论、头脑风暴、沙龙等也是有效的对话学习方法。

2.5 对话教学案例

案例1:新人教版七年级数学"不等式的大小比较"这一章节的教学。

师:解不等式 $a-2>5$ 时,为什么要在不等式的两边同时加上2?

生1:根据不等式的性质1,不等式两边加(或减)同一个数(或式子),不等号的方向不变。

生2:把不等号想象成等号,把2移项,跟不等式的两边同时加上2效果一样。

生3:不等式的两边同时加上2,就能够把左边的-2消掉,让不等式左边只剩下 a。

师:同学的回答都很精彩,都能够根据自己的经验谈自己的看法,很棒。

但是,如果在较大的一端加上2,较小的一端加上1,不等式的方向是不变的,但 a 的取值范围却发生了改变,这是怎么回事呢?

生1:这样计算违背了不等式的性质1。

生2:比如天平原来左边比较重,右边比较轻,左边再加上更重的东西,而右边加上轻的东西,左边只会更重,这样不公平!

师:生2提得很好,"公平",所以不管等式和不等式,两边要加减乘除,应该要同一个数,才能保证"公平",不破坏原来的规则。

就上述两个问题,学生在课堂上展开了积极的思考与讨论。这两个问题看似简单,但要说出具体因果来,无论是数学理论的推导,还是数学语言的表达都不是那么容易。整节课,学生的思维极其活跃,有效地培养了学生的自主探究和主动创新的精神与意识,通过排除一个个的认知冲突,学生不仅弄清了不等式方向改变与不改变所需要的条件,而且拓展了思维,契合了当前课改的精神,遵循了数学知识本身的教学规律。

关注了对话艺术,打开学生思维的闸门,点燃学生思想的火花,让学生享受到思考的乐趣。

案例 2：八年级"分式方程"第一课时的教学,如何解分式方程?

师:请同学先回忆 $\dfrac{20+v}{100}=\dfrac{20-v}{60}$ 的解法,并解出方程。

(学生自己独立完成解方程)

师:解含有分母的方程,最关键的一步是什么?

生:去分母。

师:如何去分母?

生:要先确定所有分母的最小公倍数 300,再两边同时乘以最小公倍数 300。

师:乘的时候需要注意什么吗?

生:两边应同时乘以最小公倍数,不能漏乘。

师:如何确定你的答案是不是正确的?

生:把未知数的值代入方程的左右两边,判断是否相等。

师:如果分母不是整数,而是含有变量,如何处理? 大家可以把刚才的解法应用到新的题目里面,请同学们带着这个问题解一下方程 $\dfrac{100}{20+v}=\dfrac{60}{20-v}$。

(学生尝试地解分式方程,待中等学生解完)

师:关键一步是什么?

生:还是去分母

师:能不能再乘以最小公倍数? 还是最简公分母?

生:分母不是整数,所以不能乘以最小公倍数,只能先确定最简公分母 $(20+v)(20-v)$。

师:去完分母,接下来的计算过程和刚才的整式方程就一样了。那答案如何确定是否正确? 有没有特别需要注意的?

生:解出 $v=5$,检验:左边 $=\dfrac{100}{20+5}=4$,右边 $=\dfrac{60}{20-5}=4$,左边 $=$ 右边,所以 $v=5$ 是原方程的解。(学生漏掉检验最简公分母是否为 0,老师不马上提醒,又设置了新的一题,以造成思维的冲突。)

师:请同学再解方程 $\dfrac{1}{x-5}=\dfrac{10}{x^2-25}$,并验证你的答案是否正确

(学生解完方程,验证的时候部分同学发现出了问题)

师:答案是多少?

生:$x=5$。有的同学不敢确定了。

师:为什么会有同学不敢确定了?

生:因为代入分母得 0,但是分母不能为 0。

师:没错,这就是分式方程与整式方程最大的区别,分式方程需要检验最简公分母是否为 0,所以检验的书写格式就有所区别了,现在我们重新确定一下如何写检验过程。

接下来教师进行检验,分别把是方程的解和不是方程的解完整地写出,并做出比较。

通过学生自主探索,得出解分式方程的经验,暴露学生的思维,并提出验根的方法,代入最简公分母检验是否为 0,并确定验根的具体写法。主要让学生通过自己探索实践,找出分式方程无解的原因及验根的必要性。

数学课堂是对话的系统,洋溢着师生、生生之间的对话,对话教学给沉闷的数学课堂带来生机和活力,学生在围绕话题进行的讨论、辩论、争论中碰撞出思维的火花,增强了思维的灵活性及发散性,尽情享受对话的快乐。

(注:以上两案例由福建省规划课题"以对话教学促进学生数学思维发展"课题组成员、翔安一中陈秉艺老师提供)

3 协同学习

3.1 关于协同学习

合作学习(cooperative learning)是 20 世纪 70 年代初兴起于美国,并在 70 年代中期至 80 年代中期取得实质性进展的一种富有创意和实效的教学理论与策略。合作学习的常见形式有问题式合作学习、表演式合作学习、讨论式合作学习、论文式合作学习、学科式合作学习。由于"它在改善课堂内的社会心理气氛,提高学生的学业成绩,促进学生形成良好非认知品质等方面实效显著",很快引起了世界各国的关注,并成为当代主流教学理论与策略之一。在我国,自 20 世纪 80 年代末、90 年代初始,也出现了合作学习的研究与试验,并取得了一定的成果。

在课堂观察中,我们发现许多教师都会自觉地采用小组合作学习。客观地说,"小组合作学习"在改变教师教学观念,促进学生参与课堂,增强学生主体意识等方面起到了较好的作用。但同时我们也发现,许多课堂中名为小组合作学习变成了学生之间的"相互说",这种流于形式、浮于表面,没有体现合作的课堂互动对学生的发展没有起到实质性的促进作用。

只是"相互说"是实现不了"学习"的。因为"相互说"的话只是对自己所知道的"已知世界"进行表达或阐述,业已懂得、理解的东西即便滚瓜烂熟,也不能称为"学习";"学习"应是一个向未知的世界进行探究的旅程,是超越既有的经验与能力,形成新的经验与能力的一种挑战。"互相说"的小组每位成员讲完自己的意见就没有进一步思考了,也就鲜有进一步深入的学习。怎样提高小组学习的效果呢?

着力点应放在改变"互相说"为"相互学"。

日本教育学会前会长佐藤学教授认为,"互相学"的关系是每一名学生都作为主人公互相学习、共同提高的学习关系。"互相学"的关系是建立在对话的基础上的,这种对话式的交流以倾听为基础,有效地相互促进学生思考。关于"相互说"和"相互学",佐藤学还认为,前者改善关系,后者改善学习,学校不是改善关系而是改善学习的地方。

为区别流于"相互说"的"合作学习",这里把基于"相互学"关系的学习称为协同学习。

协同学习不局限于"相互说",而是强调通过相互交流促进学生思考,达到共同提高的目的。具体地说,通过倾听别人的思考重组自己的思考,通过"你是怎么想的""我是这样想的""原来是这样的"等交流与对话达到"相互学"。因为有了思考的过程,所以,"学习"得以真正地发生。

"互相学"与"相互教"也不同。"互相教"的关系是单方的权力关系,是由"独白"构成;而"互相学"的关系是每一名学生都作为学习主体互相间协作学习关系,是对话式的交流。因此,协同学习不建议教师说"会的同学教一下不会的同学",应该说"没想通的同学问一问其他同学"。也不建议不明白的同学问"请告诉我这道题怎么解?",而应该说:"你这么想的理由是什么?""我这么想有没有道理?"

3.2　课堂中协同学习的组织形式

协同学习是在合作学习的基础上提出和发展的,和合作学习一样,学习小组的组建是协同学习得以顺利实施的基础和关键。要保证协同学习的有效性,科学、合理的分组是必不可少的。

首先,关于分组的原则。根据学生从学业水平、能力倾向、个性特征、性别等方面的差异可以把学习小组划分为以下三种形式:同质分组(组内同质,组间异质)、异质分组(组内异质,组间同质),以及异同混合组。

目前,认可度相对高的分组原则是异质分组,即组内异质、组间同质的学习小组,小组成员之间存在一定的互补性。同时,全班各学习小组之间又具有同质性,每个小组都是全班的缩影。这样,组内异质为学生与学生之间的互助协同合作奠定了基础,而组间同质则为全班小组之间展开公平竞争创造了条件。

虽然异质分组成了目前主流的分组原则,但是,这一分组形式也不适合所有情境的协同学习,如学生的学习能力和水平都较高,他们在同质组中的收获会更大。如数学提高班或数学兴趣小组的学习中,教师无须替学生分组,他们会自发组合学习小组(一般都是同质小组),他们在小组中相互学习、相互协作、相互促进,思维在更高层次上得到了相互激发,学习效率自然更高。

其次,关于学习小组人数。研究认为,小组规模不宜过大或过小,过小起不到相互启发、相互弥补的作用,不利于学习者间的交流和互助;过大会降低小组协同的效率,也不利于小组成员之间的交流和个人才能的充分展示。

在我国,中小学教室座椅大都布置成秧田状,课堂上学习小组一般由前后四位同学组成,而四人小组也是被认为比较理想的学习小团体。

关于在学习小组中要不要设立小组长的问题目前也有不同的观点。研究者认为,小组刚组建的时可以先设立小组长,在学生慢慢习惯了小组的氛围后,为体现小组成员平等和主人翁意识,小组长的作用应逐渐弱化,直至取消小组长。

3.3 协同学习的基本要素

协同学习有三个要素:一是符合学科本质的学习;二是构建相互倾听关系;三是设立挑战性课题,展开高层次的思考与探究。

(1)符合学科本质的学习

小组交流讨论是协同学习的核心构成,而这一环节也是最容易"出问题"的地方,最常见的问题是热闹的讨论总是浮于表层,没有深入到学科本质。

本质,指事物本身所固有的根本的属性。数学本质就是指数学本身所固有的,决定数学学科性质、面貌和发展的根本属性。

"数学是研究现实世界的空间形式和数量关系的科学。"这是恩格斯的经典论述,《普通高中数学课程标准(2017版)》基本上是沿用恩格斯的观点,认为数学是研究数量关系和空间形式的一门科学。现代数学的发展表明,数学源于对现实世界的抽象,基于抽象结构,通过符号运算、形式推理、模型构建等,理解和表达现实世界中事物的本质、关系和规律。因此,数学不仅是运算和推理的工具,还是表达和交流的语言。数学承载着思想和文化,是人类文明的重要组成部分。数学在形成人的理性思维、科学精神和促进个人智力发展的过程中发挥着不可替代的作用。数学素养是现代社会每一个人应该具备的基本素养。

上述是对数学学科本质的宏观认识,在微观上,数学本质是指具体数学内容的本真意义。具体地说,符合数学学科本质的学习还应努力达到对数学基本概念的理解、对数学思想方法的把握、对数学思维方式的感悟和对数学美的鉴赏等。

为使协同学习下的小组讨论富有成效,讨论主题的生成有着十分重要的意义,它决定了讨论的方向。问题要具体,能体现学科本质,有讨论价值,能引起学生的思考。比如,已经推导出了正弦定理"在三角形△ABC,各边与所对的角的正弦值的比相等,即$\frac{a}{\sin A}=\frac{b}{\sin B}=\frac{c}{\sin C}$"后,给学生提出一个问题:这比值有没有特别的意义?同时,在学生讨论过程中教师要积极参与,若发现偏离学科本质时就应及时给予引导,使讨论能逐步深入。

(2)相互倾听

关于倾听,有一种观点认为,我国的课堂教学不缺乏倾听。因为每一位教师在自己讲课时候都很在意学生是否在认真倾听,尤其是讲授式为主的课堂。是的,学生倾听教师很重要,可一样重要的还有教师倾听学生和学生间的倾听,而这些在我国的课堂教学中没有引起足够的重视。协同学习所指的倾听是相互倾听,是多向的倾听。

教育最重要的事情就是教师听到并理解了学生的声音。缺乏对学生真实情况的了解和分析的讲授是低效的,是一厢情愿和想当然的教学,为此,教师要倾听学生。教育根植于人与人的相互倾听。当倾听成为一种情愫的时候,它不局限于"耳朵"或听觉,而是弥漫于人的整个身心。佐藤学建议,教师要用耳、眼、心去倾听,听出学生的困惑,听出学生内心的需求,听出组内学生、组间群体的差异等,要以慎重的、礼貌的、倾听的姿态面对每一个孩子,倾听他们有声和无声的语言。

教育不仅要通过倾听而进行，而且要培养学生学会倾听，学会倾听老师并学会和老师一起倾听学生。独立思考就是倾听自己，交流、讨论、分享就是倾听他人。倾听意味着关注，倾听意味着尊重，倾听意味着理解，倾听意味着体验。

协同学习遵循杜威的民主主义与对话性交流理论，主张建立相互倾听的关系以及由此产生的对话关系，相互的倾听为对话关系奠定了语言基础，相互倾听促使对话式交流形成，在进行对话式交流的过程中形成相互学习的关系。

在协同理念下的学习，倾听远比发言重要。倾听他人的声音是学习的一个基本出发点，善于学习的学生在倾听中能发现自己的不足，并激发自己的思维，越会倾听的学生越善于学习。经常大声说"我会"的学生通常也不是最善于学习的学生，相反，善于学习的学生都喜欢安静地思考，认真地倾听。

（3）挑战性的学习任务

意义学习得以发生的一个先决条件是学习任务对学习者具有潜在的意义，即新材料的关键内容能够同学生原有的认知结构中的有关知识建立非任意的实质性的联系，在学习过程中能够自觉地从原有的认知结构中提取最有联系的旧知识来"固定"或"类属"新知识（即同化过程）。然而具有潜在意义的学习任务中，是不是全部都适合协同性学习？

维果斯基的最近发展区理论是协同学习的重要理论基础之一。该理论认为，学生的发展有两种水平：一种是学生的现有水平，指独立活动时所能达到的解决问题的水平；另一种是学生可能的发展水平，也就是通过教学所获得的潜力。两者之间的差异就是最近发展区。教育的作用就在于，通过影响这个领域，把现时点的发展水准提升、拓展到潜在的发展水准。教学应着眼于学生的最近发展区，为学生提供有挑战性的学习内容，调动学生的积极性，发挥其潜能，超越其最近发展区而达到下一发展阶段的水平，然后在此基础上进行下一个发展区的发展。协同学习是有挑战性的学习，"学习就是跳跃，在教师和同伴或其他工具的帮助下摘到桃子"。真正的学习是协同学习，是探究、思考不懂的事情。

依此看来，那些依靠学生现有水平就能理解掌握的学习内容，无须采用协同学习。教学立足于倾听每一个儿童的困惑与沉默，以"最近发展区"理论为原则，设定在比通常的教学水准更高的层次上的教学内容，在独立思考的基础上，让他们在小团体中分享交流自己的见解，通过思辨和冲突，引发学生的进一步的深入思考,协同学习真正得以发生。

案例

笔者很少在课首就公布课题。可在学习正切函数这一节时,我会认真地在黑板上写上"正切函数的性质与图像",然后转向学生:"请同学们回顾正弦函数、余弦函数的研究方法,琢磨一下这课题暗示着什么?"

学生们思考片刻后,我发现多位同学有表达欲望,就请其中的 A 同学谈谈他的看法。

A:之前我们研究正弦(余弦)函数是通过正弦线画出图像,再通过图像研究性质。这一节可能要逆过来研究,也就是先研究性质,再画图像。(其他同学点头表示赞同)

师:我也是在这样想的。那我们就先尝试研究正切函数的周期性、奇偶性、单调性、值域。接下来的任务具有一定的挑战性,请同学们先独立思考,而后在你的小团体中交流讨论。

(下略)

一般来说,对函数性质的研究总是先画出图像,通过观察图像获得对函数性质的直观认识,然后从代数角度对性质做出严格的表述。这样研究问题的方法符合学生的认知心理,在实践中也取得较好的效果。然而,一个方法反复使用就容易让人产生思维定式,学生可能就认为这是研究这类问题的唯一方法,或者这种研究方法最科学。

教科书(人教社 A 版)很智慧地回应了学生的疑惑。在学习正切函数时,采取了先根据已有的知识(如正切函数的定义、诱导公式、正切线等)研究性质,然后再根据性质研究正切函数的图像。这样处理,主要是为了给学生提供研究数学问题更多的视角,在性质的指导下可以更有效地作图、研究图像,加强理性思考的成分,并使数形结合的思想体现得更加全面,也较充分体现了学科本质。

为贯彻教材的意图,在构思本节课的课题引入时,笔者并没有从现实生活出发,也不是某一个纯数学问题,而是一反常态地引导学生对"节标题"做思考。通过学生的反思不难得到答案,顺其自然地导出了本节课的第一个挑战性学习任务:在没有图像直观的帮助下尝试研究正切函数的周期性、奇偶性、单调性、值域;紧接着的挑战是:根据已经获得的性质研究正切函数的图像。

通过协同学习,学生们较顺利地完成了两个具有挑战性的学习任务,收获满满。

3.4 协同学习的条件

成功的协同性学习受学生自身内部和外部条件的影响。

(1)和谐润泽的教室

一个人青春时光大部分是在学校度过的,毋庸置疑,课堂是学生绽放生命,享受成长的最重要的地方。课堂的美好不在于建筑的精美和设备的现代化,而在于老师和学生共同营造的和谐与融洽的气氛。

佐藤学教室在《静悄悄的革命》中郑重推出了一个令老师和学生都十分向往的地方——"润泽的教室":教室里的每个人的呼吸和其节律都是那么柔和,大家安心地、轻松自如地构筑着人与人之间的关系,构筑着一种基本的信赖关系。

在"润泽的教室"里,所有成员地位平等,不存在绩优生和后进生的偏见,都以"主人翁"的责任来维系这个集体。大家相互合作,彼此激励,共同提高。

心理学家罗杰斯说过:"有利于创造活动的一般条件是心理自由和心理安全。"民主、和谐润泽的学习氛围会让学生在有一种心理自由和心理安全感,使学生产生积极的情感,而这情感又会引起学生产生浓厚的学习兴趣和欲望;在这具有"心理安全"的环境里,每位成员都能够自由、充分地敞露自己的思维,在与同伴的思维碰撞中发展自己,完善自己。

"润泽的教室"是协同学习的家园,是教师和学生成长的舞台。

(2)积极的学习欲望

正常的情况下,学习者都带有种种欲望进入教室,他们渴望获取新知识,期望理解客观世界(即求知欲);期望能受到同学们的尊敬,能得到团体包括老师的承认(即归属欲),并且希望有自我表现的机会(即表现欲)。积极而强烈的欲望直接推动着学习的内动力(即意义学习的第一先决条件)。

数学学科的协同学习是最近发展区内的挑战性的学习,所以积极的学习欲望就显得尤为重要。一些学习能力强的学生能够积极迎接挑战,而另一部分学生遇到困难可能就产生了畏惧感。这时就需要同伴(包括老师)的帮助和不断激励,并在协同学习中,以学习主体的角色和同伴们一起体验学科知识的发生发展过程,领略数学思维的特有魅力,领悟数学学科本质和数学思想,对数学的兴趣油然而生,学习欲望重新被点燃。

有学习欲望的学习是主动学习。欲望越强烈,学习主动性就越强。和谐润泽的课堂是一个具有浓厚学习氛围和高凝聚力的学习共同体,在这个集体中,即便某同学有懈怠情绪,在积极向上的氛围的熏陶下(产生了外力)便会调整状态,和同伴们一块投入协同学习中。

(3)协同与独立思考

独立思考应该是协同学习的前提和基础,教学中如果缺少了独立思考,那么小组在讨论就会缺少观点,无话可说,人云亦云,这也是当前许多合作学习浮于表面的主要原因。只有在独立思考的基础上才会有针对性的、有目的性的讨论。

学生要参与讨论,参与合作探究,必须要有自己的见解和前认知能力作基础。如果某个体没有自己的思考,那么,在小组中他就成了局外人在看热闹,即便知道别人在讨论什么,他却无法参与其中,一段时间后,如果局面未发生改变,他很可能就被边缘化了;如果个体疏于自己的思考,他认为,在小组讨论中听其他同学的就好了。殊不知,个体的独立思考是无法由别人或小组来代替的,只有在思考到达一定的程度开展交流讨论,才有可能出现一点即通、恍然大悟的效果,也只有在此时,才有可能出现观点的针锋相对和正面交锋。当然,由于个体的差异,也存在浅层思考的状况,这是正常的现象。但是,思考之后对问题便有了初步的认识,或由于思考产生了疑惑,在接下来的交流讨论环节,在倾听同伴的发言中将受到启发,可能忽然间就把问题想明白了。如果还是没搞懂,可以将自己的疑惑说出来,让同伴们看看问题出在什么地方。

由此看来,有思考,就一定有收获。这是思考的意义。

所以,在问题生成之后,教师不要急于组织学生讨论,而应先让学生独立思考的一段时间,等学生有了自己的想法后再让学生在小组中交流分享,这样才会达到协同学习的目的,这样的学习才是真正的学习。

有了讨论前的独立思考,接下来是不是就不需要那么艰苦地动脑筋呢?

要回答这个问题,必须先回答"在交流讨论环节,是不是把自己的想法告诉同学就完成任务"这个问题。如果这样,又回到本章开头指出的"相互说"的现象,这不是协同学习。协同学习的实质是"相互学",而"相互学"主要发生在交流讨论环节。在这环节中,同学间相互激发引发思考,这时的思考比之前的思考将更全面、更深入,对思维的批判性与创新性的发展与完善将有意义。

会学习的人一定是爱思考的人。他会珍惜协同学习过程中的一切思考的机会,在问题生成时,他就立即进入思考状态,接着他以谦虚的态度用心倾听,善于捕捉有价值的元素,以促进自己进一步思考。

数学是一门尤其注重思维的学科,良好的思维品质依赖于独立思考。"数学是自己思考的产物,首先要能够自己思考起来,用自己的见解与别人的见解进行交谈,会有很好的效果。"(张奠宙《我亲历的数学教育》)。动脑筋(思考)是脑力劳动,是很辛苦的,但也是很享受、很快乐的工作。不思考或只停留浅层思考的人永远没机会享受这样的幸福。

思考应该贯穿协同学习的全过程。一个思考的课堂是最具活力的。

3.5 协同性学习的教学案例

以下是笔者在《小团体协同性学习的实践与认识》(本文获中国教育学会中学数学教学专业委员会第七届年会二等奖,1996 年)中提供的教学案例。

在复数的习题课中我在黑板上写下这样一道题:

已知 z_1,z_2 为非零复数,且 $|z_1+z_2|=|z_1-z_2|$,求证 $\left(\dfrac{z_1}{z_2}\right)^2$ 为负数。

要求学生先独立思考,而后交流讨论。

不到五分钟,课堂便开始"动"了起来。A3 组的几位同学急于把成果公布于众,他们告诉我可以列出三种证法。我一转身又被 B2 组"截"住……当我走上讲台问"哪一组先派代表上台汇报",C1 组的一位同学快步走上前来拿了根粉笔,大大方方地当起了小先生,展出了他的思路:

要证 $\left(\dfrac{z_1}{z_2}\right)^2$ 为负数,只需证明 $\dfrac{z_1}{z_2}$ 为纯虚数,

因为 $\dfrac{z_1}{z_2}\neq 0$,所以只需证 $\overline{\left(\dfrac{z_1}{z_2}\right)}=-\dfrac{z_1}{z_2}$,

已知条件可变为 $\left|\dfrac{z_1}{z_2}-1\right|=\left|\dfrac{z_1}{z_2}+1\right|$,

由于 $|z|^2=z\bar{z}$,知 $\left(\dfrac{z_1}{z_2}-1\right)\overline{\left(\dfrac{z_1}{z_2}-1\right)}=\left(\dfrac{z_1}{z_2}+1\right)\overline{\left(\dfrac{z_1}{z_2}+1\right)}$,

整理得 $\overline{\left(\dfrac{z_1}{z_2}\right)}+\dfrac{z_1}{z_2}=0$,即 $\overline{\left(\dfrac{z_1}{z_2}\right)}=-\dfrac{z_1}{z_2}$,

可见,证得 $\left(\dfrac{z_1}{z_2}\right)^2$ 为负数。(几次追问"为什么",他都一一说明)

他又进一步汇报该组另一位同学的证法,即一开始使用了性质 $|z|^2=z\bar{z}$,也就是:

由 $|z_1+z_2|=|z_1-z_2|$ 得 $|z_1+z_2|^2=|z_1-z_2|^2$,

即 $(z_1+z_2)\overline{(z_1+z_2)}=(z_1-z_2)\overline{(z_1-z_2)}$。

化简得 $z_1 \overline{z_2} + z_2 \overline{z_1} = 0$(过程略),

因为 $z_2 \neq 0$,所以 $\overline{\left(\dfrac{z_1}{z_2}\right)} = -\dfrac{z_1}{z_2}$,

所以 $\left(\dfrac{z_1}{z_2}\right)^2 = -\left|\dfrac{z_1}{z_2}\right|^2 < 0$。

A2 组同学进一步发言,提出" $\left|\dfrac{z_1}{z_2} - 1\right| = \left|\dfrac{z_1}{z_2} + 1\right|$ 有明确的几何意义","点 $\dfrac{z_1}{z_2}$ 的轨迹是到定点 $(-1, 0)$、$(1, 0)$ 等距离的点的集合,显然是 Y 轴,又 $\dfrac{z_1}{z_2} \neq 0$ 除去原点,所以 $\dfrac{z_1}{z_2}$ 是纯虚数,即 $\left(\dfrac{z_1}{z_2}\right)^2$ 为负数。

我追问:"请告诉大家,你是怎么想到这个策略的。""因为复数这一章内容全在三种形式上做文章,我想用几何意义一试。"我肯定了这种策略"具有独到见解"。

在让同学都有所思考并在刚才几位同学分析思路的启发下,我进一步引导学生探讨以下两个问题。

问题 1: $\left|\dfrac{z_1}{z_2} - 1\right| = \left|\dfrac{z_1}{z_2} + 1\right|$ 还有没有其他含义?

问题 2: $|z_1 + z_2| = |z_1 - z_2|$ 有没有更深层的含义?

"请同学们继续三步走(重复我课前提出的三步)。"课堂上又重现"冷静—活跃—激动"的场面,很快又有了两种证法。课堂气氛从高潮又上升到了顶峰。

附:证法四　由 $|z_1 + z_2| = |z_1 - z_2|$ 知,以向量 $\overrightarrow{OZ_1}$,$\overrightarrow{OZ_2}$ 为邻边的平行四边形对角线长相等,此四边形为矩形,即 $\overrightarrow{OZ_1} \perp \overrightarrow{OZ_2}$,设 $\dfrac{z_1}{z_2} = bi (b \neq 0, b \in \mathbf{R})$,所以 $\left(\dfrac{z_1}{z_2}\right)^2 = -b^2 < 0$。

证法五:由 $|z_1 + z_2| = |z_1 - z_2|$ 得,$\left|\dfrac{z_1}{z_2} - 1\right| = \left|\dfrac{z_1}{z_2} + 1\right|$,设 $\dfrac{z_1}{z_2} = x + yi$,$(x, y \in \mathbf{R})$,根据模的定义,有 $(x+1)^2 + y^2 = (x-1)^2 + y^2$,化简得 $x = 0$,$y \in \mathbf{R}$。

但 $\dfrac{z_1}{z_2} \neq 0$,即 $\dfrac{z_1}{z_2}$ 为纯虚数,$\left(\dfrac{z_1}{z_2}\right)^2 < 0$。

接着,我要求学生从以下几个方面进行反思:

(1)这些策略你想到了哪几种,哪一种你虽已想到但没把握,哪一种你还没涉及,原因呢?

(2)这些策略覆盖了复数这一章节的哪些主要知识点,还有哪些还未被包括?

(3)每一策略体现了什么思想方法?

上完这节课后,我与学生都感到很满足。在教学反思时,我很有感触地写下了以下几点:

(1)成功的协同学习,大大增强了班级的内聚力与学生个人的学习欲望,充分调动学生学习的积极性,使学生更加主动参与学习。

(2)在交流讨论过程中,学生始终都在关注着自己的思维活动过程,并不断进行自我调节与控制。这些过程有效地培养了学生的认知能力,也提高了学生的学习能力。

(3)在协同学习过程中,学生都能积极地参与教学,有亲历成功和表现自己才能的机会。在交流讨论过程中,既可用到自己的长处,又可发现自己的学习潜力,自我效能感不断增加,从而更加努力、更有信心投入学习。

(4)在组织实施协同学习这种教学方法过程中,由于在平等、宽松和谐的民主协同气氛中,学生的思维得以充分地展开,同时,大家也可以接收优秀思维的激发,这不能不说是一个相互学习、共同提高的好机会。

总之,协同性学习过程是思维的创造过程,同时也是能力的发展过程。

3.6 协同学习与学习共同体

"学习共同体"(learning community)或译为"学习社区"。学校班级学习共同体是由学习者(学生)和助学者(教师)共同组成的,以完成共同的学习任务为载体,以促进成员全面成长为目的,强调在学习过程中以相互作用式的学习观作指导,通过人际沟通、交流和分享各种学习资源而相互影响、相互促进的基层学习集体。它与传统教学班和教学组织的主要区别在于强调人际心理相容与沟通,在学习中发挥群体动力作用。

佐藤学教授在《静悄悄的革命:创造活动、合作、反思的综合学习课程》一书中谈到,"21世纪的学校是'学习共同体的学校'",教学过程是一个非常个人化的过程,同时又是一个建设相互影响的社会关系的过程。由此,课堂作为学校教育教学活动的基本单位,担负着特殊的社会功能和文化使命,必将成为由教师和学生组成的学习共同体。

　　然而,课堂只是具备形成学习共同体的潜在条件,换句话说,它只是一种应然而并非实然的学习共同体。要使课堂中的师生成为学习共同体,必须通过教师、学生等成员间持续的互动沟通与合作对话来形成能够相互维系的共同精神、文化价值与心理倾向,并通过不断的社会化互动来激发和维持学习共同体的生命活力。

　　为使课堂充满生命活力,协同学习是学习共同体的倡导者和实践者们极力推进的一种学习方式。因为个人可达到的学习水平是有限的,只有协同合作,才能达到一个更高的水平。维果斯基的发展理论指出儿童的文化性的发展功能会出现两次。首先在社会性的次元,其次在个人次元(内化),也就是说,一个是学生的发展是最初在人与人之间实现的,之后才能在内化的个人的领域中实现。通过合作,教师和学生共同探究学科与生活中的问题,由此发展各自的思想、个人知识并创造学习共同体。

　　在学习共同体的课堂里,教师的责任并不只在于上好课,而在于实现每一个学生的学习权,最大限度地提升他们的学习;也不主张教师多讲,而是弱化教师"教"的欲望,减少教师"教"的时空,把时间和机会还给学生,让学生在独立思考之后把自己的想法在学习共同体中交流、分享,在倾听中思考,在对话中碰撞,在学习同伴的相互帮助下获得更好的发展。

五、活力数学的课例研究

1 数列复习

概述

数列复习是高中数学必修 5 第 2 章的内容。数列是高中阶段的重要内容之一,是研究离散型数学问题的典型案例。数列学习具有公式多、方法灵活和题型变化大的特点,往往出现公式会、题型熟、方法对但结论不全的错误,其本质就在于学生没有关注到问题的细节,没有领悟方法的本质,因此,作为数列复习课,如何在一节课中融汇公式、方法和题型,提高复习的效率,就是本节课的目的。

教学目标分析

(1)知识与技能:掌握等差数列与等比数列的定义、通项及前 n 项和公式并能灵活运用;会把数列问题转化为等差和等比数列加以研究并解决问题。

(2)过程与方法:通过对等差和等比数列定义、通项及前 n 项和公式的比较研究,引导学生用类比的方法研究等差和等比数列,用转化的思想研究递推数列问题,以函数与方程、数形结合、分类与整合、化归与转化、特殊与一般等数学思想统领教学过程。

(3)情感、态度与价值观:经历由等差数列联想等比数列的过程培养数学发现能力和抽象概括、推理论证等分析问题和解决问题的能力,发展学生的理性思维。

教学重点:等差、等比数列的通项公式和前 n 项和公式的推导、应用以及方法的迁移。

教学难点:巧用性质,减少运算量,灵活地解决数列问题。

学习者特征分析

授课班级为省一级达标校生源较好的班级,学生具有较好的数学基础,有较强的学习积极性和主动性,数理逻辑思维能力较强。

学习本节课之前,学生已经学完了高中阶段数列的全部内容,初步掌握了等差和等比数列的基本公式、方法及应用,能够解决数列的基本问题,但学生还没有建立起完善的知识结构,对于一些灵活性较强或者难度较大的问题,学生还不能熟练加以解决,学生逻辑思维的严谨性和灵活性还有待进一步提高。这样,学生就渴望用更简洁、更高效的手段解决问题,也就具备了学习本节课的知识基础和心理动机。

教学资源与工具设计

设计"用类比的方法研究等差数列与等比数列"学习表格(见附件),为学生的学习提供了基本的线索和思考的方向,方便学生课前对知识的整理和归纳,形成认知冲突;也有助于老师对学生学习情况的掌握,能够让老师在课堂上把主要精力用在学生的难点和疑点教学上。经过学生的整理和教师的点评,等差数列与等比数列的联系和区别跃然纸上,有助于学生的理解。

教学过程

教学过程	教学内容	教师活动	学生活动	设计意图
提出问题	(1)本节课重点从定义、通项、前 n 项和以及性质等维度研究等差、等比数列,并借用研究这两类特殊数列的方法解决其他一些数列通项及前 n 项和有关的问题。 (2)课前我们完成了对照表,总体完成不错,收到了有意义的信息,下面我们展示一些同学的成果。	提出问题,指出本节课的研究内容和重点。	结合课前完成表格的体验,思考问题,尝试、探索,做好思维准备。	问题是数学的心脏。数学教学应当从问题开始。教师把数学教学的锚,抛在学生最近发展区内,为教学的展开提供知识和思维的生长点。

续表

教学过程	教学内容	教师活动	学生活动	设计意图
展示与完善(一)	(1)等差数列和等比数列的定义(请用文字语言和符号语言分别表示)。 (2)等差数列、等比数列的单调性。	(1)展示学生 1 的对照表,引导学生进行补充。 (2)d 和 q 都可以取任意实数吗? (3)引导学生探究等差数列单调性与 d 的关系,等比数列单调性与 q 的关系。(性质1)	回忆、思考、比较: (1)从第二项起,$a_n - a_{n-1} = d(n>1)$。 (2)$d \in \mathbf{R}, q \neq 0$。 (3)分 $d>0, d=0, d<0$ 三种;$q<0$ 时为摆动数列,再讨论 $0<q<1, q>1$ 情况,结合首项符号。	通过"留白",提示学生知识的易错点,强化学生的理解;通过定义的比较为后续的类比做好铺垫。
	(3)等差(等比)数列的通项公式及其变形。	继续展示学生1,思考: (1)等差数列的通项 a_n 是关于 n 的一次函数,由此可得等差数列的函数特征是什么?等比数列呢? (2)通项公式及变形可以与直线方程哪种形式对应? (3)给定两项,能确定等差数列,对等比数列呢?	(1)等差数列的通项 a_n 是关于 n 的线性函数;等比数列 a_n 是关于 n 的形如 $y=cq^n$ 的函数。 (2)点斜式、斜截式。 (3)先确定公差,$d=(a_l - a_k)/(l-k)$,对等比数列可能不唯一。	在比较中提升知识结构的完备性。
展示与完善(二)	(4)等差(等比)数列的通项公式的推导过程及体现的数学方法。 (5)形如 $a_{n+1}=pa_n+r$(p,r 为常数)的递推数列求通项。	(1)展示学生 2 和学生 3 的对照表,引导学生总结出等差和等比数列通项公式的推导过程,并加以类比。 (2)上述方法能否推广?请你写出一个可以用上述方法解决的问题。 (3)用待定法将 $a_{n+1}=pa_n+r$ 变为 $(a_{n+1}+x)=p(a_n+x)$,转化为等比数列。	参考展示出的对照表,完善自己的表格,形成推导过程的基本方法:归纳法、迭代法、累加(乘)法。掌握其适用条件后自己写出一个可以用这些方法解决的问题,加深对方法的理解和掌握。	方法的总结、迁移是本节课的重点和难点。通过对推导过程的复习、总结,使学生掌握方法,并合理迁移。能自己构造问题则说明学生能灵活应用了。

243

续表

教学过程	教学内容	教师活动	学生活动	设计意图
展示与完善（三）	(6)等差(等比)数列的前 n 项和公式及变形结构特征。 (7)公式及变形的推导过程及体现的数学方法。 (8)方法的迁移与应用。	(1)展示学生 4 的对照表，强调对公比 q 的分类讨论。 (2)引导关注公式的结构特征，联想到梯形的面积公式，引出公式的几何解释(展示学生 5 的对照表)。 (3)牵出倒序相加法、分组求和法及其理论依据。 (4)等比数列前 n 项和公式的推导过程的探究，展示学生 6 的对照表，引导学生从不同角度思考问题。	(1)对公比 q 的讨论，领悟分类讨论思想。 (2)感受数学探索的美妙，体验数学结论形成过程及获得的成就感，体会思考问题的条理和逻辑性。 (3)距首末等距离的两项相等(性质2，类比等比数列)。 (4)画 $S_n = An^2 + Bn$ 的图像，都过原点。 (5)错项相减法及迁移:"等差×等比"型数列可用。	此处是本节课的又一个难点，也是学生经常易错点出现的地方。本节课通过一般结论的探索和具体问题的研究，培养学生严谨的逻辑思维和关注细节的良好习惯。
问题探究	问题1. S_n 是数列 $\{a_n\}$ 的前 n 项和，根据下列条件求 a_n: ① $S_n = 2n^2 - 3n$; ② $S_n = 2n^2 - 3n + 1$; ③ $S_n = 3^n + c$。 问题2. S_n 是等差数列 $\{a_n\}$ 的前 n 项和， ① $a_1 > 0$, $S_9 = S_{16}$, 则 $n = $ ___ 时 S_n 最大; ② $a_3 = 12$, $S_{12} > 0$, $S_{13} < 0$, 求公差 d 的取值范围，并求 S_n 最大时 n 的值。 (问题2②为作业题，用基本量法求得 d 的取值范围)	(1)提出问题，巡视，观察学生解决问题的过程并给予必要的点评和指导，最后与学生共同总结。 (2)问题1追问:对①和②,$\{a_n\}$ 是等差数列吗? 如何判断一列数是否为等差数列? 中 c 为何值时，$\{a_n\}$ 为等比数列? (3)问题2①追问: $S_{25} = $ ___ ; 能否将问题推广到一般? 2②引导学生求 S_n 最值的常用方法，体验函数思想解决问题的精妙。	学生独立完成: (1)① $a_n = 4n - 5$; ② $a_n = \begin{cases} 0, n=1 \\ 4n-5, n>1 \end{cases}$。 (2)用定义证明①是等差数列，举反例说明②不是等差数列。 ③ $a_n = \begin{cases} 3+c, n=1 \\ 2\times 3^{n-1}, n>1 \end{cases}$, 当且仅当 $c=-1$ 时数列 $\{a_n\}$ 等比数列。 (3)① $n=12$ 或 13 问题2①，合作探究，$S_{25} = 0$。 推广:对等差数列，若存在正整数 m 和 k，使得 $S_m = S_k$，则 $S_{m+k} = 0$ ②分析讨论得 S_6 最大。	问题1是本节课的易错点所在，通过变式比较，让学生清楚问题出在对项数 n 的讨论上;问题2则要求学生灵活选择解题方法，两个问题都来源于教材和平时的练习，处在学生的"最近发展区"内，促进学生思维品质的完善。

续表

教学过程	教学内容	教师活动	学生活动	设计意图
自主小结	通过本节课的学习,你对数列的问题和方法有哪些新的认识?	与学生一起分析、讨论、总结。	回顾、反思、小结。	通过学生自己反思和小结,让学生明确数列的基本问题:通项和求和,以及基本方法。
课的延伸	对照表中还有一些指标本节课没能解决,请同学们在独立思考的基础上合作完成余下的学习任务。			

板书设计	数列复习	
	一、求数列通项公式的常用方法: 1.归纳猜想;2.累加法;3.累乘法;4.迭代法;5.待定系数法;6.转化为等差或等比数列。 例如,$a_1=a$,$a_{n+1}=pa_n+r$(p,r 为常数)。	
	二、求和的常用方法: 1.倒序相加;2.分组求和;3.错位相减;4.裂项相消;5.并项求和。	

教学设计说明:

笔者主张活力数学,鼓励学生自主探索、动手实践、合作交流等学习数学的方式,本课例主要依此进行。首先,设计"用类比的方法研究等差数列与等比数列"学习表格,要求学生课前完成,在填写表格的过程中,学生对数列的知识结构将有更深刻、更全面的认识;其次,老师对学生完成的表格加以点评、整理,课堂上进行展示、补充、完善;最后,在课堂教学中,通过学生和老师的互动解释学生脑海中的疑点和困惑,完善学生的认知结构,通过思维的碰撞和师生的交流,达到提高复习课效率和促进学生思维发展的目标。

探究性学习是活力数学倡导的学习方式之一,在宽松、和谐的学习氛围里,努力凸显探究性学习所固有的问题性、自主性、过程性和开放性,教学不浮于表面,不流于形式。通过数学探究性学习,真正把学生推到了主体位置,促使学生主动参与到教学活动中,激发学生探究欲望和对数学学习的兴趣,逐步形成锲而不舍的钻研精神和科学态度,促进学生数学思维品质的优化和理性思维的提升。

附件

用类比的方法研究等差数列与等比数列

		等差数列	等比数列
定义	文字叙述	······每一项与它的前一项的____等于同一个常数······	······项的____等于同一个常数······
	递推关系		
通项公式	1 公式及变形		
	2 公式推导过程及体现的数学方法		
前 n 项和公式	1 公式及变形		
	2 公式推导过程及体现的数学方法		
主要性质	1 单调性		
	2 对称性		
	3		
	4		
若干等价条件	1　定义		
	2　中项		
	3　a_n 的特征		
	4　S_n 的特征		
	5		

2 空间几何体的结构特征

教学内容解析

本节课内容选自人民教育出版社普通高中课程标准实验教科书数学 2（必修）第一章"空间几何体"第 1 节"空间几何体的结构"。

几何学是研究现实世界中物体的形状、大小与位置关系的数学学科。空间几何体是几何学的重要组成部分，它在土木建筑、机械设计、航海测绘等大量实际问题中都有广泛的应用。三维空间是人类生存的现实空间，认识空间图形，培养和发展学生的几何直观能力、运用图形语言进行交流的能力、空间想象能力与一定的推理论证能力是高中阶段数学必修课程的基本要求。在本章，学生将从对空间几何体的整体观察入手，通过直观感知、操作确认、思辨论证、度量计算等方法认识和探索几何图形及其性质。

柱、锥、台、球的结构特征在立体几何教学中起着承上启下的作用。承上——承接小学和初中阶段学生对几何图形的直观认识，先整体，进而局部认识空间图形，用语言精确地描述空间几何体的结构特征；启下——认识清楚了空间几何体的结构特征，就可以利用这些特征进一步认识几何体的大小和位置关系，进行定量计算。柱体、锥体、台体、球体都是简单的几何体，复杂的几何体大都是由这些简单的几何体组合而成的。有关柱体、锥体、台体、球体的研究是研究比较复杂的几何体的基础。把现实世界中的物体抽象成几何图形，体现了数学模型以及数学建模的基本思想，同时，多个几何体具有同样的结构特征，则体现了特殊问题一般化的思想；利用不同的结构特征概括现实世界的物体，体现了分类讨论的基本方法。教学中，通过建立现实世界中的物体和空间几何体的对应关系，并从细节上认识空间几何体的结构特征，对培养学生数学建模的思想和方法、发展学生的抽象思维能力和空间想象能力具有重要意义。

教学目标设置

（1）知识与技能

了解柱、锥、台、球的定义，掌握柱、锥、台、球的结构特征及其关系。

（2）过程与方法

在描述和判断几何体结构特征的过程中,通过观察大量实例,运用课堂活动和合作学习的方式,培养观察能力、空间想象能力、抽象思维能力、几何直观能力、合情推理能力和运用图形进行交流的能力,渗透分类思想和类比方法,逐步培养自主探究的学习习惯。

（3）情感、态度与价值观

通过对具体事物的抽象,培养探索能力、钻研精神和科学态度。在对空间几何体进行分类的过程中,培养团结协作的精神。通过探索、质疑、讨论感受数学探索的成就感,从而激发学习数学的热情,培养学习数学的兴趣,增强学习数学的信心。

教学重点和难点

教学重点:从数学角度合理对空间几何体进行分类,准确描述各类几何体的结构特征,并能运用这些结构特征判断几何体的形状。

教学难点:准确理解空间几何体尤其是棱柱的概念,学会换角度看问题,透过现象看本质,准确判断"放倒"几何体的结构特征。

学生学情分析

本节课的教学对象为福建省厦门双十中学（福建省一级达标学校）高一实验班学生,他们都是初中阶段的优秀学生,具有很好的形象思维能力和扎实的数学基本功,经过半个学期的高中数学学习,班级学生思维活跃,学习积极性强,学习兴趣浓厚,形成了良好的学习习惯,基本能做到课前预习、课后复习;有较强的课堂参与意识和思维能力,课堂上能积极思考,踊跃发言,具有较强的分析问题和解决问题的能力,抽象思维能力在不断增强。

学生在初中已经对空间图形进行直观认识,能在实物和抽象图形以及抽象图形和概念之间建立对应关系,对柱体、锥体和球有较为深刻的直观认识。细节上,学生已初步明确点、线、面、体等几何对象及其关系,并且能够根据长方体等的平面展开图描述基本几何体或其实物原型。本节课主要通过直观感知、操作确认来描述空间几何体的概念和基本特征,主要用到分类思想和类比方法。从思维的角度考虑,本节课是在形象思维的基础上发展抽象思维,学生在初中对几何图形的认识主要以直观感知为主,这与本节课的做法基本一致。同时,分类思想和类比方法在初中也有涉及,高中阶段必修 1 的教材中也有很多渗透,比如函数学习过程中含参问题的分类讨论,运用研究一次函数和二次函数的思路和手段研究指数函数和对数函数等。

从非智力层面讲,学生在初中有对图形的直观认识经验,随着时间的推移,学生的认识结构不断完善,知识不断丰富,会更加渴望研究图形的局部性质和细节。结合现实世界中丰富多彩的图形和建筑,借助实物模型和计算机模拟,本节课的教学能给学生带来美的享受,善加引导,能够培养学生形成欣赏数学美,探索数学美,进而学好数学的积极学习心态。当然,受高中阶段数学课时紧、任务重等特点的影响,课堂上采用小组合作学习的形式较少,因此,学生的合作学习经验不足,需要老师善加引导。

教学策略分析

(1)启发-探究式教学:遵循"数学学习的本质是主体(学生)在头脑中建构和发展数学认知结构的过程,是主体的一种再创造行为"的理论,坚持以"学生为主体,教师为主导"。让学生在问题的解决过程中感受到"没有新知识,新知识均是旧知识的组合",并在问题的提出、分析、探索和解决过程中充分发挥学生的创造性,增加学生的成就感。本节课的教学首先为学生提供足够的图片和实物模型,通过启发性的问题引导学生观察、分析、总结,探索和理解空间几何体的概念和结构特征。

(2)小组合作学习:知识不是通过教师传授得到的,而是学生在一定的情境中,运用已有的学习经验,并通过与他人(在教师指导和学习伙伴的帮助下)协作,主动建构而获得的。因此,教学应以学习为中心,学生为主体,教师对学生的意义建构起帮助和促进作用。因此,本节课的教学通过学生的课堂活动,帮助学生确认和巩固对空间几何体结构的认识,同时,在活动过程中发展学生运用图形语言进行交流的能力。按照几何体的不同特征自然分成7个小组,进行小组合作探究,小组内成员共享资源,分享成果,小组间互相探讨,互相补充,互相促进。

教学过程

教学过程	教学内容	教师活动	学生活动	设计意图
展示与引入	观察校园的各种建筑的照片,结合展台的模型和你手中的图片,你觉得这些图片中的物体具有怎样的形状?这些物体的形状叫什么?	引导语:同学们,我们生活在一个有各种物体构成的世界,大到时刻运转的天体,小到肉眼难见的原子分子,包括我们身边的各种建筑和包装,都有自己不同的形状,正是这些丰富多彩的形状给了我们美的享受,看看我们的校园(展示校园各种建筑的照片及其抽象图形)。在数学中,我们把只考虑物体的形状和大小而抽象出来的空间图形称为空间几何体,今天,我们在之前对空间图形直观认识的基础上,更进一步,从细节上研究空间几何体的结构特征。	观察、思考、分析,按照老师的引导分析教室的构成要素。通过教室和水立方的比较发现不同几何体其"形状和大小"不同,形成空间几何体以及点线面和平行等位置关系的初步直观认识。	从客观现实事物引入,通过对学生所处空间的分析,一方面激起学生学习兴趣;另一方面,帮助学生建立对点线面位置关系的认识并形成对平行等位置关系的直观认识。
观察与思考	空间几何体由面构成,构成几何体的这些面有什么不同?据此,可怎样对几何体进行分类?	提出问题,通过对图片和模型的解读引发学生的进一步思考。	观察、操作、回顾、尝试描述,思考空间几何体的分类标准。	通过对面的分析和展示,引导学生发现差异,形成初步的的分类标准。
交流与探索	曲面是怎样形成的?据此,你认为可对刚才的标准做怎样的调整?	通过提示学生思考"矩形绕一边旋转形成圆柱"的动画演示,明确曲面是旋转形成的,进一步对分类标准进行调整。	观察、思考、探索、比较,形成对空间几何体明确的分类标准。	分类是一种重要的数学思维,通过此环节的调整,引导学生形成良好的分类思想。

续表

教学过程	教学内容	教师活动	学生活动	设计意图
数学活动一	观察你手中的图片在构成上的特点,请按我们讨论的标准从其他同学的图片中找到和你手中图片类似的几何体。试试看。	引导学生观察、分类,运用图形进行交流,同时,在活动的过程中引导学生考虑能否更进一步分小类研究问题。	观察、思考、分析、归类、总结,把空间几何体分成多面体和旋转体两大类。	合理的分类是后续描述概念的基础,通过活动给学生交流的机会,同时,也对分类标准进行强化。
活动小结	什么是多面体,什么是旋转体?	总结分类结果,展示多面体和旋转体的基本类型。	观察、比较、讨论、交流,思考进一步的分类标准。	调节课堂学习状态,培养良好学习习惯,为进一步分类研究几何体的结构做铺垫。
数学活动二	多面体和旋转体可以怎样进一步进行分类?	我们已经把图中几何体分成了两大类。请大家再观察,看看围成这些几何体的平面(在形状和位置关系上)和曲面(由什么平面图形旋转得到)又有什么样的不同,可以怎样进一步分类?试试看,找到你的"类",取个名字,分享它们的共同特征。	观察手中的图片,结合展台的模型,进一步分析空间几何体在面的形状、位置以及构成上的特点,进一步对几何体进行分类,在分类过程中交流共同特点,形成共识。	通过几何特征进行分类,一方面,强化学生运用图形交流的能力;另一方面,按照各自不同的特征自然而然地分组,在分组过程中培养学生的交流能力、合作意识。

续表

教学过程	教学内容	教师活动	学生活动	设计意图
棱柱的结构特征	1.找出与附图1具有相同结构特征的物体,并描述这些相同的结构特征。2.简化为"有两个面互相平行,其余各面都是四边形,每相邻两个四边形的公共边都平行",可以吗?	1.结合具体的实物和模型,引导学生从点、线、面几个角度描述棱柱的概念和结构特征。2.通过引导学生思考"柱"的形象,观察几何体的基本构造,通过对基本特征的简化达到对数学概念的简化。	1.讨论、交流、质疑,描述棱柱的主要结构特征。2.结合老师的启发,描述棱柱的概念,体会数学概念发展过程和由繁到简的数学思维模式。	此处是本节课的重点和难点之一,讨论清楚棱柱的相关概念和结构特征,则棱锥、棱台可依样画葫芦,借助大量棱柱模型和反例,让学生在讨论和质疑中形成对棱柱的准确认识,并建立基本的认知框架。
棱柱概念的再认识	1.如图,过长方体的一条棱BC截去长方体的一角,所得的几何体是不是棱柱?2.观察下面的棱柱,共有多少对平行平面?能作为棱柱的底面的有几对?3.棱柱概念能否再简化?有两个面互相平行,其余各面都是平行四边形,由这些面围成的几何体一定是棱柱吗?	1.提出问题,引导学生讨论:如何判定一个几何体是不是棱柱,请学生上台摆放模型,最终得出结论。2.引导学生结合棱柱概念,矫正长方体可能带来的负迁移:即任何两个互相垂直的面都可以作为棱柱的底面。明确棱柱的底面是特定的,强化学生对棱柱概念的认识和理解。3.引导学生观察图片和实物模型,结合对棱柱的直观认识形成准确认识。	1.观察、思考、动手操作,讨论判定棱柱的标准——概念,进而通过改变棱柱放置的位置,判断是否符合棱柱定义的三个条件。2.思考、表达、讨论、交流,形成认知冲突,通过对概念的重新研读形成正确认识。3.通过实物模型的演示,发现这样的几何体其实可以看作两个棱柱的组合,因此,不能称之为棱柱。	这是本节课的难点,通过学生的直观感知、操作确认,帮助学生树立透过现象看本质和实践是检验真理的唯一标准的哲学观。通过问题3的探究进一步引导学生认识数学概念的形成和完善过程,明确认识数学概念的"最简"特征。

续表

教学过程	教学内容	教师活动	学生活动	设计意图
棱柱的分类	各种各样的棱柱,主要有什么不同?怎么分类?	引导学生重新研读棱柱的概念,发现主要差别,进而分类。	回顾棱柱的主要结构特征,发现侧面都是平行四边形,底面各异,进而分类。	得到棱柱的分类标准。
棱柱的研究方法	研究棱柱的基本程序和方法是什么?	引导学生总结研究方法。	回顾、思考,总结棱柱的研究方法:观察(一类图形的特征)—抽象(共同特征)—描述(概念和结构特征)—理解。	棱柱是本节课的重点和难点所在,也是本节课的研究范本,通过总结研究方法,为进一步研究其他几何体做好准备。
小组合作学习一	1.附图 5、9 的多面体除了棱柱还有哪些? 2.参照棱柱的学习过程,请小组合作进行讨论,并描述其概念和结构特征。	1.引导学生再次运用图形进行交流,发现共同特征并讨论交流。 2.指导学生小组合作讨论、交流,描述和理解概念。通过展示实物模型,引导学生发现棱台的概念。	观察、比较、分析、讨论,描述棱锥和棱台的有关概念和结构特征,并在课堂进行交流。	已经建立了对多面体进行研究的基本方法和研究体系,通过小组合作学习,强化对方法的理解,体会发现学习带来的乐趣和成就感。
课外实践	 附图 8 所示的几何体是棱台吗?	这是我校校训"诚"的象征,是一个鼎,它是台状物,是我们数学中的棱台吗?请大家课后实地测量相关数据并计算,体会数学与生活的联系和区别。	课后测量、计算,通过实践体会数学的实际应用以及和实际的区别与联系。	数学概念来源于生活但又不完全与生活概念一致,通过学生的实践,让学生体会数学与生活的联系和区别,培养学生应用数学的能力和动手能力。

续表

教学过程	教学内容	教师活动	学生活动	设计意图
圆柱的结构特征	附图13是我们非常熟悉的圆柱,请找出与它具有相同结构特征的几何体,并描述它的结构特征。 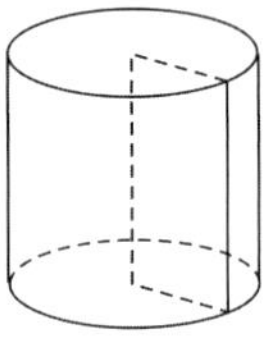 	引导学生结合引入时的展示描述圆柱的形成过程,重点关注对旋转轴的描述。	回顾、观察,描述圆柱的形成过程和结构特征。	通过对圆柱的研究,明确圆柱的概念和结构特征,展示旋转体的研究思路,为圆锥、圆台和球的教学做方法铺垫。
小组合作学习二	1.不全由平面围成的几何体除了上述的圆柱和圆锥外,还有哪些?它们具有怎样的结构特征? 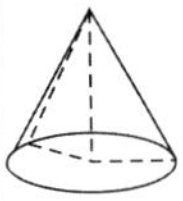 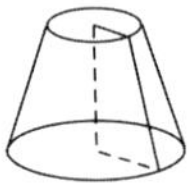 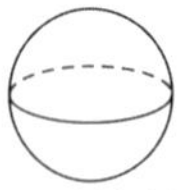 2.参照圆柱柱的学习过程,请小组合作进行讨论,并描述其概念和结构特征。	请学生描述圆锥的形成过程和结构特征,并运用几何画板进行动画演示,特别关注学生对旋转轴的描述。	小组合作,描述圆锥、圆台、球的形成过程和结构特征。	认识旋转体,通过旋转轴的不同选择和变式理解,深化对旋转体的认识。
柱体锥体台体的联系	棱柱、棱锥、棱台都是多面体,它们在结构上有哪些相同点和不同点?圆柱、圆锥、圆台呢?	展示几何画板动画,引导学生观察、思考,形成认识。	观察、思考、发现,描述三者之间的关系。	引导学生建立知识之间的横向联系,为后续研究空间几何体的表面积和体积做铺垫。

续表

教学过程	教学内容	教师活动	学生活动	设计意图
问题探究	棱柱和圆柱统称为柱体,圆柱和棱柱在结构特征上有哪些类似之处?可否通过某种手段让底面是正多边形的棱柱接近圆柱?	引导学生回顾祖冲之计算圆周率的方法,类比,尝试建立圆柱和棱柱的横向联系。通过几何画板动画演示加深学生认识。	观察、类比,发现:当 n 无限变大时,圆柱以正 n 边形为底的内接棱柱无限接近圆柱。	从学生熟悉的圆周率计算开始,运用类比的手段在多面体和旋转体之间建立横向联系,渗透简单的极限思想。
自主小结	通过本节课的学习,你对空间几何体有了哪些新的认识?试做描述。	引导学生一起回顾、讨论、描述、总结。	回顾、反思、描述,完善对空间几何体的初步认识。	通过学生自己反思和小结,让学生明确空间几何体的基本结构和分类,掌握空间几何体的简单结构特征。

板书设计	1.1.1　空间几何体的结构	
	1.空间几何体:(1)多面体、旋转体…… (2)柱体、锥体、台体、球…… 2.多面体:棱柱、棱锥、棱台 3.旋转体:圆柱、圆锥、圆台、球	棱柱:1、6、16、19、30、32 (1)有两个面互相平行; (2)其余各面都是平行四边形; (3)每相邻两个四边形的公共边互相平行。

教学反思

(1)第一次以活动的形式进行概念课的探究教学,总体来讲,活动的过程还是比较顺利的,学生很配合,也能很快按照老师的预设分好组。在分组过程中,个别学生相对被动,但总体上学生的讨论是积极、热烈的,效果也不错,说明这种形式学生还是认可和接受的,以后可以进一步尝试。

(2)棱柱的概念和结构特征是本节课的重点和难点所在,也花费了最多的时间,通过对相关几何体图片的分析,请学生分析其共同特征,通过一定的简化给出棱柱的概念,在对概念的理解过程中进一步引导学生思考能否进一步简化概念。通过这个过程,启发学生思考数学概念的形成、发展和简化过程,体会数学概念的精确性,渗透数学思维和科学精神。总体来讲,这个过程是令人满意的。其间有学生提出从运动变化的角度理解棱柱,这是我曾经考虑但最终放弃的一个设计,能有学生自己提出,着实令人欣喜。

（3）通过布置课外实践达到课内、课外的统一,也让学生体会数学源于生活、回归生活但不完全等同于生活的数学生活化理念,引导学生在生活中留意数学的应用,并适时用数学的观点解释生活,渗透数学应用的意识和能力。

（4）本节课的教学存在容量大、概念多、重复性强的特点,通过学生活动和小组合作探究,一定程度上解决了重复啰唆的困惑,如何更好解决这个问题值得进一步思考。由于时间限制,本节课对棱锥和旋转体的教学略显仓促,留给学生的探究时间不足,第 2 课时应适当予以补充。

（5）课堂语言不够精练,一定程度上浪费了时间,影响了课堂教学的效率,应下功夫锻炼和雕琢课堂语言的准确和精练。

附图

空间几何体的结构

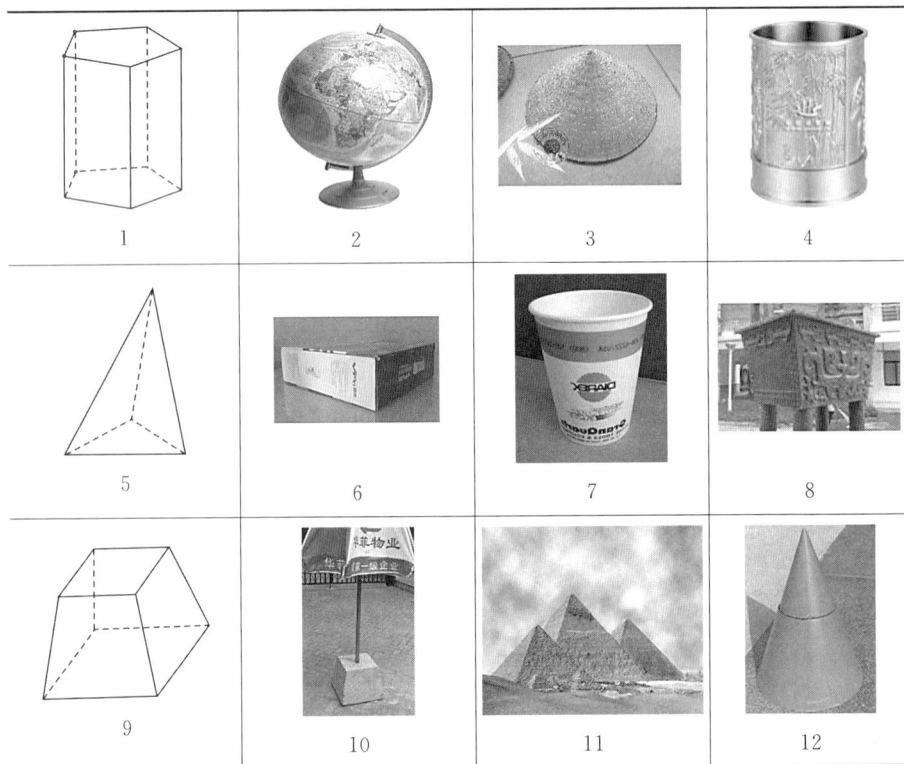

1　2　3　4

5　6　7　8

9　10　11　12

续表

13	14	15	16
17	18	19	20
21	22	23	24
25	26	27	28
29	30	31	32

续表

分类	名称	图片编号	几何模型	结构特征	
				线	面

（本案例由双十中学数学组许波老师提供）

3　直线的倾斜角和斜率

【教学目标】

知识目标

①让学生经历倾斜角的形成过程,理解倾斜角的概念。

②通过对坡度概念了解,使学生能把此知识迁移到直线的斜率中,并理解斜率的定义。

③用代数方法刻画直线斜率的过程,使学生掌握过已知过两点的直线的斜率坐标公式。

能力目标

①通过直线的倾斜角概念学习和直线倾斜角与斜率关系的揭示,培养学生观察、探索、和抽象概括能力。

②通过斜率概念的建立和斜率公式的推导,帮助学生进一步理解数形结合思想,渗透几何问题代数化的解析几何研究思想。

情感目标

①激发学生的学习热情和求知欲,充分体现学生的主体地位。

②让学生感受和体会数学的魅力,培养学生的数学意识和科学精神。

【教学重点】

①直线倾斜角与斜率概念;

②推导并掌握过两点的直线斜率公式;

③体会数形结合及分类讨论思想的应用。

【教学难点】斜率概念的学习和过两点斜率公式的建立过程。

【教学手段】多媒体辅助课堂教学。

【教学过程】

3.1　情景创设(开篇语)

本书前半部分我们学习了空间几何,初中所学的三角形、四边形、圆等内容是平面几何,平面几何是最早的几何。16世纪以后,随着生产和科学技术的发展,天文、力学航海等方面对几何学提出了新的要求,比如德国天文学家开普勒发现了行星是绕着太阳沿着椭圆的轨道运行的。人造地球卫星运行的轨道是椭圆。

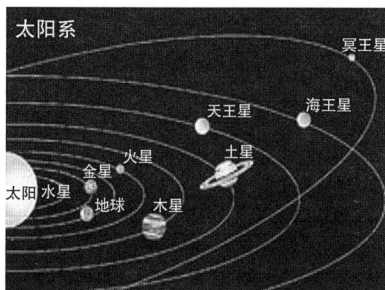

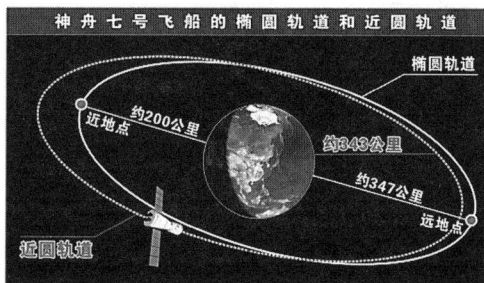

面对这些复杂的曲线,原先那套纯几何的方法显然不适合了。正在举步维艰的时候,法国的数学家笛卡儿和费马为此做出了卓越的贡献。他们引入了坐标系,用代数的方法来研究几何问题,这就是我们今天要开始学习的几何学的一个分支——解析几何。

我们知道,直线是最简单的几何对象,我们就从直线开始。

3.2　探究新知

师:我们知道,两点确定一条直线,过一点能不能确定一条直线?

生:不能,经过一点可以作出无数条直线?

师:这直线束的共同特征是什么? 不同的是什么?

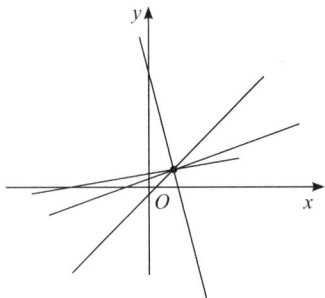

生:这些直线的共同特征是过同一点,不同的是倾斜程度不同。

(这过程学生可能有许多不同的表达)

师:倾斜程度是一个模糊的概念,能否找一个确定的量来表示刻画呢?

生:角,倾斜角。

师:选取哪个角呢?

让学生思考后讨论,老师捕捉有代表性的
观点。

生1:当直线 L 与 x 轴相交时,将它们所
成的角作为直线 L 的倾斜角。

师:这样定义会出现什么问题?

学生思考讨论⋯⋯

右上图中两直线与 x 轴的所成的角可能
相等(比如都是 $45°$),认为倾斜程度相同就不
太合理。

师:怎么改进?

生:右下图中,取其补角(钝角)。

同学们表示认同。

师:怎么严格表述?

先让学生自己尝试表达出来,在表述出现

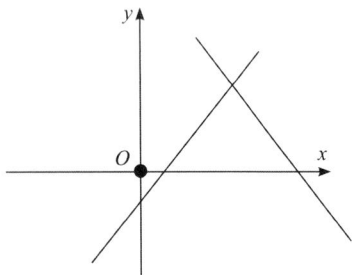

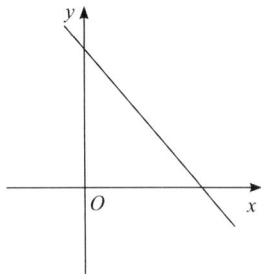

困难时,引导学生研读教材相应部分。

倾斜角:当直线 L 与 x 轴相交时,取 x 轴为基准,x 轴正向与直线 L 向上方向之间所成的角 α 叫作直线 L 的倾斜角。

提醒学生抓住关键:(1)直线向上方向;(2)x 轴的正方向。

特别指出:与之前学的二面角平面角的定义类似,这是射线与射线所成的角。

练习:下列图中标出的角是不是直线的倾斜角?并说明理由。

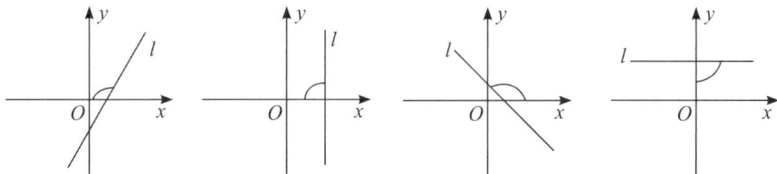

师:上述我们定义了直线 L 与相交时的倾斜角,而第四张图所示的情况,直线 L 的有倾斜角吗?

学生:……

师:那我们就来个规定,当直线和 x 轴平行或重合时,它的倾斜角为 $0°$。这样所以直线都有唯一确定的倾斜角,同时倾斜角 α 的范围为 $[0°,180°)$。

问题 2 平面直角坐标系中每一条都有一个确定的倾斜角,但是倾斜角还是一个几何量。如何将这个几何量代数化呢?

回到学习、生活中,将受到启发。

展示校内的两张照片,让学生感受"坡度",并抽象如下:

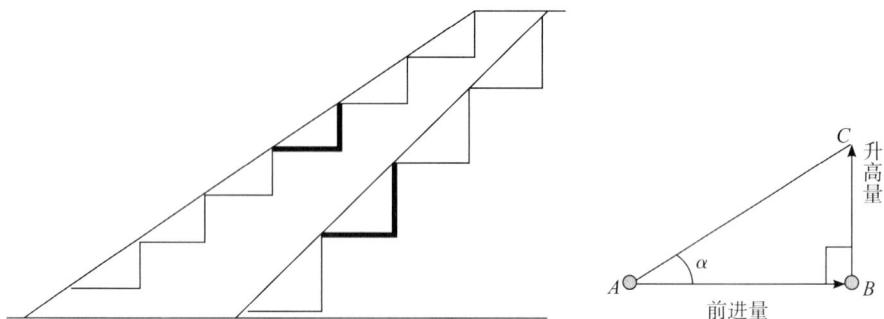

$$坡度(比) = \frac{升高量}{水平方向的前进量}$$

引导学生发现:"坡度(比)"实际就是"倾斜角 α 的正切值"。

师:这样,我们有一个有了刻画直线倾斜程度的代数量——直线的斜率。

斜率:我们把一条直线的倾斜角的正切值叫作这条直线的斜率。斜率通常用 k 表示,即 $k = \tan\alpha$。

练习:求出倾斜角为 $30°,45°,60°,120°,135°,150°$ 时的直线的斜率。

分析:在求斜率的过程中,钝角的正切值需要通过诱导公式推导,要仔细耐心。

角为 $90°$ 时,斜率如何?

因此,$k = \tan\alpha$ 中要指明 $\alpha \neq 90°$,引导学生发现倾斜角变化时,斜率如何变化。

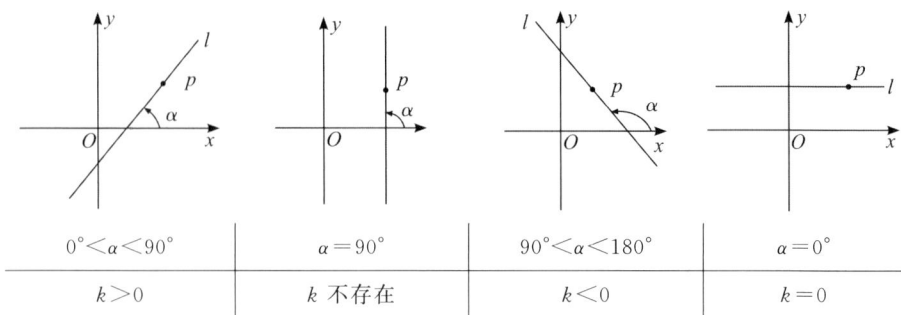

$0°<\alpha<90°$	$\alpha=90°$	$90°<\alpha<180°$	$\alpha=0°$
$k>0$	k 不存在	$k<0$	$k=0$

(注:若学了正切函数图像,能更清楚地表达倾斜角从 $0°\sim90°$ 和 $90°\sim180°$ 的变化过程中,斜率 k 的变化情况)

练习:判断下列命题的真假:

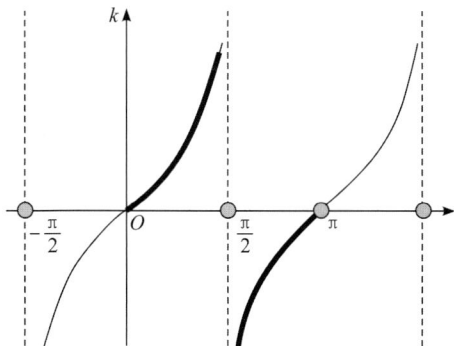

（1）任一条直线都有倾斜角，也都有斜率；

（2）任一条直线都有倾斜角，但不一定有斜率；

（3）任一条直线都有斜率，但不一定有倾斜角；

（4）两直线的斜率相等，它们的倾斜角也相等。

学生思考后，让学生来回答。

问题 3 我们知道，两点确定一条直线。如果平面直角坐标系内给定两点，怎样求由此两点确定直线的斜率（倾斜角）呢？

（从特殊到一般的方法来研究）

引例：

（1）已知直线经过 $(0,0)$ 和 $(1,1)$，求此直线的斜率和倾斜角；

（2）已知直线经过 $(1,1)$ 和 $(2,3)$，求此直线的斜率和倾斜角。

分析： 构造直角三角形，利用斜率的定义。

将上述引例一般化。

在平面直角坐标系中，已知直线上两点 $P_1(x_1,y_1)$，$P_2(x_2,y_2)$ 且 $x_1 \neq x_2$，能否用 P_1、P_2 的坐标来表示直线斜率 k？

分析： 按照课本上的四种情况，前两种和学生一起推导，第三种让学生独立完成，第四种课后完成。推导思路参照引例。

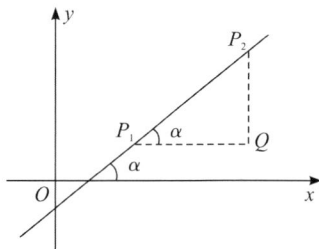

（1）

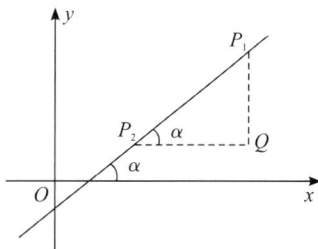

（2）

263

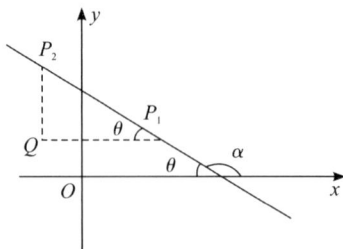 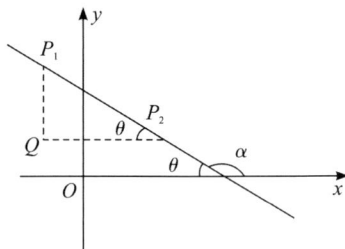

（3）　　　　　　　　　　　（4）

直线的斜率公式：$k = \dfrac{y_2 - y_1}{x_2 - x_1}$。

思考：

（1）各种一般情形得出的结论一致吗？与 P_1、P_2 这两点坐标顺序有关系吗？

（2）当直线垂直于 x 轴或 y 轴时，上述结论适用吗？

（3）斜率公式使用时应注意什么问题？

3.3　应用与实践

例 1　如下图，已知 $A(3,2)$，$B(-4,1)$，$C(0,-1)$，求直线 AB、BC、CA 的斜率，并判断这些直线的倾斜角是锐角还是钝角。

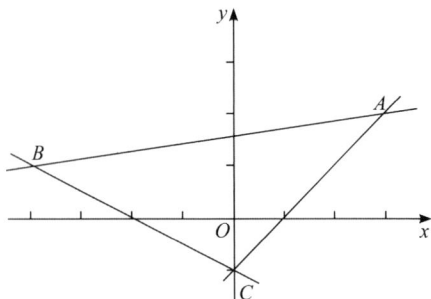

容易求得 AB、BC、CA 的斜率，判断锐角钝角也不难。

引申 1　求直线 AC 和 x 轴的交点坐标

方法 1　初中学过的方法，设直线的解析式 $y = kx + b$，求出后令 $y = 0$ 求得 x 的值。

方法 2　利用今天学的内容，设与 x 轴的交点 $E(t,0)$，由于直线 CA 和直线 CE 的斜率相等，求得 t

引申 2　若 $D(4,5)$，试判断 C、A、D 三点是否共线。

引申 3 画出过 C 点，且斜率为 2 的直线

分析：只需再找一个特殊点，如 x 轴上的点。

注：该问题其实就是课本例题 2。

挑战题

引申 4 求过 A 且与线段 BC 有公共点的直线的斜率。

引申 5 求过 C 且与线段 AB 有公共点的直线的斜率。

3.4 课堂小结

(1)直线倾斜角的概念，掌握概念的关键点、倾斜角的范围；

(2)倾斜角的定义及斜率与倾斜角的对应关系；

(3)斜率公式。

3.5 反思

略。

（注：本节课是在新店中学支教时开设的公开课）

4 抛物线的一个特有性质及其应用探究

从学生较为熟悉的认知背景导入，设置如下问题：

AB 是抛物线 $y^2 = 2px\,(p > 0)$ 的过焦点 F 的动弦，试问：弦 AB 何时最短？

凭直观，学生不假思索答道：当 AB 垂直 x 轴时，弦 AB 最短！

"数学讲究严谨性，你们得证明啊！"

思考后，不少学生找到了简洁思路，即结合抛物线的定义，采用几何证法：

设 A、B 和 AB 的中点 R 在准线上的射影分别是 M、N 和 Q，$|AB| = |AM| + |BN| = 2|RQ|$，当且仅当 AB 与 x 轴垂直时，$|RQ|$ 最小，即 $|AB|$ 最短。

更多的同学还是走如下这条路：设 AB 所在的直线方程—与抛物线方程联立—求出弦长 $|AB|$—讨论 $|AB|$ 的最小值。相比之下，这方案较前者要花相对多的时间，而且在设直线方程时要注意斜率是否存在的问题，恰巧的是，最小值在斜率不存在时取得。

在做简短点评之后，我抛出了一种想法：

设 $A(x_1,y_1)$，$B(x_2,y_2)$，则 $|AB|=|AM|+|BN|=x_1+x_2+p\geqslant$ $2\sqrt{x_1x_2}+p$，当且仅当 $x_1=x_2=\dfrac{p}{2}$，即 AB 垂直 x 轴时取得最小值。

接着，我观察学生的表情及行为，有的赞许，有的疑惑，也有一些学生在窃窃私语。随即我请一位学生来谈谈他的观点，他说：这里不等式用得有点奇怪，好像有点问题。受启发，学生们议论开了，注意力聚焦到应用基本不等式求最值的三个条件（一正、二定、三等号）中"定值"是否满足？

接着，大家都想搞明白" x_1x_2 是否为一个定值"这个问题。

因为有之前焦点弦 $|AB|$ 何时最短的探究过程的帮助，学生们很快就有了自己肯定的判断。我展出了学生中的两个探究方案。

方案1：设直线 $AB:y=k\left(x-\dfrac{p}{2}\right)$，与抛物线 $y^2=2px$ 联立并整理得：

$$k^2x^2-(k^2p+2p)x+\dfrac{p^2k^2}{4}=0,$$

由韦达定理得：$x_1x_2=\dfrac{p^2}{4}$。

（引导学生注意直线 AB 的斜率 k 是否存在的问题，当斜率不存在时也成立。）

方案2：设直线 l 的方程为 $x=ty+\dfrac{p}{2}$，联立 $y^2=2px$ 整理得：

$y^2-2pty-p^2=0,$
由韦达定理得：$y_1y_2=-p^2$，
所以：$x_1x_2=\dfrac{y_1^2y_2^2}{(2p)^2}=\dfrac{p^2}{4}$。

这样，定值找到了，应用基本不等式求最值的三个条件都满足了，说明我提供的思路还是可行的。为激起学生的探究欲望，我继续引导发问：能否将" $x_1x_2=\dfrac{p^2}{4}$，$y_1y_2=-p^2$ "做进一步的推广，即当直线 l 绕定点 $M(m,0)$ 旋转时，它与抛物线 $y^2=2px(p>0)$ 的两交点的坐标是否会保持类似上述的这种不变性呢？

有些学生开始怀疑，因为焦点对抛物线来说极具特殊意义，换成一般的点 $M(m,0)$，估计不会有这样的"好东西"，不过他们还是主动地去探个究竟。

过了一会儿，就有学生小声地招呼我：老师，过来，有规律！我走近他，肯定他的探究成果并分享了他的成就和快乐。又过了几分钟，学生的声音多起来了，因为越来越多的同学为自己的发现而兴奋。

（注：只需在方案 2 中将直线方程改设为 $l:x=ty+m$，容易得到结论，在此略去。）

于是，我要求大家将探究的结果用命题形式（数学语言）表述出来。

性质： 若过抛物线 $y^2=2px(p>0)$ 对称轴上一点 $M(m,0)$ 的直线 l 与抛物线交于 $A(x_1,y_1)$、$B(x_2,y_2)$ 两点，则 $x_1x_2=m^2$，$y_1y_2=-2pm$ 成立；特别地，当 M 为抛物线的焦点 $F(\frac{p}{2},0)$ 时，有 $x_1x_2=\frac{p^2}{4}$，$y_1y_2=-p^2$ 成立。

同样地，若过抛物线 $x^2=2py(p>0)$ 对称轴上一点 $M(0,m)$ 的直线 l 与抛物线交于 $A(x_1,y_1)$、$B(x_2,y_2)$ 两点，则恒有 $y_1y_2=m^2$，$x_1x_2=-2pm$ 成立。

片刻停顿之后，就有学生问我：老师，椭圆有这样的性质吗？这下又激起了大家的探究欲望。一些学生迫不及待地画椭圆，设方程……

看到同学们有如此高涨的兴趣，我真舍不得去打扰他们。但为了节省课堂时间，我引导说，我们是不是先在一个特殊的椭圆中来验证，如过椭圆 $\frac{x^2}{4}+\frac{y^2}{3}=1$ 的焦点的直线否具有这样的性质。

学生有了清晰的探究思路，就不"蛮"干了。

在交流过程中，发现大部分学生探究计划是：设直线 $l:x=ty+1$，与椭圆方程联立，整理得到一个关于 x（或 y）的一元二次方程，考察 y_1y_2 和 x_1x_2 是否为定值。我在肯定了这种处理方法之后再做引导：我们能否可以再进一步地特殊化呢？随即就有学生打破沉静：直线 $y=0$ 和 $x=1$ 都过焦点，显然分别有 $x_1x_2=-4$ 和 $x_1x_2=1$，所以 x_1x_2 不是定值。被这么一点破，大多数同学都感到遗憾，自己怎么就没想到呢！我补充说道：求证一个命题成立，需要严格证明；否定一个命题，只需举出反例就可以了。

确定了椭圆、双曲线和圆都没有类似的性质后，对抛物线的这性质也就格外珍惜了，因此称该性质为把抛物线的"特性"。

既然是"特性"，应该有妙用吧！

例题 1 设抛物线 $y^2=2px(p>0)$ 的焦点为 F，经过点 F 的直线交抛物线于 A、B 两点，点 D 在抛物线的准线上，且 $BD//x$ 轴。证明直线 AD 经过原点 O。

引导学生从目标开始"倒着干"，即要证直线 AD 经过原点 O，只需证明直线 OA、OD 斜率相等……（分析法）。以下采用综合法表述。

证明：设 $A(x_1,y_1)$，$B(x_2,y_2)$，

因为 $BD//x$ 轴，

所以 D 的坐标为 $(-\dfrac{p}{2},y_2)$.

而直线 AO 的斜率 $k_{OA}=\dfrac{y_1}{x_1}=\dfrac{2p}{y_1}$，直线 OD 的斜率 $k_{OD}=\dfrac{2y_2}{-p}$，

由"特性"$y_1y_2=-p^2$，

可得 $k_{oA}=k_{OD}$，

所以，直线 AD 经过原点 O。（证毕）

接着，请学生阅读新课标试验教材（人教版）2.4.2"抛物线的简单几何性质"中的例题 5：过抛物线焦点 F 的直线交该抛物线于 A、B 两点，通过点 A 和抛物线顶点的直线交抛物线的准线于 D，求证：直线 DB 平行于抛物线的对称轴。

学生看出了问题的解决过程中也运用了抛物线的该"特性"；同时，还看出了这两个命题本质上是互为逆命题。

"我们继续遵从由特殊到一般的科学研究方法，将目光从抛物线焦点 F 移开，去考察其对称轴上某一点 $M(m,0)$，还会有类似的结论吗？"我做了这样的引导。

经过探究（只需在例题 1 的解答中做些改动），不难得到如下的推论：

推论 1 经过抛物线 $y^2=2px(p>0)$ 对称轴上的点 $M(m,0)(m\neq0)$ 的直线交该抛物线于 A、B 两点，点 D 在直线 $x=-m$ 上，则 BD 平行于对称轴的充要条件是直线 AD 经过抛物线的顶点 O。（由于篇幅关系，这里略去具体探究过程的表述。）

"当发现一个好东西，总想再认真看看，别急着离开，"我继续引导，"不妨把 D 点视为直线 $x=-m$ 上的动点，如果 D 点恰为直线 $x=-m$ 与 x 轴的交点 E 时，连 EA、EB，你们能发现什么？"

学生们猜测：$\angle AEM=\angle BEM$。

"那是我图画的好！"我开玩笑说，"当 AB 与 x 轴垂直，由对称性知 $\angle AEM=\angle BEM$；当 AB 与 x 轴不垂直，两角还会相等？你们的猜测有些大胆，究竟如何，开始行动吧！"

我看到有同学想找出反例来否定这个猜想，大部分同学还是用分析法进行探究。

几分钟后，一些同学的表情告诉我，他们已经证明了自己的猜想是正确的。交流讨论之后，我请一位学生来谈谈他的思路，并展示他的处理过程。

证明：设 $A(x_1,y_1)$，$B(x_2,y_2)$，$E(-m,0)$，

由于 $\angle AEM = \angle BEM \Leftrightarrow \dfrac{y_1}{x_1+m} = -\dfrac{y_2}{x_2+m} \Leftrightarrow (\dfrac{y_1 y_2}{2p}+m)(y_1+y_2)=0$。

由"特性" $y_1 y_2 = -2pm$，

所以 $\left(\dfrac{y_1 y_2}{2p}+m\right)(y_1+y_2)=0$，

所以 $\angle AEM = \angle BEM$。

于是，我们又有了一个推论。

推论 2 经过抛物线 $y^2 = 2px(p>0)$ 对称轴上的点 $M(m,0)(m \neq 0)$ 的直线交该抛物线于 A、B 两点，E 为 $M(m,0)$ 关于原点 O 的对称点，则 $\angle AEM = \angle BEM$。

"探究活动进行到这里，我们已经取得一系列的成果。但数学是很一门很神奇的学科，如果继续探究下去，我们可能还会有更多的发现。限于时间的关系，这问题的深入探究留到课后进行。现在，还有一个好问题要和大家分享。"

例题 2 设点 A 和 B 为抛物线 $y^2 = 2px(p>0)$ 上原点以外的两个动点，已知 $OA \perp OB$，求点 O 在 AB 上的射影 N 的轨迹方程，并说明它表示什么曲线。

交流发现，绝大多数同学的思路是：设直线 OA 的斜率 k，求得 A、B 点的坐标，写出直线 AB 和 ON 的方程，解方程组得到两直线交点 N 的坐标关系 $\begin{cases} x=f(k) \\ y=g(k) \end{cases}$，消去参数 k 后得到 N 点的轨迹方程。

我表达了自己的观点："这方法比较自然，但运算量不小，尤其最后的'消参'环节可能有一些麻烦，在有限的时间内较难圆满解决问题。还有没有其他想法？"

学生进入了思考状态。

看到大家一筹莫展的表情，我只好再做启发：保持垂直关系不变的 OA、OB 在运动，动弦 AB 有什么不变性呢？

学生：估计会过一个定点。

"如果 AB 过一定点，那么定点会在哪里？"

学生思考，猜测，交流和讨论。较为一致的结论是：如果有，那一定在 x 轴上。

"为什么？请数学科代表谈谈。"

"再作一个与三角形 AOB 关于 x 轴对称的三角形 $A'OB'$,由对称性知道,AB 和 $A'B'$ 会同时过 x 轴上的一点。"

因为这比较抽象,我在原图上做了补充。这时,起初没悟出的同学也点头表示赞同,接着课堂又进入自主探究(证明)环节。

有了"特性"的帮助,证明很快完成。

简析:设 $A(x_1,y_1)$,$B(x_2,y_2)$,及 AB 与 x 轴的交点 $M(m,0)$,

$$OA \perp OB \Leftrightarrow \frac{y_1}{x_1} \times \frac{y_2}{x_2} = -1 \Leftrightarrow \frac{-2pm}{m^2} = -1 \Leftrightarrow m = 2p.$$

这说明 AB 过定点 $(2p,0)$,即有如下的结论:

推论 3　设 A、B 为抛物线 $y^2 = 2px(p>0)$ 上异于顶点 O 的两点,则 $OA \perp OB$ 的充要条件是 AB 过定点 $(2p,0)$。

由此,接下来的工作就比较容易了。

简析:由 AB 过 x 轴上定点 $Q(2p,0)$ 和 $ON \perp AB$ 知道,动点 N 的轨迹是以线段 OQ 为直径的圆(扣除原点 O),其方程为 $(x-p)^2 + y^2 = p^2(x \neq 0)$。

我总结道:"上述两例题及其推广都是经典的高考题,在历年的高考中,有许多试题可以应用'特性'快速地得以解决。当然,'特性'只是我们自己找到的规律,教材中没有将它作为定理,在考试的时候还需要加以证明。"

最后,留给同学们一个问题:AB 是抛物线 $y^2 = 2px(p>0)$ 的过定点 $M(m,0)$ 的动弦,试问:弦 AB 何时最短?

这是课首思考题的姊妹问题。凭直观,估计还是 AB 垂直于对称轴时弦长最短。但如何证明呢? 抛物线的定义肯定是用不上了,"特性"能帮上忙吗? 请大家课后探究。

(注:因为 $|y_1 - y_2| = |y_1| + |-y_2| \geq 2\sqrt{|y_1||(-y_2)|} = 2\sqrt{|y_1 y_2|} = 4pm$,

所以,$|AB|^2 = (x_1 - x_2)^2 + (y_1 - y_2)^2 \geq 0 + 16p^2 m^2 = 16p^2 m^2$,

当且仅当 $x_1 = x_2$,即 $y_1 = -y_2$ 时,上式取得等号,即 $|AB|$ 最小。)

5　基于课堂教学的数学探究性学习的实践与认识

5.1　引言

所谓探究,就其本意来说,是探索和研究。最早提出在学校科学教育中要用探究方法的是杜威(1909 年)。20 世纪末,我国上海的部分高中学校进行了的"研究性学习"的实践和研究,之后各地效仿上海也开设了"研究性学习"校本课程。课程偏重解决实际问题,"实践的探究"成分占较大的比重。探究性学习是一种由科学研究的方式推演而成的学习方式。它并不神秘,没有必要把它与常规的教学割裂开来。而且,课堂是教学变革的主战场,探究性学习只有根植于课堂,变成课堂教学中的一种常用方式,才能由一种开放的教育思想变为可行的教学实践,才能真正发挥其应有的价值。

2001 年开始实施基础教育课程改革以来,探究性学习成为改革的亮点。《数学课程标准(实验)》倡导积极主动、勇于探索的学习方式。作为一种学习方式,数学探究性学习真正把学生推到了主体位置,促使学生主动参与(包括行为的参与和思维的参与)到教学活动中,鼓励学生独立思考、自主探索、动手实践、合作交流,激发学生探究欲望和对数学学习的兴趣,逐步形成锲而不舍的钻研精神和科学态度,促进学生数学思维品质的优化和理性思维的提升。

然而,受根深蒂固的传统教育和急功近利的应试教育的影响,探究性学习的理念还尚未被广大的一线教师普遍接受,一些愿意在探究性学习方面做尝试的教师在实施过程中存在不少困惑和混乱,探究性学习并没有发挥其应有的价值。如何在数学课堂教学中通过探究性学习更有效地促进学生发展,为此,笔者和同行成立了课题研究小组,在这一领域做了有意义的探索研究,并取得了一定的成果。下文先呈现一节立体几何课堂探究性学习教学片段,再谈几点感悟。

5.2 探究性学习课堂教学实践

空间向量的引入为三维空间中图形的位置关系和度量的研究提供了有效的工具,这是《数学课程标准(实验)》的创新之处,一定程度上降低了学生学习立体几何的难度。目前,高考试题中立体几何主观题基本上依此为指导思想进行命题,即文科考查简单的推理,理科考查简单推理加向量运算。如果依照"考什么就教什么"的理念进行教学,我们会发现,一些重要的、最能体现立体几何本质的东西(如三垂线定理、祖暅原理及应用等)就被无情地抛弃了,这是很遗憾的事情。为此,我们的处理办法是将这些内容移到数学兴趣小组中研究,以拓展学生的视野,进一步发展学生空间想象和推理论证等能力。

(1)创设情境,激发探究

在一次留给数学兴趣小组同学的课后作业中,有这么一道题:

　　三棱锥 $P\text{-}ABC$ 的三条侧棱 PA、PB、PC 两两垂直,三个侧面与底面所成的二面角分别为 $30°$、$45°$、$60°$,底面积为 1,则三棱锥的侧面积是(　　　)。

A. $\dfrac{\sqrt{3}+\sqrt{2}+1}{2}$　　　　B. $\dfrac{\sqrt{3}+1}{2}$　　　　C. $\dfrac{\sqrt{2}+1}{2}$　　　　D. $\dfrac{\sqrt{6}}{2}$

　　在选这个题时候,经验告诉我,这题有科学性的错误。当时就琢磨了:要不要直接告诉学生这道题有毛病? 或直接删去该题,或修改条件。最后我还是决定假装不知道,让学生去"闯一闯",看看有没有学生会发现问题,也许会有意外的收获。

　　在完成课后作业的过程中,先后有两位同学来找我,第一位说这道题是错题,第二位怀疑这题可能有问题。我分别给予赞赏之后也交代他们别声张,让其他同学去"碰一碰"。

　　在交来的作业里,我特别注意学生的作答情况,统计结果发现还有刘同学和李同学在题目后注明:本题有问题。有一位同学没有作答,其余的同学都选了 A。

　　在接下来的一次课外兴趣小组的课上,我专门腾出充分的时间来探讨这问题。

　　首先,我展示了一位同学的思路:

　　由三垂线定理不难作出各侧面与底面所成二面角的平面角,分别求得三侧面的面积分别为 $1\times\cos30°=\dfrac{\sqrt{3}}{2}$,$1\times\cos45°=\dfrac{\sqrt{2}}{2}$,$1\times\cos60°=\dfrac{1}{2}$,三者相加得结果 A。

　　有同学补充:三侧面的面积也可以直接由面积射影定理得到。

　　(注:该定理在本节课前已经学过,即:已知三角形 ABC 的面积为 S,平面 ABC 与平面 α 所成的角为 θ,$\triangle ABC$ 在平面 α 内的正射影为 $\triangle A_1B_1C_1$,其面积为 S_1,则 $S_1=S\cos\theta$。并推广为:平面图形射影面积等于被射影图形的面积 S 乘以该图形所在平面与射影面所夹角的余弦。)

　　"上述分析过程思维自然、合理,代表了大多数同学的想法和编题者的意图。"随即我话锋一转:"但是,我们班有几位同学认为这是一个错题,你们认为呢?"

　　同学们愕然了! 而后开始交头接耳,议论开了。

　　几分钟后,我请第一个发现问题的周同学谈谈他的观点。

　　周同学:本题与"空间勾股定理"相矛盾!(我立即请周同学暂停发言)

　　经周同学这么一点击,大家来了兴趣,求知欲望被激起了。

（2）大胆猜测，合情推理

何谓空间勾股定理？除少数几个同学外，绝大部分同学还是第一次听到这个名词。应该是直角三角形中的勾股定理在三维空间中的推广吧，这是自然的反应。

平面内的勾股定理描述直角三角形三边的数量关系，那么，空间勾股定理刻画的是特殊空间四面体的棱长，还是各个面的面积的数量关系？这时，大家都会这么联想。

通过探究（观察、分析、类比等），目标指向了空间直角四面体（某一顶点出发的三条棱两两垂直的四面体）的三侧面和底面的面积关系，便有了如下的猜想：

命题 1 空间四面体 P-ABC 中，若 $\angle BPC = \angle BPA = \angle CPA = 90°$，则三侧面的面积平方和等于底面面积的平方，即 $S^2_{\triangle BPC} + S^2_{\triangle BPA} + S^2_{\triangle CPA} = S^2_{\triangle ABC}$。

师：这样推理（类比推理）是合理的，我们称之为合情推理（将在后继的课程中学到）。推理是否正确，还需严格证明（演绎推理）。

（3）严谨求证，演绎推理

当同学们有了猜想之后，都迫不及待地想验证它的正确性，这时课堂进入了证明的探究环节。鉴于这批学生有较强的数学功底，该定理的证明在他们的能力范围之内，所以，我就把课堂还给学生。

几分钟后，两位同学展示了各自的方法：

方法 1 $S^2_{\triangle BPC} + S^2_{\triangle BPA} + S^2_{\triangle CPA} = S^2_{\triangle ABC}$

等价于 $\left(\dfrac{S_{\triangle BPC}}{S_{\triangle ABC}}\right)^2 + \left(\dfrac{S_{\triangle BPA}}{S_{\triangle ABC}}\right)^2 + \left(\dfrac{S_{\triangle PCA}}{S_{\triangle ABC}}\right)^2 = 1.(\ast)$

在 $\triangle PBC$ 中，作 $PE \perp BC$，连接 AE。

由 $\angle BPC = \angle BPA = \angle CPA = 90°$ 容易推得 $PA \perp$ 面 PBC，

不妨设 $PA = a, PB = b, PC = c$，

在 $\text{Rt}\triangle PBC$ 中，$PE = \dfrac{bc}{\sqrt{b^2 + c^2}}$，

在 $\text{Rt}\triangle APE$ 中，$AE^2 = PA^2 + PE^2 = \dfrac{a^2 b^2 + b^2 c^2 + c^2 a^2}{b^2 + c^2}$，

所以 $\dfrac{S^2_{\triangle BPC}}{S^2_{\triangle ABC}} = \dfrac{\left(\dfrac{1}{2} BC \cdot PE\right)^2}{\left(\dfrac{1}{2} BC \cdot AE\right)^2} = \dfrac{PE^2}{AE^2} = \dfrac{b^2 c^2}{a^2 b^2 + b^2 c^2 + c^2 a^2}$。

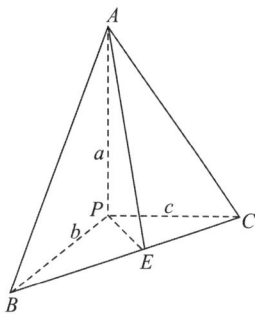

图 1

同理 $\dfrac{S_{\triangle CPA}^2}{S_{\triangle ABC}^2}=\dfrac{a^2c^2}{a^2b^2+b^2c^2+c^2a^2}$，$\dfrac{S_{\triangle BPA}^2}{S_{\triangle ABC}^2}=\dfrac{a^2b^2}{a^2b^2+b^2c^2+c^2a^2}$。

三式相加便得到（＊）成立，从而 $S_{\triangle BPC}^2+S_{\triangle BPA}^2+S_{\triangle CPA}^2=S_{\triangle ABC}^2$。

方法 2 设 P 在面 ABC 上的射影为 O，连接 CO 并延长交 AB 于 E，连 PE，由条件可证得 $PC\perp$ 面 PAB，所以 $PC\perp AB$。

又 $PO\perp$ 面 ABC，所以 $PO\perp AB$，

从而 $AB\perp$ 面 PEC，$AB\perp OE$，$AB\perp PE$。

在 $Rt\triangle CPE$ 中，$PE^2=EO\cdot EC$。

所以 $(AB\cdot PE)^2=(AB\cdot EO)(AB\cdot CE)$，

从而 $S_{\triangle BPA}^2=S_{\triangle ABO}\cdot S_{\triangle ABC}$。

同理 $S_{\triangle BPC}^2=S_{\triangle OBC}\cdot S_{\triangle ABC}$，$S_{\triangle CPA}^2=S_{\triangle OAC}\cdot S_{\triangle ABC}$。

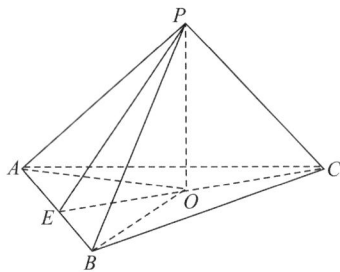

图 2

三式相加即得 $S_{\triangle BPC}^2+S_{\triangle BPA}^2+S_{\triangle CPA}^2=S_{\triangle ABC}^2$。

（注：证明之后，我们将命题 1 改称为定理 1）

（4）深入探究，追根溯源

在学生完成空间勾股定理的猜想、证明及反思之后，我提醒大家："周同学所说的矛盾在哪里呢？"

学生们稍作思考后就动笔运算了：

由于底面积为 1，三侧面面积分别为 $\dfrac{\sqrt{3}}{2}$、$\dfrac{\sqrt{2}}{2}$ 和 $\dfrac{1}{2}$，而 $\left(\dfrac{\sqrt{3}}{2}\right)^2+\left(\dfrac{\sqrt{2}}{2}\right)^2+\left(\dfrac{1}{2}\right)^2\ne 1$，不满足空间勾股定理。

师：矛盾是出现了，但是，根源在哪里呢？

学生再进入了深度思考。几分钟后，我请另一位也发现题目出了问题的刘同学来表达他的看法。

刘同学：估计是题设中给出的 $30°、45°、60°$ 不合理。

讨论交流之后，大家都表示赞同。

师：那么，直角四面体 P-ABC 的三个侧面与底面 ABC 所成的二面角（不妨分别设为 α、β、γ）之间到底具有怎样的规律性呢？

学生们自主探究的积极性依然高涨。

一些同学走从特殊出发，先将三条侧棱长都设为 a，找到规律后再对一般情形加以证明。我肯定了这种做法。

一位平时不是十分活跃的但很爱动脑筋的徐同学兴奋地招呼我:老师,我找到了规律了! 我走到他的身边,看到他写的是 $\cos^2\alpha+\cos^2\beta+\cos^2\gamma=1$。

师:你是怎么发现这规律的?

徐同学:将空间勾股定理改写为 $\left(\dfrac{S_{\triangle BPC}}{S_{\triangle ABC}}\right)^2+\left(\dfrac{S_{\triangle BPA}}{S_{\triangle ABC}}\right)^2+\left(\dfrac{S_{\triangle CPA}}{S_{\triangle ABC}}\right)^2=1$,由面积射影定理知道,左边的三项分别是 $\cos^2\alpha$、$\cos^2\beta$ 和 $\cos^2\gamma$,

所以 $\cos^2\alpha+\cos^2\beta+\cos^2\gamma=1$。

而原问题中 $\cos^2 30°+\cos^2 45°+\cos^2 60°\neq1$,这才是错误的根源所在。

这时全班同学都恍然大悟了,有些同学表现出既羡慕又懊恼的神态,暗暗责备自己:我怎么就没看出来呢?!

我要求大家将这一结果用数学语言表达:

定理2 空间四面体 $P\text{-}ABC$ 中,若 $\angle BPC=\angle BPA=\angle CPA=90°$,且三侧面与底面 ABC 所成的二面角分别为 α、β、γ,则 $\cos^2\alpha+\cos^2\beta+\cos^2\gamma=1$。

这时,教室里十分安静,同学们都已进入了反思环节。

忽然,林同学把这寂静气氛给"搅"了:不借助这个等价形式,也很容易得到该规律。

大家都把好奇的目光投向了他。

林同学:把底面分别投影到三侧面上,再把三个侧面同时投影到底面就可以了。

众:什么? 什么?

我还是请林同学暂停发言,让大家都有独立思考的机会。

几分钟过去了,大部分同学还在迟疑当中。我只好再请林同学将他的想法清楚地表达出来,以下是林同学的杰作(借助图1、图2):

记 $S_1=S_{\triangle BPC}$,$S_2=S_{\triangle BPA}$,$S_3=S_{\triangle CPA}$,$S=S_{\triangle ABC}$,

由面积射影定理得 $S\cos\alpha=S_1$,$S\cos\beta=S_2$,$S\cos\gamma=S_3$;

再由面积射影定理得 $S_1\cos\alpha+S_2\cos\beta+S_2\cos\gamma=S$。

所以 $S\cos^2\alpha+S\cos^2\beta+S\cos^2\gamma=S$。

即 $\cos^2\alpha+\cos^2\beta+\cos^2\gamma=1$。

大家都不由自主地发出感叹:太"帅"了!

(5)反思探究,理性升华

在享受着优秀数学思维带来快乐之后,我适时引导学生对这两个方案做个比较:它们都灵活运用了面积射影定理,徐同学的发现是建立在已推导出的空间勾股定理的基础上的变式应用，表现出较强的观察发现和处理问题的能力，而林同学的"两次投影"真是有点意想不到，这是他的"创造"。有兴趣的同学课后再与他探讨。

再引导学生把本节课探究得到的两个定理一并表述为：

空间四面体 $P\text{-}ABC$ 中，若 $\angle BPC = \angle BPA = \angle CPA = 90°$，则

(1)三侧面的面积平方和等于底面面积的平方，即 $S_{\triangle BPC}^2 + S_{\triangle BPA}^2 + S_{\triangle CPA}^2 = S_{\triangle ABC}^2$；

(2)$\cos^2\alpha + \cos^2\beta + \cos^2\gamma = 1$（$\alpha$、$\beta$、$\gamma$ 分别为三侧面与底面 ABC 所成的角）。

通过观察、反思，我们还发现徐同学做的是由(1)推得(2)，而林同学做的是由(2)推得(1)。这样，我们又有了空间勾股定理的第三种推导方法。

没想到吧，这就是数学的美妙，请大家好好体会。

5.3 数学探究性学习实践的认识

在理论学习和教学实践中，我深深地认识到，数学课堂探究性学习必须依照数学学科特点，努力凸显其固有的问题性、自主性、过程性和开放性，不浮于表面，不流于形式。本节课的设计及推进过程始终遵循这一理念。

(1)问题性

"问题是数学的心脏"，它促使人们对数学本质的探索，推动人们对数学真理的发现。没有问题也就难以诱发和激起探究欲望，感觉不到问题的存在也就不会生成认知上的需要，就不会去深入思考，学习也只能是表面和形式的训练。数学探究性学习强调通过问题来进行学习，把问题看成学习的动力、起点和贯穿学习过程的主线；并且，通过学习来生成问题，把数学学习过程看成是发现问题、提出问题、分析问题和解决问题的过程。

(2)自主性

探究性学习是相对于授受式学习而提出的。自主性是探究性学习最本质的规定性，也是探究式学习与授受式学习相区分的关键所在。探究性学习突出了学生作为教学活动的主体，立足于学生的学，以学生的主体活动为中心来展开。而且还强调学生是在教师恰到好处的引导和帮助下自主地参与教学活动，以自己的经验和知识为基础，经过独立的、合作的探索与发现，亲身的体验与实践，以自己的方式将知识纳入到自己的认知结构中，并尝试解决新问题。

(3)过程性

探究性学习追求学习过程和学习结果的和谐统一，它强调尽可能地让学

生经历一个完整的知识的发现、形成、应用和发展的过程。数学的学科特点决定了数学教学不宜将概念、法则、结论直接告诉学生,而应努力引导学生揭示它们的发生、发展过程,使学生在"过程"中逐渐体会并掌握获取知识的方法,体验数学知识的"再创造"历程,发展对学科的内在兴趣,思维也只有在这样的探究过程中才有机会得以充分而自然地开启、交流、优化和升华。

(4)开放性

"数学教学就是数学思维活动的教学。"在传统的授受式学习的课堂里,学生的思维基本是在教师规定的航道上运行,思维发展难有成效。我们知道,学生思维的诱发不仅来自教师的启迪,而且也来自于学生之间的相互启发,这就需要一个开放的教学环境。理论和实践都充分证明了,在专制、封闭的课堂中,学生的思维犹如一潭止水,不会流动,没有浪花;只有在民主、和谐的氛围里,学生才能自由地想象、大胆地思考,才能充分挖掘自己的潜能,全面展示自己的个性,学生的求知欲望才能达到最佳状态,这时思维才最活跃,才最富有创造性。这正是探究性学习的精神要旨。

(本文发表于《数学通讯》2015 年第 2 期)

6　看透问题的本质,提升问题解决的境界
——圆锥曲线极线的一个性质及应用

近年来,关于圆锥曲线的切线及相关问题的研究与考查受到了青睐,请看 2012 年高考福建卷文科试题 21 题:

等边三角形 OAB 的边长为 $8\sqrt{3}$,且其三个顶点均在抛物线 $E:x^2=2py$ $(p>0)$ 上。

(1)求抛物线 E 的方程;

(2)设动直线 l 与抛物线 E 相切于点 P,与直线 $y=-1$ 相交于点 Q。证明以 PQ 为直径的圆恒过 y 轴上某定点。

在此,笔者暂不对本题的解法进行探讨,而将问题做一般化探究。

推广 1:从抛物线 $E:x^2=2py(p>0)$ 的准线 $y=-\dfrac{p}{2}$ 上任意一点 Q 引该抛物线的两条切线,切点分别为 P 和 T,则直线 PT 过焦点 F,且 $QF\perp PT$;反

之，PT 为过焦点 F 的弦，过 P、T 分别引的抛物线 E 的切线交于 Q 点，则 Q 在该抛物线的准线上，且 $QF \perp PT$。

其实，我们还可以得到更一般的结论。为了方便叙述，本文先介绍圆锥曲线的极线和极点的定义。

定义　如果圆锥曲线的切于 P、T 两点的切线相交于 Q 点，那么 Q 点称为直线 PT 关于该曲线的极点(pole)，直线 PT 称为 Q 点的极线(polar)。

（注：为了不与高中数学教材的某些相关内容发生歧义，该定义只考虑了极点在曲线外的情况。）

定理 1　直线 PT 是 Q 点关于抛物线 $x^2 = 2py (p>0)$ 的极线，那么，直线 PT 过点 $(0, m)$ 的充要条件是 Q 在直线 $y = -m (m>0)$ 上。

为便于对定理 1 的理解与证明，这里再介绍一个引理。

引理 1　抛物线 $x^2 = 2py (p>0)$ 在点 $P(x_0, y_0)$ 处的切线方程为 $xx_0 = p(y+y_0)$；

对抛物线 $x^2 = 2py (p>0)$，点 $Q(x_0, y_0)$ 的极线方程为 $xx_0 = p(y+y_0)$。

引理 1 中抛物线在点 P 处的切线方程不难得到，许多读者也是熟悉的。以下探讨 Q 点对于该抛物线的极线方程。直接的想法(设切线斜率→求出两切点坐标→写出极线方程→化简)计算量会大些，利用引理 1 的第一个结论，采取"设而不求"的策略会起到很好的效果。

设切点 $P(x_1, y_1)$，$T(x_2, y_2)$，则切线 $QP: xx_1 = p(y+y_1)$，切线 QT：$xx_1 = p(y+y_1)$，

由于两切线交于 $Q(x_0, y_0)$，所以 $x_0 x_1 = p(y_0 + y_1)$，$x_0 x_2 = p(y_0 + y_2)$，

这说明 $P(x_1, y_1)$、$T(x_2, y_2)$ 同在直线 $xx_0 = p(y+y_0)$ 上，

即点 $Q(x_0, y_0)$ 的极线方程为 $xx_0 = p(y+y_0)$。（证毕）

有了引理 1，定理 1 的证明就成"一碟小菜"了。

充分性：设 $Q(t, -m)$，由引理 1 知，它关于抛物线 $x^2 = 2py$ 的极线为 $xt = p(y-m)$，显然，该极线过点 $(0, m)$。

必要性：设 $Q(x_0, y_0)$，则它关于抛物线的极线方程为 $xx_0 = p(y+y_0)$，由于极线 PT 过 $(0, m)$，所以 $0 = p(m+y_0)$，即 $y_0 = -m$，即 Q 在直线 $y = -m$ 上。（证毕）

特别地，当 Q 点的坐标为 $(t, -\frac{p}{2})$（即点 Q 在抛物线 $x^2 = 2py$ 的准线 $y = -\frac{p}{2}$ 上），它关于该抛物线的极线 $PT: xt = p(y-\frac{p}{2})$，显然，该极线过焦点

$F(0,\dfrac{p}{2})$。

这时，$v=(p,t)$是极线 PT 的一个方向向量，又 $\overrightarrow{QF}=(-t,p)$，

所以 $v\cdot\overrightarrow{QF}=-pt+pt=0$，即 $QF\perp PT$。

这样，我们就可以一眼看出本文开头提到的 2012 年高考福建省文科试卷21 题的实质了。

大家知道，圆锥曲线具有许多共性。类比抛物线中该性质的推导过程及结果，我们试图在圆、椭圆和双曲线中寻求类似的性质。为此，这里继续介绍引理 2(证明略)。

引理 2　圆锥曲线 $\dfrac{x^2}{A}+\dfrac{y^2}{B}=1$ 在点 $P(x_0,y_0)$ 处的切线方程为 $\dfrac{xx_0}{A}+\dfrac{yy_0}{B}=1$；

对于圆锥曲线 $\dfrac{x^2}{A}+\dfrac{y^2}{B}=1$，点 $Q(x_0,y_0)$ 的极线方程为 $\dfrac{xx_0}{A}+\dfrac{yy_0}{B}=1$。

由引理 2 容易得到：

定理 2　直线 PT 是 Q 点关于曲线 $\dfrac{x^2}{A}+\dfrac{y^2}{B}=1$ 的极线，那么，直线 PT 过点 $K(\dfrac{A}{x_0},0)$ 充要条件是 Q 在直线 $x=x_0$ 上。

特别地，对于椭圆 $\dfrac{x^2}{a^2}+\dfrac{y^2}{b^2}=1(a>b>0)$，当直线 $x=x_0$ 为准线 $x=\dfrac{a^2}{c}$ 时，$K(\dfrac{a^2}{x_0},0)$ 即为焦点 $F_2(c,0)$。

同时，易知 $v=(\dfrac{y_0}{b^2},-\dfrac{x_0}{a^2})=(\dfrac{y_0}{b^2},-\dfrac{1}{c})$ 为直线 $PT:\dfrac{xx_0}{a^2}+\dfrac{yy_0}{b^2}=1$ 的一个方向向量，

又 $\overrightarrow{F_2Q}=(\dfrac{b^2}{c},y_0)$，

所以 $v\cdot\overrightarrow{F_2Q}=(\dfrac{y_0}{b^2},-\dfrac{1}{c})\cdot(\dfrac{b^2}{c},y_0)=0$，即 $QF_2\perp PT$。

接着，我们来考察 2012 年高考福建卷理科试题 19 题：

椭圆 $E:\dfrac{x^2}{a^2}+\dfrac{y^2}{b^2}=1(a>b>0)$ 的左焦点为 F_1，右焦点为 F_2，离心率 $e=\dfrac{1}{2}$。过 F_1 的直线交椭圆于 A、B 两点，且 $\triangle ABF_2$ 的周长为 8。

（Ⅰ）求椭圆 E 的方程。

（Ⅱ）设动直线 $l:y=kx+m$ 与椭圆 E 有且只有一个公共点 P，且与直线 $x=4$ 相交于点 Q。试探究：在坐标平面内是否存在定点 M，使得以 PQ 为直径的圆恒过点 M？若存在，求出点 M 的坐标；若不存在，说明理由。

分析：容易求得椭圆 E 的方程为 $\dfrac{x^2}{4}+\dfrac{y^2}{3}=1$。

对于第二问，我们发现直线 $x=4$ 是椭圆 $\dfrac{x^2}{4}+\dfrac{y^2}{3}=1$ 的一条准线，设 QT 是该椭圆的异于 $l:y=kx+m$ 的另一条切线，T 为切点。由定理2的特殊情形知道：Q 点关于椭圆 $\dfrac{x^2}{4}+\dfrac{y^2}{3}=1$ 的极线 PT 过该椭圆的焦点 $F_2(1,0)$，且 $QF_2 \perp PT$，即以 PQ 为直径的圆恒过定点 $(1,0)$。

这样，一个较为复杂的问题，我们也就一眼看出它的实质了。

我们将上述问题作如下变式：

已知 $F_1(-c,0)$，$F_2(c,0)$ 分别是椭圆 $C:\dfrac{x^2}{a^2}+\dfrac{y^2}{b^2}$ 的左右焦点，P、Q 分别是椭圆和直线 $x=\dfrac{a^2}{c}$ 于上的点，且 $PF_2 \perp QF_2$，问：直线 PQ 是否为该椭圆的切线？

结论是肯定的，探究如下：

设 $P(x_0,y_0)$，$Q\left(\dfrac{a^2}{c},y_2\right)$，由 $PF_2 \perp QF_2$ 得 $\dfrac{b^2}{c}(x_0-c)+y_2 y_0=0$，（＊）

因为椭圆 $\dfrac{x^2}{a^2}+\dfrac{y^2}{b^2}=1 (a>b>0)$ 在点 $P(x_0,y_0)$ 处的切线方程为 $\dfrac{xx_0}{a^2}+\dfrac{yy_0}{b^2}=1$，

由（＊）知，直线 $\dfrac{xx_0}{a^2}+\dfrac{yy_0}{b^2}=1$ 过 $Q\left(\dfrac{a^2}{c},y_2\right)$，所以直线 PQ 为该椭圆的切线。

这说明原命题的逆命题也成立。特别地，当 $PF_1 \perp x$ 轴的情形，即为2012年高考安徽省数学理科试题。奇妙的是，独立命题的两个省在同一年的高考数学试题中的解析几何解答题从本质上来说恰好是研究同一问题的正逆两个方向，真是英雄所见啊！

我们知道，从定义和方程的形式看，双曲线与椭圆最为接近，许多椭圆的

性质在双曲线中都有相应的结论。同时,我们也知道,当椭圆的两焦点逐渐靠近,椭圆越来越接近于圆,当焦点重合时,图形变成了圆。在几何中,圆的性质最为丰富,其中关于极线的研究也吸引了无数的数学爱好者。在此,双曲线、圆的极线的性质就不再重复了。

　　人们相信,善于解题是掌握数学的一个重要标志。对数学的理解、认识较为浅显的人面对一个有一定思维量的问题,他考虑的往往只是问题的表层,无法深入问题的内核,找不到解决问题的有效方法,他的感受犹如"不识庐山真面目,只缘身在此山中";而一个数学素养较高,对数学有深刻的认识,思维品质优秀的人,即使面对一个富有挑战的问题,他还是能很快看出问题的实质,找到解决问题的方法,他那"会当凌绝顶,一览众山小"的功力是我们不懈追求的理想境界。

(本文发表于《数学通报》2013 年 4 期)